COLLECTION
FOLIO/ESSAIS

Gilles Lipovetsky

Le crépuscule du devoir

L'éthique indolore des nouveaux temps démocratiques

Gallimard

Gilles Lipovetsky, né en 1944, est professeur de philosophie à Grenoble. *L'ère du vide* est son premier ouvrage. Depuis, il a publié, en 1987, aux Éditions Gallimard, *L'empire de l'éphémère. La mode et son destin dans les sociétés modernes*, ouvrage dans lequel, poursuivant ses réflexions sur la séduction, l'éphémère et la différenciation marginale dans les sociétés démocratiques, l'auteur montre que la « mode achevée » pourrait être un instrument de consolidation des sociétés libérales, véhicule inédit des Lumières et de la dynamique individualiste. En 1992, il a fait paraître, aux mêmes éditions, *Le crépuscule du devoir. L'éthique indolore des nouveaux temps démocratiques*, réflexion qui démontre combien la revitalisation des « valeurs » et l'esprit de responsabilité que brandit notre époque ne sauraient masquer l'absence de « retour de la morale » traditionnelle — rigoriste et catégorique —, puisque nous assistons, au contraire, à l'émergence d'une culture inédite qui diffuse davantage les normes du bien-être que les obligations suprêmes de l'idéal, en sorte que, désormais, le label éthique est partout, l'exigence de se dévouer nulle part.

En 1997 paraît *La troisième femme. Permanence et*

révolution du féminin, ouvrage qui s'interroge sur la subsistance, au sein de l'avancée de la postmodernité, d'un élément majeur dans son altérité : le féminin. Élément qui révèle combien la dynamique démocratique non seulement n'a pas absolument rompu avec le passé historique, mais encore ne va pas jusqu'au bout d'elle-même.

À mes parents

PRÉSENTATION

Un nom, un idéal rassemble les âmes et réanime le cœur des démocraties occidentales en cette fin de millénaire : l'éthique. Depuis une dizaine d'années, l'effet éthique ne cesse de gagner en puissance, envahissant les media, nourrissant la réflexion philosophique, juridique et déontologique, générant des institutions, des aspirations et pratiques collectives inédites. Bioéthique, charité médiatique, actions humanitaires, sauvegarde de l'environnement, moralisation des affaires, de la politique et des media, débats autour de l'avortement et du harcèlement sexuel, des messageries roses et codes de langage « correct », croisades contre la drogue et lutte antitabagique, partout la revitalisation des valeurs et l'esprit de responsabilité sont brandis comme l'impératif numéro un de l'époque : la sphère éthique est devenue le miroir privilégié où se déchiffre le nouvel esprit du temps. Il y a peu, nos sociétés s'électrisaient à l'idée de libération individuelle et collective, la morale étant assimilée au pharisaïsme autant qu'à la répression bourgeoise. Cette phase a vécu : tandis que l'éthique retrouve ses lettres de noblesse, une nouvelle culture est en place qui n'entretient plus que le culte de l'efficacité et des régulations sages, de la réussite et de la protection morale : il n'est plus d'utopie que morale, « le XXIe siècle sera éthique ou ne sera pas ».

Ce qui n'empêche pas, dans le même temps, de voir se perpétuer, dans le droit fil d'une large continuité séculaire, un discours social alarmiste stigmatisant la faillite des valeurs, l'individualisme cynique, la « fin de toute morale ». Oscillant d'un extrême à l'autre, les sociétés contemporaines cultivent deux discours apparemment contradictoires : d'un côté celui de la reviviscence de la morale, de l'autre celui du précipice décadentiel qu'illustrent la montée de la délinquance, les ghettos où sévissent violence, drogue et analphabétisme, la nouvelle grande pauvreté, la prolifération des délits financiers, les progrès de la corruption dans la vie politique et économique. Sans doute, les liens entre ces deux pôles ne font-ils pas défaut, l'effervescence éthique pouvant être interprétée comme réaction à la décrépitude des comportements, ressaisissement des consciences confrontées à l'engrenage de l'irresponsabilité individualiste. Reste que la réponse n'élucide guère le fond de la question : si la culture de l'autoabsorption individualiste et du *self-interest* est à ce point prédominante, comment expliquer l'aspiration collective à la morale ? Comment des êtres tournés vers eux seuls, indifférents au prochain autant qu'au bien public, peuvent-ils encore *s'indigner,* faire acte de générosité, se reconnaître dans la revendication éthique ? *Quid* de la culture individualiste glorifiant l'Ego mais réussissant paradoxalement à mettre en vedette les vertus de rectitude, de solidarité, de responsabilité ? Force est de l'admettre, la faveur dont bénéficie aujourd'hui l'éthique conduit à réviser les jugements assimilant sans réserve individualisme et immoralité, à complexifier le modèle néo-individualiste défini trop sommairement hors de tout souci moral.

Il y a plus : le thème de la réactivation morale, voire de l'« ordre moral », fait florès, mais de quelle nature est cette résurgence et de quelle morale parle-t-on au juste ? Ces questions sont au centre de l'ouvrage que voici. Disons-le d'emblée : nous nous inscrivons en faux contre l'idée faussement évidente du « retour ». Non que l'éthique, après une période de relative relégation, ne soit à nouveau placée sur un piédestal, mais le schème de la renaissance accrédite trop l'idée d'une reconduction de l'identique quand le plus significatif est précisément l'écart historique de fonctionnement, la différence dans l'inscription sociale des valeurs. Notre époque ne rétablit pas le règne de la « bonne vieille morale », elle en sort. Par là, il ne faut entendre aucune rupture avec les tables de la loi, aucune invention de valeurs morales nouvelles : pour l'essentiel, elles sont les mêmes depuis des siècles et des millénaires. Très longue continuité qui néanmoins ne doit pas oblitérer la nouvelle manière de se rapporter aux valeurs, la nouvelle régulation sociale de la morale à ce point inédite qu'elle institue une nouvelle phase dans l'histoire de l'éthique moderne. Vu de près, l'effet ranimation domine ; de plus loin, nous sommes témoins d'un basculement culturel majeur qui, pour épouser les référentiels humanistes de toujours, n'en instaure pas moins une éthique du « troisième type » ne trouvant plus son modèle ni dans les morales religieuses traditionnelles ni dans celles, modernes, du devoir laïque, rigoriste et catégorique.

Seule une perspective commandée par la longue durée est à même de donner tout son sens, tout son relief, au nouveau cours historique de la vie morale. En cherchant à embrasser d'un seul regard le mouvement d'ensemble, que voit-on ? À partir des Lumières, les modernes ont eu l'ambition de jeter les bases d'une morale indépendante des dogmes religieux, ne recourant à aucune révélation, affranchie des peurs et récompenses de l'au-delà : offensive antireligieuse ayant institué la première vague de l'éthique moderne laïque qu'on peut dater, pour donner des repères tranchés, de 1700 à 1950. Premier cycle de la sécularisation éthique ayant ceci de caractéristique qu'en s'émancipant de l'esprit de religion, il lui a emprunté une de ses figures clés : la notion de dette infinie, le devoir absolu. Les démocraties individualistes inaugurales ont partout psalmodié et idéalisé l'obligation morale, célébré avec une exceptionnelle gravité les devoirs de l'homme et du citoyen, imposé des normes austères, répressives, disciplinaires se rapportant à la vie privée. Flamme du devoir dictée par la volonté de conjurer la dynamique licencieuse des droits de l'individu moderne, de régénérer les âmes et les corps, d'inculquer l'esprit de discipline et la maîtrise de soi, de ressouder la nation par la voie d'une unité morale nécessaire aux sociétés laïques. En portant à son maximum d'épuration l'idéal éthique, en professant le culte des vertus laïques, en magnifiant l'obligation du sacrifice de la personne sur l'autel de la famille, de la patrie ou de l'histoire, les modernes ont moins rompu avec la tradition morale du renoncement à soi que reconduit le schème religieux de l'impérativité illimitée des devoirs ; les obligations supérieures envers Dieu n'ont fait qu'être transférées à la sphère humaine profane, elles se sont métamorphosées en devoirs inconditionnels envers soi-même, envers les autres, envers la collectivité. Le premier cycle de la morale moderne a fonctionné comme une religion du devoir laïque.

Cette période s'est refermée. Une nouvelle logique du procès de sécularisation de la morale fonctionne qui ne consiste plus seulement à affirmer l'éthique comme sphère indépendante des religions révélées mais à dissoudre socialement sa *forme* religieuse : le devoir lui-même. Depuis bientôt un demi-siècle, les sociétés démocratiques ont précipité ce qu'on peut appeler, pour reprendre l'expression de Jean Baubérot détournée de sa propre problématisation et périodisation, le « deuxième seuil » de la sécularisation éthique, savoir l'âge de l'après-devoir. En cela réside l'exceptionnelle nouveauté de notre culture éthique : pour la première fois, voici une société qui, loin d'exalter les commandements supérieurs, les euphémise et les décrédibilise, qui dévalue l'idéal d'abnégation en stimulant systématiquement les désirs immédiats, la passion de l'ego, le bonheur intimiste et matérialiste. Nos sociétés ont liquidé toutes les valeurs sacrificielles, qu'elles soient commandées par l'autre vie ou par des finalités profanes, la culture quotidienne n'est plus irriguée par les impératifs hyperboliques du devoir mais par le bien-être et la dynamique des droits subjectifs, nous avons cessé de reconnaître l'obligation de nous attacher à autre chose qu'à nous-mêmes. Jusqu'alors l'autonomie de la morale vis-à-vis de la religion était érigée en principe mais en quelque sorte « niée » dans son fonctionnement réel *via* l'absoluité intransigeante du devoir. Fin de ce clivage : s'organisant pour l'essentiel en dehors de la forme-devoir, l'éthique accomplit désormais dans sa pleine radicalité l'époque de la « sortie de la religion » (Marcel Gauchet). Les démocraties ont basculé dans l'au-delà du devoir, elles s'agencent non « sans foi ni loi » mais selon une éthique faible et minimale, « sans obligation ni sanction » ; la marche de l'histoire moderne a fait éclore une formation d'un genre inédit : les sociétés *postmoralistes*.

D'aucuns, sans doute, manifesteront leur perplexité devant la mise en place d'un concept idéal-typique s'ajoutant à la famille lexicale des « post » déjà passablement proliférante. Mais comment nommer une culture qui ne professe plus le « il faut » qu'en situation exceptionnelle, qui diffuse davantage les normes du bien-être que les obligations suprêmes de l'idéal, qui métamorphose l'action morale en show récréatif et communication d'entreprise ? Comment désigner une culture où la promotion des droits subjectifs fait tomber en déshérence le devoir déchirant, où le label éthique est envahissant et l'exigence de se dévouer nulle part ? Société postmoraliste : entendons une société répudiant la rhétorique du devoir austère, intégral, manichéen et, en parallèle, couronnant les droits individuels à l'autonomie, au désir, au bonheur. Société délestée en son tréfonds des prédications maximalistes et n'accordant son crédit qu'aux normes indolores de la vie éthique. C'est pourquoi nulle contradiction n'existe entre le regain de fortune de la thématique éthique et la logique postmoraliste, l'éthique élue n'ordonnant aucun sacrifice majeur, aucun arrachement à soi. Nulle recomposition du devoir héroïque, mais réconciliation du cœur et de la fête, de la vertu et de l'intérêt, des impératifs du futur et de la qualité de vie au présent. Loin de s'opposer frontalement à la culture individualiste postmoraliste, l'effet éthique en est une des manifestations exemplaires.

Dominante, la logique postmoraliste ne fait aucunement disparaître les courants contraires, les revendications ouvertement moralistes d'intensité plus ou moins variables selon les pays. L'après-devoir n'est pas synonyme de sociétés communiant dans une tolérance permissive et n'aspirant qu'à l'élargissement des droits individualistes : en témoignent les tollés suscités par la question de l'avortement, de même que les innombrables récriminations contre le franchissement des limites, les mœurs dissolues, la pornographie. La société qui dissout la liturgie du devoir rend minoritaire l'esprit absolutiste, elle n'abolit ni les croisades « fondamentalistes » ni la légitimité des législations hyperrépressives ou vertuistes (drogue, peine de mort, avortement, censure, extrémisme hygiéniste). On croyait voir reculer le fanatisme moral, il se poursuit, fût-il animé par des mouvements périphériques ; loin de pacifier le débat éthique, la culture hors-devoir l'aiguise, le porte au niveau des masses, creuse l'antagonisme des perspectives. Ce n'est pas le laxisme et la spirale diabolique des droits subjectifs qui avancent, c'est l'essor parallèle de deux manières antithétiques de se rapporter aux valeurs, deux modes contradictoires de réguler l'état social individualiste, fussent-ils d'ampleur sociale très inégale. D'un côté, une logique souple et dialoguée, libérale et pragmatique s'attachant à la construction graduée des limites, définissant des seuils, intégrant des critères multiples, instituant des dérogations et exceptions. De l'autre, des dispositifs manichéens, des logiques strictement binaires, des argumentations plus doctrinales que réalistes, plus soucieuses de rigorisme affiché que de progrès humanistes, de répression que de prévention. Si la pente lourde des démocraties favorise la recherche des solutions de compromis, la pente adverse n'a pas cessé de faire valoir ses droits. On ne peut exclure, dans ces conditions, le renforcement des régulations drastiques alors même que l'esprit fondamentaliste est socialement périphérique, la montée en puissance d'un néoconformisme moral exacerbé par l'extrémisme des minorités actives de même que par les référentiels dominants de la sécurité et de la santé, de la protection des femmes et des enfants : une morale sévère, l'incandescence du devoir en moins. Le visage de demain sera en partie à l'image de cette lutte que se livrent ces deux logiques antagonistes ; l'une, s'éloignant des jusqu'au-boutismes, prenant en compte la complexité tant du social que des situations individuelles, inventant des dispositifs pluriels, expérimentaux, personnalisés ; l'autre, se détournant des réalités sociales et individuelles au nom d'un nouveau dogmatisme éthique et juridique. Rien n'est écrit, la fin du devoir ne signe pas la « fin de l'histoire ».

S'il est caricatural d'identifier l'au-delà du devoir à la désintégration de toute volonté morale, force est d'admettre qu'il contribue à dissoudre des formes d'encadrements et d'autocontrôles des comportements, à promouvoir, dans nombre de secteurs de la vie sociale, le règne délétère de l'individualisme sans règle. Les réalités présentes sont éloquentes : tandis que l'exclusion professionnelle et sociale tend à devenir un mécanisme structurel de la société, les ghettos se reconstituent qui voient se multiplier les familles sans père, les analphabètes, les *gang members,* qui génèrent le recul de l'hygiène de vie, la gangrène de la drogue, les violences de jeunes, l'augmentation des viols et meurtres. Autant de phénomènes qu'il faut relier aux politiques néolibérales mais également à la déliquescence des instances traditionnelles du contrôle social (Église, syndicat, famille, école) autant qu'à une culture célébrant le présent pur, stimulant l'ego, la vie libre, l'accomplissement immédiat des désirs. L'après-devoir contribue, à son niveau, à fragmenter, à dualiser les démocraties, produisant dans le même temps de la normalisation et de l'anomie, plus d'intégration et plus d'exclusion, plus d'autosurveillance hygiéniste et plus d'autodestruction, plus d'horreur de la violence et plus de banalisation de la délinquance, plus de *cocooning* et plus de sans-abri. Partout l'individualisme gagne en prenant deux visages radicalement antagonistes : intégré et autonome, gestionnaire et mobile pour la grande majorité ; « paumé », énergumène, sans avenir pour les nouvelles minorités déshéritées.

D'autres phénomènes illustrent la dissociation de la culture hors-devoir. Ici, les vols et crimes contre les biens ne cessent de s'envoler, la spéculation prend le pas sur la production, la corruption et la fraude fiscale progressent ; là, sont plébiscités les mesures de moralisation, l'avenir planétaire, le travail et les valeurs professionnelles. Ici l'argent-roi et la fièvre compétitive, là les dons philanthropiques et le bénévolat de masse ; ici la gestion hygiéniste de soi et les plans d'épargne-retraite, là le surendettement des ménages, l'alcoolisme et autres « défonces » toxicomaniaques. Quand s'éteint la religion du devoir, nous n'assistons pas au déclin généralisé de toutes les vertus, mais à la juxtaposition d'un processus désorganisateur et d'un processus de réorganisation éthique s'établissant à partir des normes individualistes elles-mêmes : il faut penser l'âge postmoraliste comme un « chaos organisateur ».

La dualisation des démocraties ne désigne pas seulement le retour de la grande pauvreté, les mécanismes de précarisation et de marginalisation sociales, elle signifie l'accentuation de deux logiques antinomiques de l'individualisme. D'un côté, l'individualisme attaché aux règles morales, à l'équité, au futur ; de l'autre, l'individualisme du chacun pour soi et du « après moi le déluge » ; soit, en termes éthiques, individualisme responsable contre individualisme irresponsable. Évitons la dramatisation-fiction, la société en panne du devoir ne conduit pas à *Mad Max* : face au cynisme et à l'irresponsabilité, les forces de l'individualisme responsable n'ont pas dit leur dernier mot, comme en témoigne le sursaut éthique contemporain. Non pas indiscipline généralisée des comportements mais combinaison d'une logique désorganisatrice et simultanément réorganisatrice, « entropique » et régulatrice. C'est autour de ce conflit « structurel » de l'individualisme que se joue l'avenir des démocraties : faire reculer l'individualisme irresponsable, redessiner les conditions politiques, sociales, entrepreneuriales, scolaires, capables de faire progresser l'individualisme responsable, il n'est point de tâche plus cruciale.

La nouveauté de l'époque tient en ce que, pour avancer dans cette voie, nous ne disposons plus d'aucun modèle d'ensemble crédible. Finie la foi dans la « main invisible », dissipée la croyance dans les lois eschatologiques de l'histoire, exit le salut par l'État. Et nous répudions jusqu'à l'impératif du devoir sublime. Là réside une des raisons du succès de l'éthique : elle entre en état de grâce au moment où les grands bréviaires idéologiques ne répondent plus aux urgences de l'heure. À bien des égards, ce déplacement vers l'éthique constitue une chance pour les démocraties, témoignant d'une prise de conscience accrue de notre responsabilité envers l'avenir, d'un renforcement des valeurs humanistes. Plus grande lucidité qui, en contrepoint, ne va pas sans aveuglement et engouement, tant l'éthique fait figure aujourd'hui de remède miracle passe-partout, tant elle ressemble à un leitmotiv rhétorique : l'illusion idéologique n'a pas été enterrée avec la déroute des « religions séculières », elle se réincarne dans l'*éthicisme,* nouvelle figure désenchantée de la « fausse conscience ». Après l'idolâtrie de l'Histoire et de la Révolution, le culte éthique, nouvel avatar de la conscience mythologique. Comment, en effet, ajouter foi à l'idée que la maîtrise de l'avenir soit suspendue à l'essor de la générosité et des mouvements du cœur ? Comment croire un seul instant que les proclamations idéales, les vertueuses protestations, les comités d'éthique puissent être à la hauteur des défis du monde moderne ? Misère de l'éthique qui, réduite à elle seule, ressemble davantage à une opération cosmétique qu'à un instrument capable de corriger les vices ou excès de notre univers individualiste et technoscientifique. On se réjouit du succès de la télé-assistance, on applaudit aux chartes d'éthique, aux comités de sages, à l'aide humanitaire : très bien. Reste qu'on peut sérieusement douter de leur capacité à juguler la marginalisation sociale, les conflits du monde du travail, l'érosion de la citoyenneté démocratique. L'intervention humanitaire ? Même louable et nécessaire, elle laisse entiers les problèmes du sous-développement, des dictatures et massacres des populations. C'est moins d'un « supplément d'âme » dont nous avons besoin que de nouvelles politiques volontaristes, d'organisations intelligentes, de systèmes de formation pour tous adaptés à l'accélération des changements. De tous côtés, on s'extasie devant la nouvelle lucidité éthique entendue comme ce qui fixe des limites : encore faut-il ne pas être aveugle sur les limites rédhibitoires, voire les effets pervers, de l'éthique érigée en panacée. À quoi mènent les hautes déclarations des firmes non suivies d'effets ou contredites par leurs actions ? Vers quelles démocraties s'oriente-t-on si les décisions relatives au bien et au mal deviennent affaire d'experts indépendants ? Quelle société agence-t-on quand le discours éthique sert, ici et là, de levier au discrédit de l'action publique ? L'enthousiasme éthique peut préparer des lendemains fort peu ressemblants à ses ambitions affichées.

Relativiser les espoirs entretenus par le courant éthique ne revient pas à le décrier. Si les exhortations philosophiques à la morale de la générosité n'ont de vertu qu'incantatoire, sans visée morale, l'avenir s'annonce sous un jour pour le moins inquiétant. Renvoyant dos à dos les prédications moralisatrices et le fétichisme du *self-interest,* nous plaidons ici la cause des éthiques intelligentes et appliquées, moins soucieuses d'intentions pures que de résultats bénéfiques pour l'homme, moins idéalistes que réformatrices, moins adeptes d'absolu que de changements réalistes, moins injonctives que responsabilisatrices. Mieux vaut, somme toute, des actions « intéressées » mais capables d'améliorer le sort des hommes que de bonnes volontés incompétentes. Si l'intention généreuse ou altruiste constitue, de toute évidence, un critère moral majeur, elle ne peut être considérée comme le seul et unique, sauf à soutenir la position, à nos yeux irrecevable, assimilant la morale aux seules actions individuelles absolument désintéressées et rendant équivalentes, du coup, au plan éthique, les mesures politiques, économiques, managériales les plus antinomiques, au motif qu'elles sont sous-tendues par les « mêmes » calculs intéressés. Dans ces conditions, force est de réhabiliter l'intelligence en éthique, qui ne prescrit pas l'éradication des intérêts personnels mais leur modération, qui n'exige pas l'héroïsme du désintéressement mais la recherche de compromis raisonnables, de « justes mesures » adaptées aux circonstances et aux hommes tels qu'ils sont. Nous avons tout à redouter des nouveaux vertuistes et autres fondamentalistes, mais, en même temps, la dynamique économique du « laisser-faire » révèle chaque jour ses impasses et sa malignité. Si le moralisme est intolérable pour son insensibilité au réel individuel et social, le néolibéralisme économique fracture la communauté, crée une société à deux vitesses, assure la loi du plus riche, compromet l'avenir. Plus que jamais nous devons rejeter l'« éthique de la conviction » autant que l'amoralisme de la « main invisible », au bénéfice d'une éthique dialoguée de la responsabilité tournée vers la recherche de justes équilibres entre efficacité et équité, profit et intérêts des salariés, respect de l'individu et bien collectif, présent et futur, liberté et solidarité. Plaidoyer en faveur d'une éthique intelligente parce que le culte du devoir n'a plus de crédibilité sociale, parce que la justice sociale demande l'efficacité, et l'efficacité, tout au moins à l'âge néo-individualiste, ne peut se concevoir sans respect de l'homme, sans dimension humaniste. L'éclipse du devoir n'est ni une malédiction ni une promesse d'Éden : sans doute, le moment actuel amplifie-t-il les tendances à l'exclusion et à la marginalisation sociales. Mais l'avenir est tout sauf arrêté : est-il interdit de penser que de l'obsolescence du devoir et du naufrage des idéologies pourraient sortir plus de souci raisonnable de la cohésion sociale, plus d'esprit de négociation et de pragmatisme rénovateur, plus d'humanisme ingénieux et pluraliste ?

L'idéal du sacrifice est atone, la foi dans l'avenir radieux de l'histoire, épuisée : que nous reste-t-il sinon l'aventure du savoir et les promesses de l'intelligence pragmatique des justes moyens ? Non que les hommages aux sentiments moraux soient vains : capables, certes, d'entraîner des actions généreuses, ils ne peuvent néanmoins servir de clé de voûte au fonctionnement permanent d'institutions justes et efficaces. Les bons sentiments soit, mais qui contestera le fait qu'ils sont plus éphémères que stables, qu'à compter sur eux seuls la société n'avancera guère dans la voie du bien-être et de la justice sociale. Point d'autres solutions réalistes sur le long terme que la formation des hommes, l'essor et la diffusion du savoir, l'élargissement des responsabilités individuelles, le parti de l'intelligence scientifique et technique, politique et entrepreneuriale. Nul ne récusera l'idée que l'intelligence puisse se mettre au service du mal et des égoïsmes, mais ce qui est vrai au niveau de l'individu l'est-il autant au plan des collectivités humaines et de l'histoire sur le long cours ? Comment ne pas voir que sans progrès des techniques, de la science, du management des entreprises, nos idéaux resteront des formules creuses ? Ce ne sont pas les professions de foi éthiques, les panégyriques en faveur des droits de l'homme et de la générosité qui viendront à bout de la xénophobie et de la misère, des agressions contre l'environnement, des dérives médiatiques. Il faudra des politiques et des entreprises intelligentes, plus de formation, de responsabilisation et de qualification professionnelle, plus de science et de technique. Mieux que l'impératif du cœur, l'impératif de mobilisation des intelligences humaines, l'investissement redoublé dans le savoir et la dimension éducative permanente.

Ne jetons pas le bébé avec l'eau sale : les perversions de la raison prométhéenne ne condamnent pas son essence. Si la raison morale fixe le cap, seule la raison instruite peut nous en rapprocher. Point d'autres fins légitimes que les valeurs humanistes, point d'autres moyens que l'intelligence théorique et pratique. L'ère postmoraliste ne doit inviter ni aux rêves d'une résurrection du devoir maximaliste, ni aux aberrations d'une « refondation » de l'éthique, mais doit réaffirmer la primauté du respect de l'homme, dénoncer les pièges du moralisme, promouvoir des éthiques intelligentes dans l'entreprise comme dans le rapport à l'environnement, favoriser des solutions de compromis, fermes sur les principes humanistes de base mais composant avec les circonstances, avec les intérêts et les exigences d'efficacité. Éloge de la raison qui certes n'a pas l'ambition de créer des cœurs purs, mais de quel autre moyen disposons-nous pour corriger les injustices du monde, construire un monde social moins inhumain, plus responsable ? Les hommes n'étant ni meilleurs ni pires que dans d'autres temps, jouons la carte collective de la science et de la formation, de la raison pragmatique et expérimentale, moins exigeantes pour l'individu mais plus efficaces socialement, moins catégoriques pour les personnes mais plus contraignantes pour les organisations, moins sublimes mais plus aptes à responsabiliser les hommes, moins pures mais permettant de corriger plus promptement les divers excès ou indignités des démocraties. Les malversations, injustices et turpitudes ne disparaîtront jamais : tout ce que nous pouvons faire c'est d'en limiter l'étendue, de réagir plus intelligemment, d'accélérer la vitesse d'allumage des contre-feux. Si le progrès moral a un sens dans l'histoire, il ne tient pas seulement dans un plus grand respect des droits de l'homme mais dans notre disposition à rectifier plus vite l'intolérable : l'éthique « prudente » ou l'aptitude à *gagner du temps* contre le mal et la douleur des hommes. Souhaitons qu'il s'agisse là d'une des vertus d'avenir du crépuscule du devoir.

CHAPITRE I

Le sacre du devoir

Au commencement de la morale était Dieu. Dans l'Occident chrétien jusqu'à l'aube des Lumières, rares sont les esprits qui récusent cet axiome : Dieu est l'alpha et l'oméga de la morale, c'est par sa voix seule que sont connus les commandements ultimes, c'est par la foi seule que règne la vertu. Sans le secours de l'Écriture sainte et la crainte de Dieu, il ne peut y avoir qu'égarements et vices, la vertu purement profane est inconsistante et fausse : la morale dans les époques prémodernes est d'essence théologique, elle ne se conçoit pas comme une sphère indépendante de la religion.

Au cours du XVIIe siècle, la position théocentrique se renforce encore en réaction contre les concessions faites à la nature humaine et les dérives pélagiennes : toutes les règles morales doivent être fondées sur l'enseignement révélé et n'ont d'efficacité que par la croyance dans le Christ rédempteur. Corrompu par la faute originelle, l'homme ne peut trouver en lui-même les lumières lui faisant connaître et accomplir le juste : hors de l'Église point de morale, sans l'aide de la foi, la vertu est de « nul prix ». Sur ce point Bossuet, Arnauld comme la plupart des théologiens se rejoignent, il ne saurait y avoir de vertu sans la connaissance et l'amour du vrai Dieu. Le motif qui doit inciter à la pratique de la vertu n'est pas le respect moral de l'homme mais la volonté et la gloire du Très-Haut. Dans la continuité d'une tradition millénaire, la morale n'est qu'une partie du culte que l'homme doit rendre à Dieu ; loin d'être l'exigence suprême, les devoirs envers les hommes ne viennent qu'après ceux ayant trait à l'adoration du Créateur. La priorité absolue ne réside pas dans l'accomplissement d'un idéal humain, elle tient dans le service de Dieu.

Cet assujettissement de la morale à la religion, les modernes l'ont rejeté. L'avènement de la modernité ne coïncide pas seulement avec l'édification d'une science délivrée de l'enseignement biblique et un monde politico-juridique autosuffisant, fondé sur les seules volontés humaines, mais avec l'affirmation d'une morale affranchie de l'autorité de l'Église et des croyances religieuses, établie sur une base humaine-rationnelle, sans recours aux vérités révélées. Détacher la morale des confessions religieuses, la penser comme un ordre indépendant et universel ne renvoyant qu'à l'humaine condition et ayant priorité sur les autres sphères, notamment religieuses, ce processus de sécularisation de l'éthique mis en branle au XVIIe siècle est sans nul doute une des figures les plus significatives de la culture démocratique moderne.

Non que l'idée d'une morale rationnelle ou naturelle soit une invention spécifiquement moderne. On sait que les philosophes grecs ont élaboré, dès l'Antiquité, des systèmes moraux ne faisant intervenir d'autre autorité que celle de la raison ou de la nature. Mais seuls les modernes ont fait figurer au fronton de leur société des valeurs strictement laïques, seuls ils ont entrepris de construire un ordre social et politique à partir de principes éthiques déconfessionnalisés. C'est en effet une éthique laïque ou universaliste, celle des droits de l'individu, qui est l'étalon moral et le fondement ultime des temps modernes démocratiques. Sans doute, la proclamation des droits de l'homme ne se réduit-elle pas à une éthique pure, sa fonction étant d'énoncer la base régulatrice du nouveau pacte social, mais sa signification éthique n'en n'est pas moins éclatante. Les idéaux de souveraineté individuelle et d'égalité civile, constitutifs de la civilisation démocratique-individualiste, expriment les « principes simples et incontestables » de la morale universelle, ils traduisent les impératifs immuables de la raison morale et du droit naturel qui ne peuvent être abrogés par aucune loi humaine, ils sont ces « vérités évidentes par elles-mêmes » incarnant la nouvelle valeur absolue des temps modernes : l'individu humain. C'est la visée d'une société organisée en conformité avec les principes d'une éthique strictement humaine-rationnelle qui accomplit le saut historique de la modernité démocratique. Les sociétés ne se sont dégagées de l'emprise de l'organisation religieuse immémoriale qu'en érigeant l'éthique en instance fondatrice, qu'en élevant l'individu au rang de valeur morale première et dernière : le « code génétique » des démocraties modernes est une éthique universaliste laïque.

Ce n'est pas l'obligation envers le législateur divin qui va fonder l'organisation sociale et politique, ce sont les droits inaliénables des sujets. Tandis que l'individu devient le référentiel majeur de la culture démocratique, le fait moral premier s'identifie à la défense et à la reconnaissance des droits subjectifs ; les devoirs ne disparaissent pas, ils dérivent des droits fondamentaux de l'individu, ils en deviennent les corrélats. Avec les nouvelles tables de la Loi démocratique, seuls les droits inviolables des personnes sont explicitement formulés, les devoirs en émanent en tant qu'obligations de les respecter. À la prépondérance immémoriale des obligations envers Dieu s'est substituée celle des prérogatives de l'individu souverain.

Dans la foulée de la consécration des droits subjectifs, le bonheur s'est affirmé comme un droit naturel de l'homme, une coordonnée majeure de la culture individualiste parallèlement à la liberté et à l'égalité. À partir des Lumières, la vie heureuse et ses plaisirs obtiennent droit de cité, dès le début du XVIIIe siècle l'idéal épicurien s'affiche librement. Après des siècles de relégation ascétique, le plaisir cesse d'être appréhendé sous le signe de la misère humaine, débarrassé qu'il est de la malédiction chrétienne : la morale profane a imposé sa loi aux morales du salut éternel. À coup sûr, nombre d'obligations morales sévères continuent à encadrer la quête des plaisirs : reste qu'en bannissant le dogme de la corruption originelle et en réhabilitant la nature humaine, les modernes ont fait de la recherche de la félicité terrestre une revendication légitime de l'homme face à Dieu, un droit de l'individu dont nous n'avons pas fini d'enregistrer les effets. Simultanément, en vue de la poursuite du bonheur matériel, ont été abaissées les exigences de l'obligation morale : par le truchement du schème intellectuel de l'harmonie naturelle des intérêts, la pensée économique libérale a réhabilité les passions égoïstes et les vices privés en tant qu'instruments de la prospérité générale, le droit à ne penser qu'à soi-même, à ne plus songer qu'à ses propres affaires est devenu un principe régulateur de l'ordre collectif. Que ce soit dans la sphère politique, morale ou économique, partout les droits souverains de l'individu ont été mis en avant : droits de l'homme, droits aux plaisirs, droit à la libre poursuite des intérêts privés, c'est ce processus qui pouvait autoriser Leo Strauss à analyser la modernité comme une culture dans laquelle « le fait moral fondamental et absolu est un droit et non un devoir[1] ».

L'HYMNE AU DEVOIR

« Nom sublime et grand »

Pour cruciale qu'elle soit, cette célébration historique des droits individuels ne représente que l'une des faces de l'idéologie moderne au stade inaugural de son développement. Jusqu'au milieu du XXe siècle, les droits de l'individu ont été largement contrebalancés par une exceptionnelle idéalisation du devoir-être ; pendant quelque deux siècles, les sociétés modernes ont professé solennellement les obligations morales de l'homme et du citoyen, elles ont donné un lustre sans pareil à l'idéal de désintéressement et d'oubli de soi-même, elles ont exhorté sans fin aux devoirs envers soi-même et envers nos semblables, elles ont cherché à purifier les mœurs, à élever les âmes, à promouvoir les vertus privées et publiques. S'il est vrai que les sociétés modernes se sont édifiées sur le sol des droits souverains de l'individu, il est tout aussi vrai qu'elles ont, dans le même temps, magnifié l'obéissance inconditionnelle au devoir, la transparence de la vertu, l'impératif de nous attacher à des fins dépassant le cercle des intérêts individuels. L'établissement d'une éthique laïque fondatrice de l'ordre so-

1. Leo Strauss, *Droit naturel et histoire,* Paris, Plon, 1954, p. 196.

cial, étrangère à toute religion révélée, a reconduit de fait la dimension sacrée de celle-ci : au devoir immémorial de religion a succédé la religion moderne, hyperbolique, du « tu dois ».

Au XVIIIe siècle, Rousseau donne le ton en célébrant l'« imposante image de la vertu » définie comme combat contre ses « plus chers désirs » et règne sur « son propre cœur ». Dans des formules immortelles, Kant porte à son apogée la gloire du devoir inconditionnel, ce « nom sublime et grand » remplissant le cœur « d'une admiration et d'une vénération toujours nouvelles et toujours croissantes ». Au siècle suivant, Comte ne reconnaît d'autre droit que celui de toujours faire son devoir, seul est moral le devoir de « vivre pour autrui ». En France, la philosophie éclectique de Victor Cousin, Jouffroy, Janet, qui règne dans les établissements scolaires jusqu'à la fin du siècle, définit la morale comme la science du devoir obligatoire et la vertu comme entière abnégation de soi-même. Loin de se définir essentiellement par l'abaissement du devoir-être, la pensée moderne s'est caractérisée aussi bien par le devoir pur en creusant le fossé séparant l'être et l'idéal, l'intérêt et la vertu. Au moment où s'est affirmé le principe individualiste de libre possession de soi-même, l'idéologie moderne a prescrit la primauté du rapport à l'autre, l'obligation illimitée de s'oublier soi-même, la transcendance de l'idéal. L'individualisme possessif consacrant la prépondérance de la relation aux choses sur la relation aux hommes a été supplanté par un individualisme moraliste intransigeant : l'idéologie économique moderne n'a pas d'emblée permis le déploiement d'un individualisme sans entraves[1], l'absoluité du devoir est venue contrecarrer l'égotropisme des droits de l'individu souverain.

1. Louis Dumont, *Homo aequalis,* Paris, Gallimard, 1977, p. 98.

La pensée politique moderne elle-même ne s'est pas tout entière construite autour du « réalisme », la promotion des droits naturels est allée de pair avec la volonté moralisatrice et les devoirs absolus en politique. Dans la seconde partie du XVIIIe siècle, Rousseau donne le jour à la religion civique moderne en exigeant le sacrifice des intérêts personnels à la volonté générale ; un peu plus tard, le jacobinisme révolutionnaire dénonce systématiquement le machiavélisme autant que l'utilitarisme et cherche à assurer la victoire républicaine de la morale sur les intérêts individuels : la lutte contre les factions est assimilée à une lutte des vertus contre les vices ; la fidélité, la probité, le dévouement, la pureté du cœur sont exaltés pour bâtir un ordre politique ordonné et pacifié. La pensée républicaine au XIXe siècle restera fidèle à cet idéal civique et patriotique hérité du modèle révolutionnaire. Livres d'histoire, discours officiels et monuments aux morts entretiennent la flamme de la République et de la Patrie, ils ont pour but de former de bons citoyens et des soldats héroïques, ils soulignent en sentences vibrantes le devoir de mourir pour la nation, la grandeur de la loi et de la liberté républicaine, l'exigence absolue de servir l'intérêt général. Les manuels d'instruction morale et civique ont charge d'inspirer aux enfants le respect des préceptes « éternels » de la morale, des obligations d'hygiène et de travail, l'amour de la patrie. *Le Tour de la France par deux enfants,* publié en 1877 et vendu à 6 millions d'exemplaires au début du siècle, a pour sous-titre « Devoir et patrie » ; sur la page de couverture du « Petit Lavisse » est écrit : « Tu dois aimer la France. » À la fin du siècle, Durkheim voit dans la patrie la fin par excellence de la conduite morale : il faut que l'éducation morale travaille à attacher l'enfant aux groupes sociaux dont il fait partie. Contre l'immoralité et l'indiscipline des mœurs individualistes, les modernes ont sacralisé l'école du devoir moral et civique.

Les ennemis de la démocratie libérale ont participé également à la liturgie du devoir. Les courants nationalistes, antirationalistes et antimatérialistes ont entonné l'hymne à la solidarité organique, à la subordination de l'individu à la collectivité nationale, à l'exigence du sacrifice intégral. À l'opposé, la gauche révolutionnaire d'inspiration marxiste et ennemie déclarée de l'utopie morale a reconduit une éthique disciplinaire et dogmatique au niveau de l'action militante. Renoncement à soi, devoirs d'orthodoxie et d'obéissance absolue envers la ligne du parti, de nouveaux « impératifs catégoriques » sont martelés, fût-ce sous l'autorité des lois de l'histoire et de l'idéal « scientifique » de la société sans classes.

Il est vrai que, dans le même temps, les modernes se sont employés, de manière exceptionnelle, à jeter le discrédit sur la sphère de l'idéal moral. De Machiavel à Hegel, le mal est réhabilité en tant qu'instrument de la réalisation du bien public et du progrès historique ; de la « Fable des abeilles » à la « main invisible », les conduites égoïstes et les vices privés sont redignifiés comme conditions de la prospérité collective ; de Stirner à Freud, de Marx à Nietzsche, de Sade aux surréalistes, les chimères du devoir-être sont dénoncées, la morale étant analysée comme utopie et conscience fausse, atrophie de la vie et masque des intérêts, hypocrisie et déguisement des passions immorales. Avec l'âge moderne, l'interdiction de faire le mal et l'obligation de la vertu se sont émoussées : le bien s'est imposé comme une « alchimie du mal [1] » et les « bons » comme des « mé-

1. Pierre Manent, *Histoire intellectuelle du libéralisme,* Paris, Calmann-Lévy, 1987, p. 50.

chants rentrés ». Tel Janus, la modernité inaugurale se présente sous deux faces : d'un côté l'idolâtrie de l'impératif moral, de l'autre sa délégitimation radicale ; la sacralisation laïque du devoir a eu pour envers la désacralisation de la conscience vertueuse. Machiavélisme contre moralisme, « ruse de la raison » contre « belle âme », utilitarisme contre idéalisme, émancipation individuelle contre vertuisme, tout manifestement oppose ces tendances. À ceci près qu'elles n'en ont pas moins travaillé à l'édification du monde moderne autonome, émancipé du pouvoir de la religion. D'un côté, la religion moderne du devoir a été une manière d'affirmer l'autonomie du sujet moral n'obéissant plus qu'à la loi de sa nature raisonnable ou à une règle librement acceptée et comprise : à travers l'hymne à l'obéissance morale impérieuse, c'est l'idéal de la volonté libre n'obéissant qu'à elle seule qui s'est affirmé. De l'autre, les offensives contre les morales oppressives, la « ruse de la raison », le paradigme de la main invisible ont entraîné l'émancipation de l'individu vis-à-vis des règles idéales contraignantes de même que la légitimation de toutes les actions individuelles [1] : la culture de l'individu libre, indépendant, s'est constituée dans la récusation de la primauté de l'idéal éthique abstrait. Paradoxalement, les courants intellectuels les plus contradictoires ont contribué à la même construction de l'autosuffisance du monde profane, à la promotion de l'individu autonome ne recevant plus sa loi d'un au-delà céleste. Moraliste et antimoraliste ont entonné le même hymne à l'autonomie du vouloir humain, même si, à l'évidence, la liberté définie par les uns avait valeur de servitude aux yeux des autres.

1. Louis Dumont, *op. cit.* Sur la « ruse de la raison », Alain Renaud, *L'ère de l'individu,* Paris, Gallimard, 1989, pp. 201-210.

La vertu sans Dieu

L'incantation au devoir n'est certes pas une spécificité de la modernité. L'est en revanche l'affirmation de devoirs obligatoires étrangers aux dogmes de toute religion révélée, la diffusion sociale d'une morale délivrée de toute divinité tutélaire. La rupture « idéologique » avec le passé, sur ce point, est décisive, exemplaire de la conquête moderne de l'autosuffisance terrestre. Dans l'époque d'avant les Lumières, rayonnait l'idée que, sans l'Évangile et la croyance en un Dieu vengeur des fautes et rémunérateur de la vertu, rien ne pouvait arrêter l'homme dans la voie des crimes. Privées de religion, les vertus sont illusoires, seules la révélation et la foi en un Dieu justicier sont en mesure d'assurer efficacement la moralité. Cet axiome de la culture chrétienne traditionnelle a été récusé, détruit par l'offensive des modernes : la religion du devoir a grandi comme un *devoir sans religion.* Une nouvelle culture est née constitutive des temps de l'autonomie postthéologique : l'obligation morale n'est plus ordonnée du dehors, mais du sol profane de la vie humaine-sociale, son exercice ne va plus requérir ni secours transcendant ni frein céleste.

Dès la fin du XVIIe siècle, Bayle lance la polémique en reconnaissant qu'« il n'est nullement impossible qu'un athée ait de la conscience ». Au siècle suivant, Helvétius, d'Holbach, Diderot reprennent le flambeau en écartant tout recours à la religion, toute sanction divine pour établir l'éthique : une vie morale authentique et efficace est possible qui ne repose pas sur les croyances révélées et les châtiments de l'autre vie. Même si Kant réintroduit Dieu comme « postulat de la raison pratique », la moralité est essentiellement une sphère autonome, fondée qu'elle est sur le seul respect pur pour la loi universelle. À l'époque des Lumières, les philosophes de l'intérêt bien compris, du sentiment ou du devoir catégorique se sont employés à prouver qu'il est possible de fonder la vertu sur des motifs laïques indépendants de toute révélation : l'homme peut accéder aux vertus sans appui surnaturel, l'intérêt, le sentiment ou la raison idéale suffisant pour observer nos devoirs[1]. À coup sûr, tous les ponts entre moralité et théologie sont loin d'être coupés, le plus grand nombre, y compris Voltaire ou Rousseau, reconnaissant dans l'idée d'un tribunal divin — fût-il hors de l'Église chrétienne — le plus solide garant d'une morale viable. Mais le mouvement de désimbrication de l'éthique par rapport aux croyances théologiques est en marche qui connaîtra une notable extension au XIXe siècle avec l'essor du positivisme, du néocriticisme, de l'athéisme, de l'anticléricalisme. D'Auguste Comte à É. Littré, de Renouvier aux pères fondateurs de l'école républicaine, la morale se suffit à elle seule, elle peut élever l'âme sans l'idée de Dieu et la terreur des sanctions théologiques. Dans cette voie, l'école de la IIIe République mettra en place une instruction morale et civique de nature strictement laïque. Certes, dans les programmes scolaires institués par la loi de 1882, figurent toujours les « devoirs envers Dieu », mais l'apprentissage des devoirs exclut toute doctrine religieuse et menace de l'au-delà. Les devoirs moraux s'imposent d'eux-mêmes, ils doivent être objet d'explication

1. Maurice Pellisson, « La sécularisation de la morale au XVIIIe siècle », *La Révolution française,* t. XLV, nov. 1903, pp. 385-408. Cette question est développée dans le détail par Jacques Domenech, *L'éthique des Lumières,* Paris, Vrin, 1989.

rationnelle, démontrés en s'appuyant sur la seule raison de l'homme vivant en société. Même si, par prudence et stratégie, le nom de Dieu n'a pas été proscrit, il n'est plus le soubassement de la morale, celle-ci peut vivre sans la crainte des châtiments éternels. La dynamique de reconnaissance sociale de la morale autosuffisante ne s'arrêtera plus, qui légitimera de plus en plus largement le principe laïque-moderne de *séparation* du devoir dans l'ici-bas des croyances de l'autre monde, qui répudiera l'idée de moralité tributaire d'un au-delà sacré.

L'affirmation d'une morale autonome délivrée du Dieu vengeur et des dogmes religieux n'est pas allée sans vives résistances et polémiques. La doctrine de la tolérance chez Locke exclut les athées qui, parce qu'ils nient l'existence de Dieu, détruisent le fondement de la morale et de la vie civile. Les ouvrages de Bayle ont été accusés de semer le doute sur les principes de la morale et de la religion ; Wolff fait scandale et est destitué pour avoir affirmé que les Chinois ont pu s'élever aux principes de la vraie morale sans l'appui de la Révélation. Même si les idées d'enfer et de tourments éternels sont dénoncées et détachées des dogmes de l'Église par Voltaire et Rousseau, le courant théiste restera fidèle à l'impératif du « Dieu rémunérateur et vengeur » nécessaire pour contraindre les hommes à honorer leurs devoirs. Tout au long du XVIIIe siècle, les apologistes de la religion chrétienne soutiendront contre les philosophes des Lumières que si l'on ne fonde pas la morale sur la crainte divine et la rémunération *post mortem*, les hommes n'auront plus de freins, plus rien ne les arrêtera dans la voie des vices et des crimes. En 1865, l'assemblée générale du Grand Orient de France adopte encore comme principes de sa constitution « l'existence de Dieu, l'immortalité de l'âme et la solidarité humaine ».

En France, les réquisitoires contre l'autosuffisance de la morale se sont embrasés à la suite des lois scolaires des années 1880 puis de la séparation des Églises et de l'État de 1905. Rome a mis à l'Index les manuels exposant les principes de la morale laïque, des ecclésiastiques ont menacé de priver de sacrements leurs utilisateurs. Le dogme du fondement théologique de la morale est réaffirmé solennellement : la « morale sans Dieu » n'est qu'une « morale de formules en l'air » incapable de former les honnêtes gens ; livrant les hommes à eux seuls, elle fait « les insoumis, les voleurs, les assassins, les apaches de toute sorte ». Encore en 1925, la déclaration de l'assemblée des archevêques et cardinaux de France sur « les lois dites de laïcité » peut déclarer que « le laïcisme dans toutes les sphères est fatal au bien privé et public ». Il faut attendre la seconde moitié des années 1920 pour que l'esprit de croisade antilaïque s'estompe puis « disparaisse ». Tandis que des possibilités d'entente entre le camp laïque et le camp catholique se font jour, la laïcité a acquis une légitimité à l'intérieur même de l'Église[1]. Après des siècles d'excommunication, la « morale sans Dieu » n'a plus été stigmatisée comme l'école du crime et de l'ignominie.

Immense victoire historique du schème de la « morale indépendante » : d'abord professée, dans des cercles restreints, elle s'est diffusée, dans les démocratie occidentales, à l'ensemble de la société, croyants y compris. L'âge moderne a réussi à imposer l'idée d'une vie morale séparée de la foi, l'*égalité de principe*, en matière de morale, entre croyant et incroyant : la vie éthique s'est ouverte à tous, indépendamment des opinions mé-

1. René Rémond, « Évolution de la notion de laïcité entre 1919 et 1939 », *Cahiers d'histoire,* t. IV, 1959.

taphysiques. De même que les carrières s'offrent aux talents de tous, de même l'accès à la vertu n'est plus le privilège des chrétiens, n'est plus conditionné par un principe extérieur à la vie terrestre : seule la responsabilité humaine est en cause, tout le mérite moral résidant dans les actions et intentions des hommes. La montée en puissance du mérite éthique strictement humain s'est déployée parallèlement à la consécration des carrières ouvertes aux talents de toute nature ; dans les temps démocratiques, la vertu n'est pas plus tributaire de la foi que de la naissance, n'existent que des individus libres et semblables ayant l'entière responsabilité d'eux-mêmes. Tous les hommes sont définis à égalité face au devoir : un ultime principe inégalitaire est tombé instituant la fin de la dissemblance hiérarchique entre celui qui croyait au Ciel et celui qui n'y croyait pas. Avec la diffusion sociale de la morale autonome, la culture morale s'est alignée sur les principes de fond de l'individualisme démocratique universaliste. Rejet moderne de l'hétéronomie du devoir qui s'est accompagné simultanément d'une nouvelle *extériorité* réorganisant en profondeur la représentation de la vie morale, *via* l'attention inédite portée à l'éducation, aux conditions sociales, au psychisme inconscient. Affranchie du dehors religieux, la responsabilité morale humaine ne s'est pas affirmée une et entière, elle s'est pensée dans une nouvelle économie de la dépendance profane, de la détermination sociale et de la dépossession subjective. Dans l'univers de la morale autosuffisante s'est développé un processus de *déresponsabilisation* partielle des individus et ce, en raison de l'importance accordée à l'*histoire* de chacun.

Souveraineté éthique et devoir absolu

Le procès de sécularisation de la morale signifie plus que l'affirmation de la « morale indépendante[1] », il signifie la prépondérance des obligations éthiques sur celles de la religion. Avec les modernes, l'éthique s'est érigée en ordre de valeurs supérieur à la religion elle-même, le devoir moral est devenu le principe commandant les autres aspects de la religion. Pour s'être moulé dans une forme parente de la religiosité, le culte moderne du devoir n'en illustre pas moins, à l'échelle de l'histoire, un dispositif exceptionnel, une rupture majeure par rapport à la logique traditionnelle des morales théocentriques : l'exigence éthique a supplanté l'adoration mystique, les devoirs envers les hommes ont pris le pas sur les devoirs envers Dieu. Prééminence de l'éthique qui s'est forgée au travers du combat pour la tolérance religieuse et la reconnaissance de la liberté de conscience : dans les dernières décennies du XVIIe siècle, Bayle réussit à en fixer les termes qui nourriront toute la philosophie des Lumières. Ni la gloire de Dieu ni la préoccupation du salut éternel des pécheurs ne peuvent justifier les crimes et persécutions violant les principes de la raison pratique, « tout dogme particulier, soit

1. Une chose est de reconnaître le mouvement d'émancipation de la morale vis-à-vis des croyances religieuses, une autre de croire, à l'instar de ses promoteurs, l'avoir établie sur la seule raison, universelle et invariable, en dehors de toute racine chrétienne. Là réside ce qu'on pourrait appeler l'illusion originaire de l'esprit laïque : elle sera violemment dénoncée, en particulier par Nietzsche, qui replacera les valeurs morales laïques dans la continuité millénaire du message chrétien.

qu'on l'avance comme contenu dans l'Écriture, soit qu'on le propose autrement, est faux, lorsqu'il est réfuté par les notions claires et distinctes de la lumière naturelle, principalement à l'égard de la morale », écrit Bayle en 1686 dans son *Commentaire philosophique.* Est criminelle non pas l'hétérodoxie mais la contrainte, laquelle foule aux pieds les lois inviolables de la morale naturelle, les devoirs d'humanité, le principe d'obéissance à l'inspiration intime de sa conscience. Tolérance, liberté religieuse, droit de la « conscience erronée » : l'homme est devenu la fin de la religion et l'impératif moral, le devoir suréminent. Au siècle suivant, Montesquieu, Voltaire, l'abbé de Saint-Pierre ne diront pas autre chose. L'impératif catégorique kantien n'est pas loin.

La vraie valeur, même religieuse, ne s'incarne plus dans les jeûnes, pénitences et prières, mais dans l'obéissance à la loi de la raison morale. Pour les penseurs déistes, pour nombre d'auteurs chrétiens, jésuites et protestants libéraux, l'amour de Dieu doit s'identifier avec la pratique de la vertu, le Créateur ne retire aucune gloire des hommages rituels que lui rendent les hommes, ce qu'il veut c'est la justice et la bienveillance des hommes. Le détachement à l'égard des dogmes chrétiens est allé de pair avec la suprématie des valeurs éthiques[1], l'impératif moral s'est institué en tribunal ultime des actions humaines. L'avènement de la culture moderne démocratique coïncide au plus profond avec cette *inversion historique de primauté,* avec la souveraineté du devoir proprement éthique. Parallèlement aux projets de

1. Sur ce déplacement crucial de la dogmatique mystique à l'éthique et l'essor d'une conception principalement morale de Dieu au XVIIIe siècle, Ernst Cassirer, *La philosophie des Lumières,* Paris, Fayard, 1966, pp. 181-187, et Roger Mercier, *La réhabilitation de la nature humaine,* Villemomble, La Balance, 1960, chap. III.

maîtrise technicienne de la nature et de souveraineté du peuple, la prépondérance des devoirs éthiques illustre l'avènement de l'âge individualiste intramondain. Arraisonner le monde en vue du bien-être de tous, restituer au peuple le principe de la souveraineté politique, privilégier les devoirs envers ses semblables : autant de dispositifs témoignant de la même orientation profane, de la même valorisation suprême de la sphère humaine terrestre.

C'est à travers des perspectives philosophiques radicalement antagonistes que le sacre moderne de la morale a pris son envol. D'un côté, la recherche du bonheur apparaissant, aux yeux des modernes, comme la première et la plus fondamentale des lois naturelles, la morale se définit comme ce qui doit nous indiquer la voie à suivre pour être heureux. D'Helvétius à d'Holbach, de Bentham à Stuart Mill, le bien se réduit aux plaisirs et à l'utile, il suffit de rechercher rationnellement son intérêt pour être vertueux : le courant utilitariste a réconcilié ou harmonisé bonheur et vertu, amour de soi et bien public, l'intérêt de chacun étant d'être moral. Pourtant, d'un autre côté, les modernes ont séparé comme jamais devoir et bonheur, ils ont conçu la vertu dans l'opposition rédhibitoire avec l'intérêt personnel. Seuls, ils ont dressé des listes de devoirs inconditionnels envers soi-même, seuls ils ont défini la morale par le devoir catégorique détaché de tout bénéfice pour le sujet sensible. À la différence des morales anciennes ne connaissant que l'« optatif » en vue de la vie heureuse, les morales modernes ont inventé les morales de l'obligation pure [1] ; à la différence de la morale chrétienne laissant entrevoir

1. Victor Brochard, *Études de philosophie ancienne et de philosophie moderne*, Paris, Vrin, 1974, pp. 489-531.

l'espérance du bonheur éternel, les morales modernes ont valorisé le principe du désintéressement absolu comme condition de la vertu. Désormais, la moralité est ce qui exige l'entière abnégation de soi-même, le sacrifice intégral, l'obéissance inconditionnelle et désintéressée à l'impératif du Bien. « Déchirer son cœur pour remplir son devoir » (Rousseau), débarrasser l'action morale de toute motivation sensible (Kant), promouvoir la religion désintéressée de l'Humanité (Comte), devoir d'abnégation absolue (Victor Cousin), obligation de se consacrer corps et âme à la grandeur de l'histoire ou de la nation : l'avènement des droits de l'individu au bonheur a eu pour contrepartie l'idéalisme exacerbé du détachement de soi, l'exaltation de l'oubli de sa personne, le devoir hyperbolique de se dévouer anonymement à l'idéal. Le premier moment de l'individualisme démocratique a épuré et sublimé l'impératif moral au-delà même des possibilités humaines, l'idéal de vertu désintéressée est maintenant placé si haut que l'action véritablement morale devient, dans l'absolu, impossible à accomplir (Kant). Autosuffisante, la morale ne s'est « rapprochée » des hommes qu'en creusant une *distance* infinie vis-à-vis de soi ; coïncidant avec une exigence strictement immanente, le culte du devoir a reproduit un dispositif de transcendance extrême s'arc-boutant sur un idéal d'arrachement interminable à la sphère des intérêts égoïstes. L'idéal héroïque n'a nullement disparu de la scène moderne, il y a eu, au plus profond, relève des valeurs de gloire, d'orgueil et de succès aristocratiques par le devoir éthique inconditionnel, illimité et impersonnel. Émergence d'une nouvelle grandeur cette fois de nature démocratique et prométhéenne : la victoire sur soi s'identifie au démiurgisme rigoriste de l'obligation éthique : la suprématie des valeurs morales et humanistes s'est instituée en magnifiant l'héroïsme surhumain des intentions pures.

D'où le caractère ambivalent de l'idolâtrie moderne du devoir. La substitution d'un fondement laïque à un fondement théologique n'a pas suffi, loin s'en faut, à délester la morale de tout caractère religieux. Stirner et Schopenhauer, Nietzsche et Guyau ne s'y sont pas trompés : l'absoluité des impératifs n'a fait qu'être déplacée, transférée du domaine religieux à celui des devoirs individuels et collectifs. Il n'en reste pas moins vrai que cette reproduction du schème religieux s'est déployée tout autant selon une logique spécifiquement moderne, volontariste et futuriste. On ne peut détacher la religion du devoir de la confiance moderne dans l'éducation et la perfectibilité indéfinie du genre humain, de la foi dans la diffusion des Lumières et le progrès moral de l'humanité. Des hommes mieux instruits de leurs devoirs seront plus justes et plus vertueux ; dégagés des fausses conceptions religieuses, la morale peut se purifier et renforcer les penchants bienveillants de l'homme. C'est en inculquant les principes justes d'une morale humaine et sociale que les conduites indignes reculeront au bénéfice d'une humanité plus dévouée, plus saine, plus laborieuse. Le triomphe moderne du devoir a traduit autant l'angoisse de la « mort de Dieu » que la volonté optimiste de poursuivre le perfectionnement moral de l'humanité, l'ambition de régénération de l'homme et de la société par les lumières de la droite morale. La foi dans le devoir infini et dans le progrès des sciences et des techniques fait partie du même moment historique, ensemble ils désignent l'époque glorieuse de la modernité, son « constructivisme » optimiste appliqué tant à la nature qu'à la vie morale et sociale. C'est le même credo de perfectionnement illimité de l'espèce humaine qui sous-tend le rigorisme éthique, les messianismes révolutionnaires, les hymnes au progrès des connaissances et des techniques du premier cycle démocratique.

LE MORALISME DES MŒURS

Le culte du devoir s'est étendu bien au-delà de la culture philosophique et politique en s'imposant avec une égale vigueur dans les mœurs, dans les sphères les plus diverses de la vie quotidienne et de l'action sociale. Partout le rapport à la sexualité, aux enfants, aux parents, aux classes pauvres s'est fondu dans la *forme-devoir,* partout la visée moralisatrice a structuré le premier moment des sociétés démocratiques individualistes, indissociablement disciplinaire et idéaliste, matérialiste et prude, libéral et autoritaire, philanthropique et inquisitorial.

Moralisme sexuel et familialisme

Le domaine de la vie sexuelle illustre exemplairement cette prééminence de la culture du devoir. À coup sûr, l'âge démocratique n'a inventé ni l'idéal d'austérité ni la répression de la chair : de la fermeture des bordels municipaux à la punition du baiser public, de la répression de l'adultère à celle du concubinage, des législations contre l'homosexualité à la proscription des propos et images « impurs », l'Occident depuis le XVIe siècle est marqué par l'hostilité envers la sexualité et un zèle moralisateur croissant[1]. Mais loin d'inverser cette tendance multiséculaire, la modernité démocratique l'a parachevée par de nouvelles voies, notamment celle du discours normatif scientifique. La sécularisation du savoir s'est accompagnée de nouveaux anathèmes contre tout ce qui outrepasse le coït « normal », contre toutes les formes de déviance libidinale : de même que la Révolution française a prolongé l'œuvre centralisatrice de l'Ancien Régime, de même le discours médical, conjugué avec les mœurs et les croyances religieuses, ont poursuivi l'entreprise moralisatrice des siècles antérieurs.

Ainsi les hygiénistes du XIXe siècle ont-ils mis en garde les époux contre les « postures illégitimes » risquant de provoquer stérilité et avortement ; ils ont proscrit la fellation, le coït anal et la masturbation réciproque qualifiée d'« ignoble service », encouragé la brièveté des ébats amoureux, « interdit » au nom de l'« hygiène sexuelle », la trop grande fréquence des rapports ainsi que l'acte sexuel après la cinquantaine ou la soixantaine. Il est vrai qu'à la fin du siècle, des médecins ont porté une attention nouvelle au plaisir de la femme en conseillant des étreintes lentes, des caresses répétées et intimes. Mais cette littérature ne vise nullement à promouvoir le « droit à l'orgasme » et à l'amour libre : il s'agit essentiellement de trouver de nouveaux « moyens » pour dissuader l'adultère de la femme[2]. Le plus souvent, l'épanouissement érotique féminin n'apparaît pas, dans le discours légitime, comme un but en soi ; procurer du plaisir à sa femme importe moins que la

1. Jean-Louis Flandrin, *Le sexe et l'Occident,* Paris, Seuil, 1981.

2. Alain Corbin, « La Petite Bible des jeunes époux », in *Amour et sexualité en Occident,* Paris, Seuil, coll. Points, 1991, p. 243. Sur le moralisme sexuel à la fin du siècle, Theodore Zeldin, *Histoire des passions françaises,* Paris, Seuil, coll. Points, 1978, t. I, pp. 345-358.

réussite de la fécondation. Simultanément, dans la lutte contre l'homosexualité, la masturbation et autres irrégularités, médecins et enseignants laïques ont déployé le même zèle acharné que l'Église. Ce qui était péché est devenu maladie et monstruosité, le premier cycle des démocraties libérales a fonctionné comme un ordre normatif et répressif des sens. Si les modernes ont réhabilité la nature humaine, ils n'ont pas, tant s'en faut, légitimé le désir libidinal : les sexualités marginales ont été pourchassées et les rapports conjugaux davantage associés à la notion de devoir qu'à celle de plaisir valorisé.

Continuité répressive qu'on ne peut détacher de la persistance de l'influence de l'Église sur les opinions et comportements. Pendant toute cette période, la grande majorité des enfants n'a pas cessé de recevoir une instruction religieuse, l'Église a continué d'occuper une place déterminante dans le domaine de l'éducation et de la direction morale : en 1914, la France comptait un nombre de prêtres instituteurs égal à presque la moitié de celui des instituteurs laïques. L'autonomie de la morale vis-à-vis de la religion, affirmée par divers courants, n'a pas gagné les croyances et pratiques des masses. La confession se généralise au cours du XIXe siècle : même si les garçons en grand nombre ont pris l'habitude de s'en détacher après la première communion, elle est restée longtemps pratiquée par les femmes. Par cette voie, notamment, l'Église a joué un rôle majeur de direction de conscience : veillant à la pureté des jeunes filles, menaçant les épouses infidèles, elle s'est employée à détourner les âmes des divers péchés de chair. Quelle que soit l'importance du processus de laïcisation de la société, la morale sexuelle est restée sous la coupe de la morale chrétienne.

Si les sociétés démocratiques reposent sur l'idée

d'égalité civile, la morale sexuelle, elle, s'est déployée, jusqu'à une date récente, selon une logique fondamentalement inégalitaire. Indulgence envers l'homme qui peut « jeter sa gourme », fréquenter le bordel, profiter des amours passagères ; sévérité envers les filles chez qui la chasteté est impérative et la virginité exigée le jour du mariage. En 1954, Françoise Sagan fera encore scandale en décrivant les aventures d'une jeune fille de 18 ans faisant l'amour sans en être punie. Être enceinte avant le mariage suscite le scandale et atteint l'honneur même de la femme. Certes, la sévérité sexuelle a-t-elle varié selon les milieux sociaux, mais partout l'adultère de l'homme a bénéficié d'une large tolérance, à la différence de l'infidélité de la femme. Seul point commun : la sexualité reste dans la famille ou à l'école un sujet tabou ; en 1950, un Français sur deux se déclarait toujours hostile au principe de l'éducation sexuelle dans l'enseignement public.

En dépit de normes et de lois rigoristes — la loi de 1920 en France réprime non seulement l'avortement mais aussi la propagande contraceptive —, les transformations culturelles ayant affecté le rapport à la vie sexuelle ne doivent pas être sous-estimées. Indiquons pêle-mêle : la diffusion, dès la fin du XVIIIe siècle, des « funestes secrets » puis d'autres techniques de contrôle des naissances, la recrudescence de l'activité sexuelle avant le mariage et des grossesses préconjugales à partir de 1800 [1], le recours massif à l'avortement clandestin — à la veille de la Grande Guerre, on compte 100 000 à 400 000 interruptions de grossesse —, une diffusion

1. À cet égard, Edward Shorter parle d'une « première révolution sexuelle », *Naissance de la famille moderne*, Paris, Seuil, 1977. Également Jean-Louis Flandrin, *op. cit.*

plus large de l'écrit obscène, l'apparition du nu féminin au théâtre, sur les cartes postales et photographies. Tous ces phénomènes ne sont ni de même nature ni de même importance : ils n'en illustrent pas moins des changements notables de mentalités, une perte d'influence de l'Église et de la morale sexuelle chrétienne, de même que de nouvelles aspirations significatives des valeurs et mœurs individualistes en marche : liberté d'expression, valorisation du sentiment, *self-control,* famille moins nombreuse, plus centrée sur l'enfant.

Tout comme la sexualité, la sphère familiale se trouve sous la tutelle de la forme-devoir et soumise aux entreprises de moralisation hygiéniste et disciplinaire. L'idée domine au XIXe siècle que le redressement moral et la défense des sociétés libérales passent par le renforcement de l'ordre et des vertus domestiques, en particulier dans les classes laborieuses : « Sans foyer il n'y a pas de famille, sans famille pas de morale, et sans morale il n'y a ni société ni patrie », écrivait Jules Simon. Philanthropes, hygiénistes, compagnies minières ont uni leurs efforts pour constituer le ménage ouvrier, inculquer les habitudes de tempérance et d'hygiène aux classes « dépravées », ramener le père du cabaret au foyer, régulariser les unions, réduire les naissances illégitimes, séparer les sexes et les âges dans l'habitat populaire [1]. L'âge inaugural des démocraties industrielles s'est caractérisé par une stratégie systématique de normalisation disciplinaire des conduites des masses, d'inculcation des devoirs en vue de la création d'une cellule familiale propre, rangée, économe.

Sans doute, d'un autre côté, la révolution des droits

1. Lion Murard et Patrick Zylberman, *Le petit travailleur infatigable,* Paris, Recherches, 1976.

individualistes a-t-elle enclenché son œuvre propre puisque, dès 1792, le divorce s'introduit dans le droit français après mille ans d'interdiction. Mais sa légitimité est loin d'être acquise : c'est si vrai qu'en 1816 le divorce est aboli tandis que nombre de courants de pensées, chrétiens et laïques, réaffirment la primauté de la famille sur le bonheur des individus. Dans sa préface à *Un divorce,* Paul Bourget proclame avec Bonald, Comte, Balzac que « l'unité sociale est la famille et non l'individu » ; les tribunaux déclarent que transmettre sciemment la syphilis à son épouse ne constitue pas « essentiellement une cause de séparation de corps », les devoirs familiaux ont priorité sur les droits subjectifs. Il faut attendre 1884 et la laïcité de la IIIe République pour que le divorce soit rétabli. Pourtant, le droit à rompre les liens du mariage n'a réussi à s'imposer que partiellement dans les mœurs. Longtemps les femmes divorcées seront mises au ban de la société, et le divorce, bien qu'en augmentation croissante, reste une pratique limitée : 7 000 par an en 1900, 15 000 en 1913, 22 000 en 1925. En Angleterre et au pays de Galles, on recensait, en 1870, 1 divorce pour 1 000 mariages, et 1 pour 120 en 1920.

Les rapports parents-enfants n'échappent pas davantage à la prépondérance de la forme-devoir et ce, parallèlement à la « découverte de l'enfant » et à l'excroissance du sentiment familial propres aux sociétés modernes. D'un côté, prolongeant une tendance remontant aux XVIe-XVIIe siècles, l'éducation et la promotion de l'enfant sont devenues la tâche première, impérative de la famille au moins dans les classes bourgeoises et petites-bourgeoises : le devoir principal des parents est de veiller à l'éducation de leurs enfants, d'assurer leur scolarisation, de leur préparer un avenir meilleur. Pour être à la hauteur de cet idéal, nombre de parents n'hésiteront pas à s'engager dans un processus de réduction volontaire des naissances. De l'autre, l'éducation a reconduit un modèle disciplinaire centré sur l'autorité parentale et les devoirs filiaux d'obéissance. Le plus souvent, ce sont les parents qui décident des études et du métier que feront leurs enfants : en 1938, 30 % des lecteurs de *Confidence* considéraient encore que c'était aux parents de choisir la carrière de leurs enfants. Tandis que les droits à une vie privée libre sont dominés par les devoirs familiaux, l'éducation légitime ne se conçoit pas sans discipline sévère et stricte : écouter les enfants revient à encourager leur « tyrannie » et à préparer leur ingratitude future, il faut faire preuve d'autorité si l'on veut forger des caractères trempés aptes à affronter les difficultés de la vie. L'obéissance et le respect des parents sont les principales vertus à inculquer aux enfants : jusqu'aux années 1950, le cinquième commandement, « honore tes parents », demeure celui que les Français jugent le plus important. L'autorité des parents continue de s'exercer sur le mariage ; jusqu'en 1896, l'autorisation parentale pour le mariage est obligatoire avant 25 ans. Dans les milieux ouvriers, les mariés se déterminent librement, mais, dans les classes bourgeoises et paysannes d'avant 1950, les mariages sont fréquemment arrangés par les familles, il reste difficile de choisir un conjoint non accepté par les parents.

Jusqu'au milieu du XXe siècle, les sociétés modernes ont glorifié les droits de l'individu égal et autonome, mais partout les devoirs ont été réquisitionnés pour conjurer les périls individualistes de l'esprit de jouissance et d'anarchie. L'affirmation de la souveraineté individuelle et la reconnaissance du droit au bonheur sont allées de pair avec la célébration du primat de la dette envers la collectivité ; la culture du devoir a canalisé dans d'étroites limites celle des droits subjectifs, l'exigence individualiste du bonheur a été jugulée par les obligations de la morale sociale, familiale et sexuelle.

Philanthropie, religion et démocratie

L'essor des ligues de vertu et sociétés philanthropiques, à partir du XIXe siècle, éclaire sous un autre jour la suprématie de la culture du devoir. Dans un siècle qui voit s'amplifier la misère populaire, la surpopulation des taudis, les naissances illégitimes, qui s'alarme de la marée montante de l'alcoolisme, du concubinage, de la pornographie, de la prostitution, nombre d'associations se sont créées ayant pour projet le redressement de la moralité publique et privée, la diffusion des vertus d'ordre et de tempérance, d'hygiène et d'économie dans les classes populaires.

Philanthropes et vertuistes se sont adaptés à l'ère des masses. Employant les nouveaux moyens de communication moderne (périodiques, manuels d'hygiène, tracts, débats publics, congrès, campagnes d'affichage), ils ont mobilisé des volontaires des deux sexes et de tout âge et fait appel aux dons des classes supérieures, ils se sont organisés en « armée » hiérarchisée avec ses soldats et généraux, uniformes et casernes — l'Armée du Salut est fondée en 1869 —, ils ont mené des actions nationales et internationales contre la « démoralisation » des masses. De même que le combat pour abattre le vice est sorti du cloisonnement religieux, de même a-t-il dépassé les frontières nationales : les associations et conférences internationales contre la pornographie, la traite des blanches, le péril vénérien, la déchéance des jeunes filles, voient le jour à la fin du siècle. À l'âge des grandes idéologies nationalistes, le mouvement moralisateur s'est *internationalisé* ; à l'âge des droits individualistes sont nés les « militants du devoir moral et social ».

Nombre de ces associations se réfèrent à l'esprit chrétien. Au moment où l'athéisme gagne du terrain, où les rapports ecclésiastiques indiquent une désaffection croissante envers la pratique religieuse, les sociétés charitables en Angleterre se multiplient qui se donnent pour mission la diffusion de la parole de Dieu, le réveil du sentiment religieux et moral étouffé par la misère et l'absence d'éducation. Armés de la Bible, les missionnaires organisent des processions et réunions devant les lieux de débauche, sillonnent les quartiers pauvres, visitent les familles déchues, harcèlent les couples concubins jusqu'à ce qu'ils se marient, pénètrent de force dans les foyers, menaçant de damnation éternelle ceux qui vivent dans le vice, s'acharnent en prières et accusations. La lutte contre l'immoralité du peuple s'accompagne, chez les philanthropes victoriens, de méthodes d'approche brutale, de démarches agressives et inquisitoriales ; l'étendue du fléau a légitimé un acharnement systématique, une « sainte violence » exercée sur les pécheurs [1]. Interrogatoire, culpabilisation, chantage affectif, intimidation, visites répétées dans les bastions de la « dépravation » : pendant toute une époque, le dérèglement des multitudes a fait l'objet d'une croisade sacrée, d'une *violence morale* révélant dans toute son ampleur l'esprit d'ingérence et autoritariste de l'époque moraliste des démocraties.

1. Cf. les très suggestives descriptions et analyses de Françoise Barret-Ducrocq, *Pauvreté, charité et morale à Londres au XIXe siècle*, Paris, P.U.F., 1991, pp. 151-158.

Mais la volonté d'écraser le vice s'est enracinée tout autant dans l'idéal moderne des démocraties libérales menacées par la déchéance des « classes dangereuses ». La démocratie ne pouvant subsister et progresser sans moralité publique, sans citoyens éclairés et responsables, l'assainissement des mœurs apparaît comme un impératif majeur des temps nouveaux fondés sur la liberté et le suffrage universel. Afin de faire obstacle au double danger que représentent l'individualisme immodéré d'un côté, le socialisme « despotique » augmentant les prérogatives de l'État de l'autre, les philanthropes s'engagent dans la voie de la régénérescence du peuple, du contrôle des âmes et des conduites en exigeant de nouvelles lois répressives sur l'alcoolisme, la pornographie ou la licence des rues, mais aussi en privilégiant l'éducation des masses. Les philanthropes modernes se définissent d'abord comme des éducateurs, des réformateurs de la société civile et de la vie privée, tournés qu'ils sont vers la construction de la citoyenneté républicaine. En devenant travail social, la morale pratique a pris le train de la sécularisation du monde, la visée première n'est plus le salut de l'autre vie mais la *salubrité démocratique.*

À coup sûr, les sociétés philanthropiques ont ouvert des « soupes populaires » et distribué des tickets de pain, des couvertures et du charbon. Mais l'originalité de leur entreprise tient avant tout dans l'action sociale, sanitaire et morale conduite avec des méthodes et une ambition « scientifique » (enquêtes sur les familles, études sur les conditions de vie des classes pauvres). Les philanthropes ont écarté le principe de l'ancienne charité qui, dispensée sans critère moral et *rationnel,* ne fait qu'encourager la mendicité et la paresse, l'imprévoyance et le mensonge[1]. Les secours devront être orientés vers les pauvres « méritants » (famille légitime, domicile bien tenu, tempérance des personnes) et refusés aux autres. L'assistance a cessé d'être une fin en soi, il s'agit désormais de promouvoir des actions *efficaces,* de corriger réellement et durablement les conduites indignes, cela en prenant en compte les données qui déterminent de fait l'immoralité, mais aussi en inculquant de nouvelles valeurs, de nouveaux comportements aux masses déshéritées. Développer l'indépendance économique des pauvres, augmenter la prévoyance et l'hygiène des familles, stimuler le sens de la responsabilité individuelle, tel est l'objectif central des philanthropes. Nombre d'organismes inédits sont créés à cette fin : école des pauvres, caisses d'épargne, logements sociaux, classes du soir, bibliothèque de prêts, foyers pour enfants errants, refuges pour jeunes filles sans famille, réunions de mères, foyers de relèvement pour les prostituées. C'est par la voie de l'éducation morale, de la diffusion des normes de travail et d'épargne, d'hygiène et de tempérance qu'il faut redresser les comportements dissolus des « laissés-pour-compte » : avec les modernes, la morale disciplinaire du devoir s'est affirmée comme instrument *autonome* capable de changer, d'améliorer le monde profane.

Bien que plongeant ses racines dans le message chrétien, l'esprit philanthropique n'illustre pas moins la réorientation *futuriste* des sociétés modernes démocratiques. Achevée est l'époque qui considérait l'immoralité

1. « La philanthropie est une science, et la plus haute de toutes les sciences », écrit Charles S. Loch, secrétaire de la Charity Organisation Society ; cité par Françoise Barret-Ducrocq, *op. cit.*, pp. 113-119. Également Jacques Donzelot, *La police des familles,* Paris, Éd. de Minuit, 1977, pp. 58-68.

comme une fatalité intangible, consubstantielle à l'humanité déchue : la dégradation des masses étant pour l'essentiel le résultat de conditions économiques et familiales déplorables, il devient possible d'extirper le mal, de corriger l'indignité des êtres, de les conduire vers le bonheur dans l'ici-bas. Au miracle de la foi salvatrice se substitue l'idée d'action sanitaire et morale comme remède aux maux dont sont affligées les couches laborieuses. Sur le terrain de l'assistance s'est matérialisée la logique volontariste et progressiste moderne, la croyance dans la puissance transformatrice de l'éducation humaine et morale. S'il est vrai que maintes associations ont dispensé une instruction religieuse, la fin du XIXe siècle voit démocrates-chrétiens et chrétiens-sociaux créer des associations ouvertes rassemblant tous les hommes de bonne volonté. Le projet de moralisation s'est déconfessionnalisé, tous les honnêtes gens, par-delà leur appartenance politique ou religieuse, sont invités à œuvrer ensemble, sur la base de valeurs morales communes, dans la voie du redressement des mœurs. Des associations voient le jour (Paix et hygiène sociale, Régénération de la famille, lutte antialcoolique, Jardins ouvriers, Ligue pour le relèvement de la moralité publique) dans lesquelles l'action sociale et morale se sépare du culte religieux : l'accent est mis sur la prévention et l'éducation, le combat contre l'immoralité, l'apprentissage des devoirs laïques[1]. Pour l'évangélisation chrétienne-sociale, la morale, l'antialcoolisme, la pornographie, l'hygiène, la prostitution sont des questions méritant d'être traitées à part, sans culte ni prière, sans référence explicite à la relation à Dieu. Une évangélisa-

1. Annie Stora-Lamarre, *L'enfer de la IIIe République (Censeurs et pornographes, 1881-1914)*, Paris, Imago, 1990, pp. 115-123.

tion laïcisée se met en place pour laquelle l'action morale possède une autonomie intrinsèque : en se détachant des prières, sermons de repentance, exhortations et chants de cantiques, l'entreprise de moralisation des mœurs a acquis une consistance et une efficacité propres [1]. Quel que soit le zèle des missionnaires chrétiens, c'est la visée morale qui canalise et structure les actions associatives ; l'impératif d'observer les devoirs laïques de travail et d'ordre, d'épargne et de tempérance s'impose comme le préalable à tous les progrès individuels et collectifs. La philanthropie a concrétisé, sur le terrain de l'action réformatrice, la suprématie moderne de la morale et de l'utilité, héritée des Lumières.

1. Jean Baubérot, « L'action chrétienne sociale du pasteur Élie Gounelle à la "Solidarité de Roubaix" (1898-1907) », *Bulletin de la Société de l'histoire du protestantisme français*, avril-mai-juin 1974, pp. 248-251.

CHAPITRE II

Éden, éden

Pendant près de deux siècles, les sociétés démocratiques ont fait resplendir la parole impérieuse du « tu dois », elles ont célébré solennellement l'obstacle moral et l'âpre exigence de se vaincre, elles ont sacralisé les vertus privées et publiques, elles ont exalté les valeurs d'abnégation et de désintéressement pur. Cette phase héroïque, austère, péremptoire des sociétés modernes est désormais achevée.

Après le temps de la glorification emphatique de l'obligation morale rigoriste, voici celui de son euphémisation et de sa décrédibilisation. Depuis le milieu de notre siècle, une nouvelle régulation sociale des valeurs morales s'est mise en place qui ne s'arc-boute plus sur ce qui constituait le ressort majeur du cycle antérieur : le culte du devoir. Où trouve-t-on encore des panégyriques à la gloire des devoirs envers soi-même ? Où sont encensées les valeurs de sacrifice suprême et de don de soi-même ? Tandis que le terme même de devoir tend à ne plus être utilisé que dans des circonstances exceptionnelles, plus personne n'ose comparer la « loi morale en moi » à la grandeur du « ciel étoilé au-dessus de moi ». Le devoir s'écrivait en lettres majuscules, nous le miniaturisons ; il était sévère, nous organisons des shows récréatifs ; il ordonnait la soumission inconditionnelle du désir à la loi, nous le réconcilions avec le plaisir et le *self-interest.* Le « il faut » a cédé le pas à l'incantation au bonheur, l'obligation catégorique à la stimulation des sens, l'interdit irréfragable aux régulations à la carte. La rhétorique sentencieuse du devoir n'est plus au cœur de notre culture, nous lui avons substitué les sollicitations du désir, les conseils psy, les promesses du bonheur et de la liberté ici et maintenant. De même que les sociétés modernes ont éradiqué les emblèmes ostentatoires de la puissance politique, de même ont-elles dissous les injonctions éclatantes de la morale. La culture sacrificielle du devoir est morte, nous sommes entrés dans la période *postmoraliste* des démocraties.

Qualifier nos sociétés de postmoralistes peut paraître paradoxal au moment où les offensives contre la liberté de l'avortement se multiplient, où les législations drastiques sur le tabac et la drogue se mettent en place, où la pornographie suscite l'anathème des nouveaux vertuistes, où le souci éthique resurgit dans les media (*charity shows* et éthique du journalisme), dans les entreprises (morale des affaires), dans les sciences biomédicales (bioéthique), dans le rapport à la nature (morale de l'environnement). Après une époque marquée par la « contre-morale » contestataire, le refus des normes répressives et l'hédonisme libérationniste, la thématique éthique revient en force dans le discours social des démocraties. Mais qu'on ne s'y trompe pas, ce qu'on appelle un peu rapidement le « retour de la morale » ne reconduit nullement la religion traditionnelle du devoir ; quelle que soit la multiplication des gestes du cœur orchestrés par les media, quel que soit le succès actuel des visées éthiques, il n'y a nul retour à la case départ. L'éthique fait florès, non le devoir impérieux partout et toujours ; nous sommes désireux de règles justes et équilibrées, non de renoncement à nous-mêmes ; nous voulons des régulations, non des sermons, des « sages » non des pères-la-pudeur ; nous appelons à la responsabilité, non à l'obligation de consacrer intégralement sa vie au prochain, à la famille ou à la nation. Par-delà le *come-back* éthique, l'érosion de la culture du devoir absolu poursuit irrésistiblement sa course au bénéfice des valeurs individualistes et eudémonistes, la morale se recycle en spectacle et communication d'entreprise, le militantisme du devoir se métamorphose en consommation interactive et festive de bons sentiments, ce sont les droits subjectifs, la qualité de vie et l'accomplissement de soi-même qui orientent à grande échelle notre culture et non plus l'impératif hyperbolique de la vertu.

La société postmoraliste désigne l'époque où le devoir est édulcoré et anémié, où l'idée de sacrifice du moi est socialement délégitimée, où la morale n'exige plus de se dévouer pour une fin supérieure à soi-même, où les droits subjectifs dominent les commandements impératifs, où les leçons de morale sont recouvertes par les spots du mieux-vivre, le soleil des vacances, le divertissement médiatique. Dans la société de l'après-devoir, le mal est spectacularisé et l'idéal peu magnifié ; si le blâme des vices demeure, l'héroïsme du Bien est atone. Les valeurs que nous reconnaissons sont plus négatives (ne pas faire) que positives (« tu dois ») : derrière la revitalisation éthique, c'est une morale indolore qui triomphe, dernier stade de la culture individualiste démocratique débarrassée désormais, dans sa logique profonde, du moralisme comme de l'antimoralisme.

La logique postmoraliste est la *tendance dominante* de notre culture éthique, non la seule. Elle n'exclut nullement l'irruption de phénomènes antinomiques, le développement de mouvements caritatifs ou humanitaires, la persistance ou la réapparition d'actions explicitement moralistes dirigées en particulier contre l'avortement ou la pornographie. Dans la société de l'après-devoir, l'esprit vertuiste ou rigoriste ne disparaît pas, il n'est plus socialement prépondérant, il peut infléchir les législations mais il fait plus figure d'extrémisme — notamment à travers l'interdiction de toute forme d'avortement — que de modèle de responsabilité. Là est la nouvelle donne postmoraliste : loin d'être la norme idéale, la réactivation du devoir absolu est ce qui soulève la réprobation, voire l'indignation collective, le moralisme est devenu une figure synonyme, socialement, de terrorisme et d'inhumanité. À l'âge postmoraliste domine une demande sociale de justes limites, de responsabilité mesurée, de lois strictes aptes à protéger les droits de chacun, non l'esprit du fondamentalisme moral. Nous voulons le respect de l'éthique sans mutilation de nous-mêmes et sans obligation difficile : l'esprit de responsabilité, pas le devoir inconditionnel. Après les liturgies du devoir démiurgique, nous voici à l'heure du minimalisme éthique.

La mutation postmoraliste traverse indistinctement toutes les sphères ayant trait au permis et à l'interdit, au bien et au mal. Mais nulle part elle n'est aussi manifeste que dans les domaines concernant les représentations et pratiques du plaisir. En quelques décennies, nous sommes passés d'une civilisation du devoir à une culture du bonheur subjectif, des loisirs et du sexe : c'est la culture du *self-love* qui nous régit en lieu et place de l'ancien système de répression et de contrôle dirigiste des mœurs, les exigences de renonciation et d'austérité ont été massivement remplacées par des normes de satisfaction du désir et de réalisation intime, telle est la rupture la plus spectaculaire du cycle postmoraliste. Sans doute avec les Lumières, le bonheur a-t-il réussi à s'imposer comme un idéal social, mais, dans la hiérarchie des valeurs comme dans les normes sociales effectives, il s'est retrouvé relégué à une place seconde, assujetti qu'il était à l'ordre supérieur des devoirs d'oubli de soi-même. Cette régulation du premier moment démocratique a fait son temps : notre époque a renversé la hiérarchie moraliste des finalités, le plaisir s'est en partie autonomisé vis-à-vis des règles morales, c'est le bonheur subjectif qui irrigue en grand la culture quotidienne.

Culture postmoraliste ne veut pas dire postmorale. Alors même que le sacerdoce du devoir et les tabous victoriens sont caducs, de nouvelles régulations voient le jour, des interdits se recomposent, des valeurs se réinscrivent, offrant l'image d'une société sans rapport avec celle décrite par les contempteurs de la « permissivité généralisée ». La liturgie du devoir déchirant n'a plus de surface sociale, mais les mœurs ne sombrent pas dans l'anarchie ; le bien-être et les plaisirs sont magnifiés, mais la société civile est avide d'ordre et de modération ; les droits subjectifs gouvernent notre culture, mais « tout n'est pas permis ». Un ordre des sens se rétablit qui ne passe plus par la répression et l'idéalisation des valeurs : il faut s'en convaincre, la dissolution du système moraliste n'induit pas la débauche sans frein et les « flux décodés » de la libido, le néo-individualisme est simultanément hédoniste et ordonné, épris d'autonomie et peu enclin aux excès, allergique aux commandements sublimes et hostile aux chaos et transgressions libertines. La représentation catastrophiste de la culture individualiste postmoraliste est caricaturale : la dynamique collective de l'autonomie subjective est désorganisatrice et auto-organisatrice, elle sait réinscrire d'elle-même un ordre social dont le levier n'est plus ni la contrainte morale ni même le conformisme. Désormais la régulation des plaisirs s'agence sans obligation ni sermon au travers du chaos apparent des atomes sociaux libres et divers : le néo-individualisme est un « désordre organisateur ».

LE BIEN-ÊTRE COMME MONDE ET COMME REPRÉSENTATION

Du Bien au bien-être

La civilisation du bien-être consommatif a été le grand fossoyeur historique de l'idéologie glorieuse du devoir. Au cours de la seconde moitié du siècle, la logique de la consommation de masse a dissous l'univers des homélies moralisatrices, elle a éradiqué les impératifs rigoristes et engendré une culture où le bonheur l'emporte sur le commandement moral, les plaisirs sur l'interdit, la séduction sur l'obligation. À travers la publicité, le crédit, l'inflation des objets et des loisirs, le capitalisme des besoins a renoncé à la sanctification des idéaux au bénéfice des plaisirs renouvelés et des rêves du bonheur privé. Une nouvelle civilisation s'est édifiée, ne s'employant plus à juguler le désir mais à l'exacerber et le déculpabiliser : les jouissances du présent, le temple du moi, du corps et du confort sont devenus la nouvelle Jérusalem des temps postmoralistes.

En stimulant en permanence les valeurs du bien-être individuel, l'âge de la consommation a disqualifié massivement les formes rigoristes et disciplinaires de l'obligation morale, la liturgie du devoir est devenue inadéquate à une culture matérialiste et hédoniste fondée sur l'exaltation du moi et l'excitation des voluptés-minute. « Le bonheur si je veux » : le culte du bonheur de masse a généralisé la légitimité des plaisirs et contribué à promouvoir la fièvre de l'autonomie individuelle ; du même coup, il a délégitimé les formes de contrainte autoritaire, les normes victoriennes, les injonctions inflexibles et solennelles caractéristiques du cycle antérieur, au profit de la séduction, de la sollicitude en spots, des messages euphoriques et sensualistes. Nous sommes devenus allergiques aux prescriptions sacrificielles, à l'esprit directif des morales doctrinaires ; à l'âge postmoraliste, le devoir ne peut plus s'exprimer que bémolisé, les supermarchés, le marketing, l'eldorado des loisirs ont été le tombeau de la religion du devoir.

L'*affluent society* n'est pas seule à avoir œuvré dans ce sens : des facteurs intellectuels, philosophiques, socioculturels ont joué un rôle essentiel dans le processus historique de dévaluation du référentiel moraliste. La diffusion, au cours des années 1960-1970, des idées marxistes, freudiennes, nietzschéennes et structuralistes, non seulement dans les cercles intellectuels et étudiants mais plus largement dans les media, a donné une exceptionnelle légitimité à la relégation de l'idéologie du devoir. Les problématiques de la révolution, du désir, de la vie libérée se sont substituées à la rhétorique de l'obligation ; la thématique de l'expression individuelle et de l'émancipation sexuelle a pris le pas sur celle de la vertu ; le référentiel *psy* a remplacé la phraséologie culpabilisatrice. Partout les grandes figures inaugurales de la critique philosophique de la modernité ont été brandies, citées et commentées pour dévaloriser les principes autoritaires et promouvoir les valeurs libérales dans la vie privée. Toute une époque s'est employée à jeter aux orties le discours aliénant, mystifié-mystificateur de la morale, assimilée à la haine de la vie, à l'idéologie petite-bourgeoise, à l'antiliberté. Au nom de l'impératif intellectuel du « soupçon » et de l'antihumanisme théorique, le discours moral s'est trouvé récusé ; au nom de la libération individuelle et collective, l'utopie politique-contestataire a balayé l'utopie de la « belle âme ». Tandis que le boom de la consommation sacralisait, à rebours de la morale rigoriste, les désirs d'accomplissement individuel, les mouvements de pensée hypercritique appelaient au rejet de l'humanisme abstrait, à l'insurrection contre les valeurs répressives et normalisatrices de la famille, des mœurs, du capital. Par-delà leurs antinomies manifestes, ces deux séries de phénomènes ont pourtant travaillé ensemble au même discrédit de la prééminence moraliste. Ironie de l'histoire : les valeurs anticapitalistes ont eu le même effet contre-moraliste que les mécanismes et stimulations néocapitalistes ; le monde des objets, le discours antihumaniste, les mouvements contestataires ont contribué, chacun de manière spécifique, à précipiter la faillite de l'âge moraliste des démocraties.

Nul n'en disconviendra : l'histoire a sifflé la fin de la récréation des *golden sixties*. Aujourd'hui, le référentiel éthique a le vent en poupe, ce qui paraissait vaguement ridicule et était dénoncé comme propos de dames patronnesses a regagné une large légitimité sociale. Est-ce à dire que nous assistons au rétablissement du *statu quo ante* ? Point d'illusion : quelle que soit l'effervescence éthique contemporaine, la dynamique de relégation et d'euphémisation du devoir poursuit son chemin. Que représente, au vrai, dans nos sociétés, la célébration de la vertu comparée aux néons du confort et des vacances ?

Quelle part revient aux injonctions du devoir dans une société obsédée de santé et de jeunesse, qui diffuse à dose massive des conseils diététiques et esthétiques, sportifs et touristiques, érotiques et psychologiques ? « Le Club Méditerranée : la plus belle idée depuis l'invention du bonheur » : l'impératif moral n'occupe plus le foyer des représentations sociales, en lieu et place des commandements sévères de la morale, nous avons le psychologisme et l'euphorie du bien-être. Les valeurs caritatives et humanitaires peuvent bénéficier d'un fort élan de sympathie, elles restent très en retrait par rapport à la surface qu'occupent l'hymne à l'ego et les stimulations consommatrices. Le bonheur sinon rien : par-delà le renouveau éthique actuel, l'idéologie lourde qui oriente notre temps est postmoraliste, dominée qu'elle est par les coordonnées du bonheur et du moi, de la séduction et du relationnel.

La culture moraliste prêchait le don de sa personne et le devoir à perte de vue. Qu'en reste-t-il à l'heure des normes consommatives, récréatives et sensationnalistes ? Hymne aux vacances, *entertainment* télévisuel, « télé-massacre », politique spectacle et spectacle publicitaire : là où l'on sacralisait l'abnégation, nous avons l'évasion et la violence en zoom ; là où l'on sanctifiait la pureté des intentions, nous avons les frissons de la violence médiatique et la frivolité des choses ; là où l'on béatifiait la grandeur de se vaincre, nous avons l'érotisme en libre-service, les commodités du confort, la force de frappe publicitaire. Dans nos sociétés, les objets et marques s'exhibent davantage que les injonctions morales, la sollicitation matérielle l'emporte sur l'obligation humanitaire, les besoins sur la vertu, le bien-être sur le Bien. L'âge moraliste avait pour ambition la discipline du désir, nous l'exacerbons ; il exhortait aux devoirs envers soi-même et envers autrui, nous invitons au confort. À l'obligation s'est substituée la séduction, le bien-être est devenu Dieu et la publicité son prophète. Le règne de la consommation et de la publicité donne le sens lourd de la culture postmoraliste : désormais les relations aux hommes sont moins systématiquement représentées et valorisées que les relations des hommes aux choses : le primat du rapport homme/chose sur le rapport homme/homme caractéristique de l'idéologie économique moderne [1] a annexé les signes de la vie quotidienne. Ainsi va l'au-delà du devoir affichant en Technicolor le droit individualiste à l'indifférence aux autres : « Il y a une honte d'être heureux à la vue de certaines misères », écrivait La Bruyère ; la publicité, elle, placarde : « Oubliez tout. »

Le show postmoraliste de l'information

L'époque postmoraliste est celle où la culture quotidienne est dominée non seulement par les objets, le *self-love* et le psychologisme mais aussi par l'information : la logique de relégation de la rhétorique du devoir est fille de la consommation et de la communication de masse. Née avec la grande presse moderne, une culture spécifique s'est développée qui, *en principe,* exclut le jugement moral au seul bénéfice des faits précis, de l'impartialité et de l'objectivité. Sans doute, la presse d'opinion a-t-elle longtemps dominé, dans nombre de pays, la presse d'information ; sans doute, l'interprétation et la défense d'une idée l'ont-elles souvent emporté sur l'exposition des faits ; sans doute, de nos jours en-

1. Louis Dumont, *Homo aequalis, op. cit.*, pp. 13-14.

core, les commentaires expriment-ils des jugements de valeur. Reste qu'une culture inédite s'est mise en place puis massivement diffusée que l'on peut qualifier de postmoraliste, tant il est vrai qu'il s'agit d'abord de témoigner, d'être au service des faits, non de magnifier des idéaux. La philosophie de l'information n'est ni moraliste — l'idéal qui l'anime est d'exposer ce qui est, non de dire ce qui doit être — ni amorale — un devoir de vérité et d'impartialité en commande l'exercice —, elle est postmoraliste : le principe de neutralité et d'objectivité a détrôné les leçons de morale. L'information télévisée a encore accentué cette dimension postmoraliste : un journal télévisé se construit idéalement « par-delà le bien et le mal », il requiert la stricte neutralité de ton, des flashes concis, du direct, à la limite un défilé d'informations sans commentaires ni interprétations. Ne pas blâmer, ne pas juger, mais tout dire, tout montrer, exposer tous les points de vue, laisser le public libre de ses opinions en multipliant et accélérant les images et informations du monde.

Le primat des faits sur les valeurs n'est qu'une des faces du postmoralisme médiatique. Dans sa réalité concrète, l'information est également une marchandise qui se vend en cherchant un public élargi : dans ces conditions, c'est un mixte de neutralité et de sensationnalisme, d'objectivité et de spectaculaire que présentent les media engagés dans une concurrence commerciale permanente. Depuis longtemps les « gros titres », les scandales et faits divers ont défrayé la chronique ; aujourd'hui la télévision prend le relais avec l'exploitation des images choc, les « petites phrases », les débats à chaud, la fièvre du direct ; d'abord de la théâtralisation, distribuer de l'émotion, captiver le public par le défilé accéléré d'images plus ou moins inouïes. On ne consomme pas seulement des objets et des films mais aussi de l'actualité mise en scène, du catastrophique, du réel à distance. L'information est produite et fonctionne comme *animation* hyperréaliste et émotionnelle de la vie quotidienne, comme *show* mi-angoissant mi-récréatif rythmant les sociétés individualistes du bien-être. La liturgie austère du devoir s'est noyée dans la course haletante de l'information, dans le spectacle et le suspense postmoralistes des nouvelles.

Le bonheur light

L'âge du bonheur de masse célèbre l'individualité libre, il privilégie la communication et démultiplie les choix et options. Ce n'est pas dire pour autant que tout modèle directif ait été évacué. De fait, la culture du bonheur ne se conçoit pas sans tout un arsenal de normes, d'informations techniques et scientifiques stimulant un travail permanent d'autocontrôle et de surveillance de soi : après l'impératif catégorique, l'*impératif narcissique* glorifié sans relâche par la culture hygiénique et sportive, esthétique et diététique. Conserver la forme, lutter contre les rides, veiller à une alimentation saine, bronzer, rester mince, se relaxer, le bonheur individualiste est inséparable d'un extraordinaire *forcing* dans l'effort de dynamisation, d'entretien, de gestion optimale de soi-même. L'éthique contemporaine du bonheur n'est pas seulement consommative, elle est d'essence activiste, constructiviste : non plus comme autrefois gouverner idéalement ses passions, mais optimiser nos potentiels ; non plus l'acceptation résignée du temps, mais l'éternelle jeunesse du corps ; non plus la sagesse, mais le travail performatif de soi sur soi ; non plus l'unité du moi, mais la diversité *high-tech* des exigences de protection, d'entretien, de valorisation du capital-corps. D'un côté, l'époque hors-devoir liquide la culture autoritaire et puritaine traditionnelle ; de l'autre, elle engendre de nouveaux impératifs (jeunesse, santé, sveltesse, forme, loisirs, sexe) d'autoconstruction de soi-même, sans doute personnalisés mais créant un état d'hypermobilisation, de stress et de recyclage permanent. La culture du bonheur déculpabilise l'autoabsorption subjective, mais dans le même temps elle enclenche une dynamique anxiogène du fait même des normes du mieux-être et du mieux-paraître qui la constituent.

Deux tendances antinomiques travaillent nos sociétés. L'une excite les plaisirs immédiats, qu'ils soient consommatifs, sexuels ou distractifs : surenchère porno, drogue, sexe sauvage, boulimie d'objets et de programmes médiatiques, explosion du crédit et endettement des ménages. L'hédonisme, ici, exprime et intensifie le culte individualiste du *présent,* il disqualifie la valeur travail, il contribue à désocialiser, destructurer et marginaliser davantage les minorités ethniques des grandes métropoles et les exclus des banlieues. L'autre, en revanche, privilégie la gestion « rationnelle » du temps et du corps, le « professionnalisme » en toute chose, l'obsession de l'excellence et de la qualité, de la santé et de l'hygiène, L'hédonisme ici s'associe à l'information multiservice, à l'autoproduction narcissique hygiénique et sportive, à l'organisation raisonnée et lyophilisée des plaisirs. Nous voyons se mettre en place un *hédonisme dual,* échevelé et déresponsabilisant pour les nouvelles minorités de masse, prudent et intégrateur pour les majorités silencieuses.

Dire de nos sociétés qu'elles sont hédonistes ne signifie pas qu'elles soient livrées sans partage à la spirale débridée des jouissances ni même que le plaisir capte toutes les énergies et intentions : de fait, le travail, la quête de la qualité de vie et de la santé mobilisent davantage les individus que les consumations voluptueuses. Société hédoniste veut dire que les plaisirs sont désormais foncièrement légitimes, objets d'informations, de stimulations et de diversifications systématiques. Le plaisir n'est plus banni, il est massivement valorisé et normalisé, promotionné et endigué, diversifié et « propre », libéré et fréquemment *différé* par les contraintes du travail, par la diffusion des normes rationnelles de « progrès » et de santé. « Consommez avec modération » : notre arithmétique utilitariste a pris le visage d'une gestion des plaisirs-minute homéopathiques et démultipliés. L'hédonisme postmoderne n'est plus ni transgressif ni dilettant, il est « managé », fonctionnalisé, sagement *light*.

La culture du bonheur « allégé » induit une anxiété chronique de masse mais dissout la culpabilité morale. Dans les sociétés démocratiques, les sombres prophéties de Freud et de Nietzsche ne se sont pas réalisées, le sens de la faute morale ne tend nullement à s'intensifier ; ce n'est pas le besoin de châtiment qui emporte notre époque, c'est la superficialisation de la culpabilité redoublant l'univers éphémère des objets et des media : déjà près de 2 catholiques pratiquants sur 3 en France pensent que les péchés ne mènent pas en enfer. À mesure que les normes du bonheur se renforcent, la conscience coupable devient plus temporaire, la figure du *zappeur* remplace celle du pécheur, c'est la dépression, le vide ou le stress qui nous caractérisent, non l'abîme de la mauvaise conscience mortificatrice. L'émotion suscitée par le spectacle des enfants aux ventres déformés est vite chassée par le film vidéo du soir ; assister à un concert de solidarité, porter un badge antiraciste, envoyer un chèque pour combattre la myopathie, tout cela n'a plus beaucoup de rapport avec les affres de la culpabilité et la tyrannie du surmoi. L'ère des media surexpose le malheur des hommes mais dédramatise le sens de la faute, la vitesse de l'information crée l'émotion et la dilue dans le même temps. Au XVIIIe siècle, La Mettrie, le premier, répudiait la valeur morale du remords « aussi inutile après que pendant et avant le crime ». Notre époque n'en est plus là, elle ne bannit plus philosophiquement l'« importune voix », elle la désintensifie dans l'hypermobilité spectaculaire, elle n'invite plus à détruire le « cruel poison », elle en accélère la rotation. Nous sommes à l'âge de l'élimination et non plus de la fixation, de la sensibilisation fluide et non plus de l'intensification.

Régression du surmoi, dévaluation sociale du discours de l'obligation morale : la culture postmoraliste poursuit d'une autre manière le processus moderne, jamais achevé, de la sécularisation de la morale. En délégitimant la liturgie du devoir, la culture contemporaine libère la morale d'un « reste » religieux : nous avons des interdits mais plus de prescriptions sacrificielles, des valeurs mais plus d'impératifs héroïques, des sentiments moraux mais plus de sens de la dette. À présent, la dynamique de l'« autonomisation » de la morale s'affirme moins dans la polémique avec l'Église que dans l'éclipse des homélies du devoir de l'homme et du citoyen. Les contenus des valeurs restent certes inséparables d'une longue tradition religieuse, mais la *forme* de la moralité sociale, elle, s'est dégagée de l'esprit de religion, fût-il laïque. Plus rien dans l'absolu n'oblige ni même n'encourage les hommes à se dévouer à quelque idéal supérieur que ce soit, le devoir n'est plus qu'une option libre. La culture de l'autodétermination individualiste a gagné la sphère morale : l'époque du bonheur narcissique n'est pas celle du « tout est permis », elle est celle d'une « morale sans obligation ni sanction [1] ».

LE NOUVEL ORDRE AMOUREUX

Le libéralisme sexuel

La promotion des valeurs hédonistes renforcée un peu plus tard par les mouvements de libération sexuelle a transformé de fond en comble la morale sexuelle traditionnelle. Au cours du demi-siècle, le sexe a cessé d'être associé au mal et à la faute, la culture répressive des sens a perdu son crédit, Éros est devenu une des expressions les plus significatives du monde de l'après-devoir. En quelques décennies, les principes rigoristes de la morale sexuelle ont volé en éclats, ce qui était signe de turpitude a acquis, peu ou prou, une légitimité, les impératifs stricts se sont métamorphosés en options libres, le sexe-péché a été remplacé par le sexe-plaisir. Qui considère encore la chasteté et la virginité comme des obligations morales ? Qui s'indigne de la sexualité libre des femmes et des jeunes ? Qui met à l'index la masturbation ? Même les « déviations » sexuelles ne sont plus

1. Pour l'approche inaugurale et strictement philosophique de la question, on peut se reporter à l'ouvrage classique de Jean-Marie Guyau, *Esquisse d'une morale sans obligation ni sanction,* Paris, 1885.

anathémisées : désormais elles s'exhibent dans la presse et en petites annonces, les sadomasochistes s'expriment sur les plateaux de télévision, au Danemark les couples homosexuels sont reconnus par la loi, en France 3 jeunes sur 4 entre 15 et 34 ans ne trouvent pas l'homosexualité condamnable.

Dans le même temps, le sexe est devenu un objet de consommation de masse : le Minitel affiche ses promesses roses en panneaux publicitaires, les films *hard* sont en location libre dans les vidéo-clubs. Autrefois assimilé à l'abjection morale, le porno a viré au spectacle relativement banalisé, sans conséquence majeure : le temps n'est plus où il était accusé de mettre en péril l'ordre social ; aujourd'hui, la Cicciolina est élue au Parlement italien. La culture hédoniste individualiste a émancipé Éros de l'idée de péché, elle a légitimé le voyeurisme de masse, elle a remplacé l'« Enfer » de la Bibliothèque nationale par les enseignes lumineuses des sex-shops et les revues X multiservices, partout le droit au plaisir supplante les normes répressives et tend à légitimer les comportements jadis ignominieux. Dévalorisation sociale des prescriptions prudes, promotion corrélative des valeurs libérales dans le domaine de la vie libidinale, ainsi va le procès postmoraliste.

Le mouvement de libération affecte toutes les sphères de la vie sexuelle, mais nulle part il n'est aussi profond que dans celle de l'hétérosexualité adulte. Ici, chacun, homme ou femme, est libre de faire ce que bon lui semble sans être mis au ban de la collectivité, il n'y a plus de devoirs obligatoires commandant les conduites sexuelles, dans le lit plus rien n'est mal dès lors que les amants sont consentants. Dans sa forme radicale, le procès postmoraliste désigne ce travail d'*autonomisation de la sexualité* par rapport à la morale, désormais Éros ne trouve plus sa légitimité dans le respect de règles idéales, affectives ou conventionnelles mais en lui-même, en tant qu'instrument du bonheur et de l'équilibre individuel. Le sexe postmoraliste a d'abord une définition fonctionnelle, érotique et psychologique, il n'est plus à surveiller-réprimer-sublimer, il doit s'exprimer sans contrainte ni tabou à la seule condition de ne pas nuire à autrui. Avec le procès historique de dissociation du sexe et de la morale, Éros a coupé les liens qui l'unissaient au vice, il a acquis une valeur intrinsèquement morale du fait même de son rôle dans l'équilibre et l'épanouissement intimes des individus.

Cette promotion du plaisir libidinal est une manifestation typique de la dynamique des temps de l'égalité démocratique. On sait que, dès les Lumières, les modernes ont dignifié le bonheur terrestre au même titre que les divers plaisirs de la vie. Mais, sitôt libéré de la notion de péché, le plaisir s'est trouvé encadré par une pensée morale réintroduisant des rangs, des disjonctions, des valeurs dissemblables. Au XVIIIe siècle, sauf quelques exceptions (La Mettrie, Sade), les plaisirs sont classés *hiérarchiquement,* ceux de l'esprit et du cœur étant les plus nobles : si les premiers apportent la sérénité et la douceur, seuls les seconds rendent l'homme pleinement heureux et accomplissent son essence, ils dépassent et parachèvent toutes les autres voluptés [1]. Le XIXe siècle poursuivra cette entreprise de moralisation et de hiérarchisation des plaisirs : les jouissances érotiques se situent au bas de l'échelle des dignités, elles sont pauvres et brèves, dégradent l'homme qui s'y livre dans la passion et l'excès, tout en étant dangereuses pour l'es-

1. Robert Mauzi, *L'idée du bonheur dans la littérature et la pensée française au XVIIIe siècle,* Paris, Armand Colin, 1960, pp. 413-417.

prit et la santé physique. Ce dispositif de discrimination inégalitaire n'a pas résisté au procès postmoraliste : de nos jours, à peu près toutes les jouissances, y compris sexuelles, ont une égale valeur, nous n'appréhendons plus la question des plaisirs en termes de supériorité et d'infériorité. Ne restent que des différences de goûts et des préférences subjectives mais qui n'ont plus de rang dans un système classificateur fermé. Mais si les différents plaisirs gardent à l'évidence leur spécificité, ils ont acquis une égale légitimité, un droit égal à l'expression, à l'information, à la considération. Avec retard, mais avec radicalité, Éros a enregistré le travail d'érosion des dissemblances hiérarchiques constitutif des temps d'égalité démocratique.

Le sexe s'est largement débarrassé des normes puritaines et impératives d'autrefois, l'idée de devoirs en matière de sexualité ne suscite plus que le sourire et la vie vertueuse ne s'entend plus comme discipline austère des sens. Ce n'est pas dire pour autant qu'Éros soit devenu partout une sphère sans règle « par-delà le bien et le mal ». En dépit du procès de libéralisation des mœurs, un certain nombre de comportements sexuels prêtent toujours le flanc au blâme de la conscience sociale. Inceste, détournement de mineurs, prostitution, actes zoophiliques, sadomasochisme suscitent toujours des jugements hostiles plus ou moins sévères. L'homosexualité peut être largement débattue dans les media, elle reste difficilement avouable dans nombre de milieux sociaux et professionnels : seul 1 Français sur 2 voit dans les homosexuels « des gens comme les autres », le même nombre les considère comme des malades ou des pervers que l'on doit guérir ou combattre. Même si la tolérance sociale vis-à-vis des minorités sexuelles s'accroît, l'état de permissivité est loin d'être généralisé, tous les tabous n'ont pas été éradiqués par l'individualisme hédoniste et la révolution sexuelle des années 1960-1970. Des discriminations se trouvent reconduites pour tout un ensemble d'activités minoritaires, à ceci près que les condamnations sont moins rédhibitoires, moins violentes, moins sûres d'elles-mêmes. Nous ne nous dirigeons pas vers un strict amoralisme sexuel : ce qui se dessine, c'est, d'un côté, un très large mouvement de disjonction de la morale et de la sexualité, de l'autre, la reproduction de ségrégations ou de mises à l'écart ponctuelles mais peu avouées, peu affichées, sans unanimisme. Il n'y a plus de morale sexuelle homogène, l'essor des valeurs individualistes a miné le consensus autour du digne et de l'indigne, du normal et du pathologique, l'absolutisme du bien et du mal a cédé le pas à l'indulgence sexuelle de masse, doublée de réprobations minoritaires et sourdes. Tout, demain, ne sera pas également légitime, le néo-individualisme ouvre un espace d'éparpillement des critères moraux et de jugement divers mais ne s'appuyant plus sur aucun devoir ultime : l'âge postmoraliste n'a plus de prédication, il a encore des micro-exclusions à la carte.

Sexe tranquille, sexe harcelé

Le néo-individualisme affranchit le sexe des anciennes obligations autoritaires mais, dans le même temps, il réinscrit des normes qui, pour être moins drastiques, empêchent d'assimiler nos sociétés au chaos des passions licencieuses. Il n'est pas vrai que la levée des tabous majeurs ait entraîné un hédonisme libidinal débridé ; « dans les sociétés démocratiques, la sensualité du public a pris une certaine allure modérée et tranquille » : n'en déplaise aux experts en jérémiades, le diagnostic de Tocqueville correspond toujours à ce que nous observons dans les démocraties postmoralistes livrées à l'autonomie des sujets. « Jouissez sans entraves » : ce cycle de l'individualisme subversif est clos, il n'a été, au demeurant, qu'une courte parenthèse historique entre l'âge moraliste et l'âge tranquille de l'après-devoir. Très vite, un nouvel ordre amoureux s'est remis en place, combinant autonomie et régularité des mœurs, excluant aussi bien le rigorisme puritain que l'escalade des jouissances érotiques. La nudité ne déclenche plus des tollés, mais elle reste cantonnée dans certains lieux, certaines limites, certaines représentations. Notre société invite à parler sans complexe du sexe : 7 Français sur 10 jugent normal de raconter leur intimité sexuelle à la télévision, mais le même nombre refuse catégoriquement de le faire quand il s'agit d'eux-mêmes. La mode, la publicité, les stars exploitent le registre du « sexy », mais dans la vie quotidienne il est peu répandu, peu provocateur, dominé qu'il est par le sportswear, les tenues pratiques, le maquillage discret. Le porno *hard* se banalise, mais les comportements de drague sont de moins en moins offensifs. L'érotisme se généralise dans la culture de masse et toutes les « positions » amoureuses sont légitimes, mais les pratiques sexuelles réelles sont peu aventureuses, peu diversifiées : l'amour à plusieurs, l'échangisme, la sodomie, l'homosexualité, les relations sexuelles avec une personne rencontrée le jour même restent des expériences très minoritaires[1]. En 1985, 35 % des Français déclaraient n'avoir eu qu'un seul par-

1. Sur les données statistiques de ces phénomènes, Florence Haegel, « Les pratiques sexuelles », in *Sofres, Opinion publique 1986*, Paris, Gallimard, pp. 148-152.

tenaire au cours de leur vie et 28 % des hommes de moins de 35 ans entre 3 et 5 ; dans l'enquête sur la sexualité des Français dont les résultats ont été rendus publics en 1992, les hommes au-delà de 25 ans déclarent avoir eu, en moyenne, entre 12 et 14 partenaires dans leur vie, les femmes entre 2 et 5. En moyenne, sur les douze derniers mois, les hommes en avouent 1,2 et les femmes 0,9. Même si les réponses en ce domaine doivent être reçues avec prudence, on est bien loin de la promiscuité sexuelle et de l'anarchie des sens.

Prenons-en acte : l'effacement de la culture du devoir et la célébration sociale des droits subjectifs à la vie libre et accomplie ne conduisent nullement à la dérive orgiaque, l'érotisme se déploie toujours dans des limites strictes, il est davantage exhibé que pratiqué, stable que nomade, équilibré que paroxystique. « Libertés privées, ordre public » : dans nos sociétés émancipées de la condamnation de la chair, les idiosyncrasies individuelles, l'hétérogénéité des goûts subjectifs, le souci qualificatif de la relation amoureuse, de la communication, de la sécurité affective suffisent à recréer une régulation sociale des plaisirs certes complexe et ouverte mais aux antipodes du libertinage. Les obligations et interdits se sont délités, un nouvel « équilibre » érotique collectif s'est rétabli : plus il y a de libertés sexuelles, moins les excès libidinaux sont socialement prédominants. Puissance du conformisme ? Même pas, les modèles désormais sont multiples, sans pouvoir de direction obligée : ne reste que l'exigence d'accord de soi avec soi, les compatibilités et incompatibilités des personnes et des désirs. L'ordre social libidinal n'est plus l'effet des contraintes collectives et autocontraintes vertueuses, il est le résultat des libres inclinations et aversions des sujets : la « main invisible » est à l'œuvre jusque dans le monde social des sens, le néo-individualisme fonctionne comme un « désordre organisateur ».

Si la libéralisation des normes sexuelles n'équivaut pas à un état de jungle, est-il nécessaire de préciser qu'elle n'a pas réussi à supprimer les formes de violence et d'agression ayant trait à la vie sexuelle. La tendance prépondérante est le chaos organisateur, mais les viols, attentats aux mœurs et autres crimes sexuels n'ont pas, bien sûr, magiquement disparu[1]. En un sens, nous assistons même, à travers la question actuelle du harcèlement sexuel, à une extension sociale des délits sexuels et à un élargissement des populations coupables. En 1984, 10 % des femmes européennes assuraient avoir fait l'objet d'un chantage sexuel de la part d'un supérieur hiérarchique ; en 1991, 1 femme active sur 5, en France, estimait avoir « fait face à des situations très ou assez déplaisantes », 21 % des Américaines déclaraient avoir été victimes, à un moment ou un autre, de harcèlement sexuel dans leur vie professionnelle. N'en concluons pas trop vite à une recrudescence des pressions sexuelles et traitements humiliants des femmes, quand le plus significatif est la nouvelle publicité qui entoure le phénomène et l'exigence sociale de législations plus sévères. Ce qui était jusqu'alors vaguement ignoré ou passé sous silence est devenu intolérable aux yeux du plus grand nombre et objet de débat public ; la sensibilité postmoraliste n'est pas laxiste, elle s'accompagne d'une demande de respect rigoureux des droits à la protection et à la dignité des femmes. Moins il y a de devoirs de vertu enca-

1. Pour l'analyse statistique et comparative de la violence sexuelle dans la longue durée des démocraties, Jean-Claude Chesnais, *Histoire de la violence en Occident de 1800 à nos jours,* Paris, Laffont, coll. « Pluriel », 1981, pp. 170-195.

drant la sexualité, plus s'impose la légitimité sociale des droits de la femme ; moins il y a de prescriptions idéales en matière de vie sexuelle, plus il y a d'exigence collective de réglementations législatives pour enrayer les violences subies par les femmes sur leur lieu de travail. L'autonomisation de la sexualité par rapport aux normes puritaines et impératives ne signifie pas permissivité collective mais consensus autour de la dénonciation du « droit de cuissage », légitimité d'une législation renforcée. Plus la sexualité est libre, plus la loi pénale encadre de près les comportements irrespectueux ; moins la sexualité est associée au mal, plus la justice condamne des actes autrefois considérés comme peu graves. Une fois encore, le monde individualiste de l'après-devoir se révèle un chaos organisateur : près de 9 Français sur 10 estimaient en 1991 que le harcèlement sexuel devait être sanctionné par la justice.

Pourtant le problème est loin de se réduire partout à cette façade unanimiste. Aux États-Unis, l'affaire du juge Thomas, accusé en 1991 de harcèlement sexuel par son ancienne assistante, a ébranlé et clivé l'opinion publique, déchaîné les passions et prises de position, les auditions ont été suivies en direct par 120 millions de téléspectateurs. Hystérie, pruderie, puritanisme anglo-saxon, a-t-on pu écrire au sujet de ce scandale. On ne peut pourtant pas se débarrasser à si bon compte de la complexité d'un problème qui exprime moins un « archaïsme » culturel qu'une tendance lourde des sociétés démocratiques contemporaines. Sans doute a-t-on raison de rattacher l'impact de l'affaire au pouvoir des media, à une société américaine où l'image privée fait partie intégrante de l'image publique, où la compétition pour la réussite sociale exacerbe les conflits professionnels entre les sexes, où la nomination d'un membre à la Cour suprême est apparu comme un geste politique, où le débat de fond est surdéterminé par la question raciale [1]. À condition de ne pas perdre de vue que, pour être révélateur de la spécificité de la société américaine, le happening suscité par le harcèlement sexuel n'est pas non plus séparable d'un mouvement plus large, caractéristique des démocraties postmoralistes, à savoir l'extension de la demande sociale de droit, la *primauté du droit* comme mode de régulation des conflits. Il n'est pas sûr que souligner l'idée de « guerre des sexes » soit très éclairant en la matière, cela parce que ce qui la sous-tend est précisément la revendication de nouveaux droits légitimes pour les femmes. Ce qu'on appelle empiriquement la « guerre des sexes » traduit en fait la victoire du droit, la dynamique profonde du nouvel âge démocratique où les rapports entre les sexes sont de moins en moins régis par la « tradition » ou la « force » et de plus en plus par la logique expansive des droits individuels à l'autonomie et à la dignité. Ainsi, les nouvelles protestations contre le harcèlement sexuel mettent-elles en avant non seulement l'ignominie du chantage à la perte d'emploi mais plus largement, aux États-Unis, l'« environnement hostile » créé par les assiduités, les propos obscènes ou déplacés des hommes. Ce n'est plus la sexualité en tant que telle qui est mise en cause, c'est la « gêne » personnelle occasionnée par les agressions verbales : le psychologisme l'emporte sur le moralisme, la protection sur l'idéal, les devoirs de vertu ont été remplacés par l'exigence individualiste des femmes à être respectées, à ne pas être agressées, à ne pas subir la violence masculine, fût-elle de langage. Nous n'assistons pas à la réhabilita-

1. Éric Fassin, « Pouvoirs sexuels. Le juge Thomas, la Cour suprême et la société américaine », *Esprit*, déc. 1991, pp. 102-130.

tion du puritanisme culpabilisateur de la chair mais à l'élargissement postmoraliste de la demande de respect des droits subjectifs.

C'est une erreur que d'assimiler l'expansion sociale des droits de l'individu à la permissivité débridée, à la débauche des sens, au sexe sauvage livré aux rapports de force. De fait, c'est à la « civilisation » d'Éros, à un surcontrôle des conduites et paroles masculines que travaille le néo-individualisme : désormais, non seulement la catégorie de viol peut être étendue aux couples mais les grivoiseries, les conversations scabreuses, les privautés envers les femmes doivent disparaître des lieux de travail. À travers les nouvelles revendications du féminin, les hommes vont être contraints à renoncer à tout un pan de leurs attitudes traditionnelles « irrespectueuses », à faire preuve de davantage d'autocontrôle. C'est du même coup tout un type de sociabilité qui est appelé à régresser : déjà, aux États-Unis, des firmes interdisent la présence d'images ou d'objets suggestifs, les conversations orientées vers les sujets sexuels, les « avances non souhaitées », qu'elles viennent d'un supérieur hiérarchique ou non, sont passibles de sanctions disciplinaires, voire de poursuites judiciaires. L'éclipse du devoir va de pair avec l'assainissement des lieux de travail, avec la volonté d'éliminer tous les rapports ambigus, toutes les formes de « légèreté » et de drague, de transgression et de sexualisation dans les rapports homme/femme. La mobilisation contre le harcèlement sexuel est parallèle à la croisade antifumeurs : il s'agit d'hygiéniser les espaces comme les rapports entre les sexes, d'expulser toutes les formes de nuisance et d'érotisme, d'extirper toutes les inconduites et excès en vue d'un monde propre et lisse, transparent et strictement fonctionnel. Plus la dynamique des droits individuels s'intensifie, plus le rapport homme/femme bascule dans l'ère de la *dissuasion* ; plus la demande éthique prend de la vigueur, plus les formes traditionnelles de la socialisation entre les sexes se trouvent discréditées, renforçant un peu plus le repli sur soi, l'indifférence individualiste, voire la méfiance et l'hostilité à l'autre : aux États-Unis, les industriels ont saisi l'air du temps, ils proposent maintenant des sacs, stylos et autres microgadgets pour piéger les coupables de harcèlement sexuel. S'il faut se féliciter des nouvelles mesures légales punissant les sollicitations d'ordre sexuel émanant d'un supérieur hiérarchique, on peut être plus réservé sur les formes de socialité qui gagnent les sociétés postmodernes dès lors que tout propos « gênant » peut, à la limite, être qualifié de harcèlement sexuel. Quel rapport social, quel mode de cohabitation entre les sexes se profilent à l'horizon des démocraties ? Au moins dans le cas américain, certes particulier, les dispositifs juridiques d'hyperprotection du féminin auront sans doute pour effet d'accentuer un peu plus la logique d'autoabsorption narcissique, la difficulté des hommes à se comporter avec les femmes, la désaffection des comportements de drague, des plaisanteries érotiques, des conversations « équivoques ». Oh les beaux jours : la morale sexuelle est libre, elle a perdu sa sévérité antérieure, mais l'univers social en gestation ne s'annonce guère pour autant sous un jour ludique et euphorique.

La fidélité sans la vertu

La consécration sociale dont bénéficie aujourd'hui la fidélité illustre d'une autre manière le procès auto-organisateur individualiste. Hier encore, dans la fièvre de la contre-culture, l'impératif de fidélité était assimilé à un dispositif de pouvoir bourgeois et d'aliénation des existences ; l'utopie de la vie communautaire et des « couples libres » a fait florès au nom du droit imprescriptible de chacun à l'autonomie, à l'errance, aux jouissances sensuelles plurielles. Cette époque est révolue et ce, alors même que la sexualité en dehors du mariage n'est plus vouée aux gémonies : nous ne jurons plus que par la famille et la vie en couple, seuls 10 % des Français considèrent l'infidélité comme une « chose sans gravité », 80 % des jeunes estiment que la fidélité est essentielle ; parallèlement, le culte du couple libre a perdu son pouvoir d'attraction, il n'est plus valorisé que dans les magazines spécialisés en échanges « chauds » et tend à ressembler aux souvenirs d'anciens combattants. On rentre chez soi le soir, on porte à nouveau l'anneau de mariage, vive la constance en amour. Du moins en apparence, faut-il ajouter, les pratiques réelles semblant un peu moins angéliques : aux États-Unis, 50 % des couples seraient infidèles, 1 femme sur 4 avoue des relations sexuelles extraconjugales. Reste que l'esprit du temps a changé : ce qui était fustigé par une jeunesse en révolte ne l'est plus, ce qui était signe d'inhibition ou de mentalité propriétaire est devenu valeur positive ; après l'individualisme permissif, voici l'individualisme « correct ». N'en déplaise à ceux qui dénoncent la pente décadente et licencieuse de l'époque, nos sociétés éprises de liberté individualiste se recomposent sous le signe de la constance amoureuse et du rejet des tentations apostasiques ; c'est l'ordre sexuel, fût-il d'un nouveau genre, qui se profile, non les flux nomades des pulsions. Le culte de l'autonomie ne signifie aucunement cynisme et dévalorisation de toute loi, mais redignification de la droiture dans les comportements amoureux : l'honnêteté est devenue la vertu numéro un.

C'est d'une nouvelle manifestation de l'individualisme contemporain dont il s'agit, non d'un retour pur et simple à la vieille morale intransigeante. Certes, d'un côté la revalorisation culturelle de la fidélité va à contre-courant de la spontanéité d'Éros et de la « liberté » en amour : stabilité, effort pour ne pas céder aux tentations superficielles, l'éloge de la fidélité exprime un refus du zapping libidinal aux antipodes de l'individualisme frivole généré à haute dose par la consommation et la communication de masse. Mais, d'un autre côté, le phénomène ne doit pas être pensé comme une relégitimation des vertus conventionnelles et catégoriques de l'âge rigoriste. La fidélité revendiquée de nos jours a perdu toute dimension d'inconditionnalité ; ce qui est valorisé, ce n'est pas la fidélité en soi, mais la fidélité le temps qu'on s'aime. Nulle reviviscence de la fidélité bourgeoise finalisée par la perpétuation de l'ordre familial : on n'a jamais autant divorcé, autant reconnu le droit à la séparation des époux. Pas davantage ne resurgit la fidélité volontariste observée « en vertu de l'absurde » et conçue comme fondement de la personne, telle que l'analysait Denis de Rougemont : seulement la fidélité qui accompagne quasi spontanément la vie amoureuse. Que se dissipe l'attraction des êtres, la fidélité cesse d'être investie de valeur. Le plébiscite contemporain de la fidélité n'a rien à voir avec une exigence vertueuse, il traduit d'abord l'aspiration individualiste à l'amour authentique sans mensonge ni « médiocrité ». Oui à la fidélité mais seulement comme appendice ou corrélat naturel de l'amour. À travers la fidélité, c'est la qualité de la vie et du relationnel qui se trouve sacralisée, là où personne n'est manipulé, trahi, considéré comme un jouet. La fidélité se place à présent du côté de la quête intensive des affects, non de la solennité des serments : l'individualisme qualitatif s'est substitué à l'individualisme quantitatif du « papillonnement », nous désirons moins la liberté — nous l'avons — que la *qualité totale* dans les relations intimes. Et aujourd'hui l'excellence relationnelle signifie authenticité dans les affects, respect de la personne, engagement complet des êtres, fût-ce dans un temps déterminé : tout, mais pas toujours.

C'est pourquoi notre imaginaire de la fidélité est aussi bien idéaliste que réaliste. Idéaliste parce qu'on croit toujours, malgré tout, à un idéal d'amour triomphant de l'usure du temps. Réaliste parce que l'effort requis ne vise plus l'« éternel ». La fidélité postmoraliste est ce qui conjugue le vague espoir du « toujours » avec la conscience lucide du provisoire. Si les amants ne se jurent plus une « éternelle fidélité », c'est qu'en un sens ils ont intériorisé, bien que la refusant, la dure loi réaliste de l'inconstance et de la précarité du désir amoureux. Rester pleinement fidèle tant que l'on s'aime, ensuite le jeu de la vie est à nouveau ouvert. L'éthique de la fidélité hors-devoir est celle de l'authenticité dans la discontinuité, du même et du multiple.

Les explications fréquemment avancées pour rendre compte du phénomène sont connues. Ainsi a-t-on mis en avant l'échec, les contradictions, les déceptions du moment libérationniste, l'impossibilité d'assurer réellement une vie libre en amour, l'irréductibilité de la jalousie des êtres : au cœur de l'*aggiornamento* des valeurs, les impasses de la contre-culture et de l'individualisme antimoraliste. Plus récemment, la terreur du sida a renforcé notablement la tendance : faisant de nécessité vertu, notre époque embrasserait la fidélité faute de pouvoir se livrer impunément aux délices de la versatilité érotique.

Tous ces facteurs, à l'évidence, ont joué un rôle essentiel : ils n'expliquent pas tout. Ainsi les jeunes proclament-ils leur attachement à la fidélité alors que le sida n'est pas vécu par eux comme une préoccupation première ; qui plus est, ils n'ont pu, cela va de soi, être témoins des impasses affectives de l'utopie amoureuse et libidinale antérieure. Dans le *come-back* de la fidélité, il y a plus qu'une réaction idéologique, plus qu'une adaptation à une situation d'extrême danger, il y a une exigence et une aspiration consubstantielle à la culture néo-individualiste.

C'est moins la terreur de la mort qui a permis la légitimation sociale de la fidélité qu'un désir plus large de sécurité et de stabilité émotionnelles dans des sociétés de plus en plus mobiles, compétitives, sans repères fixes. Désormais, les identités sociales, politiques, familiales, sexuelles, professionnelles sont flottantes, les grands mythes scientifiques et idéologiques sont caducs, l'avenir est lourd de menaces de chômage, il faut se former en permanence, prendre des décisions importantes sur toutes choses : l'âge de l'autonomie individualiste est celui de la déstabilisation généralisée, il est générateur de stress et d'anxiété chroniques. La célébration de la fidélité vient répondre à cette civilisation anxiogène, elle introduit du même, de la continuité, là où tout n'est que brouillage, agitation et interrogation. À la racine de la valeur accordée à la fidélité, il y a la fragilité narcissique contemporaine, la volonté plus ou moins explicite d'instaurer de l'identique et de la permanence, l'espérance d'une vie intime à l'abri des turbulences du monde.

Simultanément, le triomphe de la fidélité traduit le désir d'échapper aux effets du procès isolationniste de notre temps. Plus il y a de possibilités de choix, plus il y a d'atomisation sociale ; plus il y a d'autonomie subjective, plus la communication entre les êtres devient complexe, exigeante, difficile. La hantise de l'individu narcissique, c'est moins le sexe que le déficit relationnel, la solitude, l'incompréhension. Ce qui se dit au travers de la fidélité érigée en idéal, c'est l'angoisse de la séparation des consciences, une aspiration à la transparence et à la communication intersubjectives. Paradoxe : plus Narcisse s'absorbe en lui-même, plus il rêve d'une vie à deux prolongée.

Quelle que soit l'importance de ces facteurs, ils n'épuisent pas la question. Il y a, en effet, dans la reconnaissance sociale de la fidélité, l'angoisse du non-sens des aventures sans lendemain, du vide de la répétition des amours fugitives. D'un côté, l'âge de la consommation est fondé sur la sollicitation permanente des désirs matériels et érotiques ; de l'autre, il ne cesse de travailler à éradiquer ce qui peut ressembler à des « jouissances improductives » : toutes les énergies doivent être fonctionnalisées, capitalisées, optimisées, il faut hygiéniser, responsabiliser, rester jeune et en forme. L'offensive contre la « part maudite » poursuit son chemin. On ne croit plus aux grands buts de l'histoire, mais on veut du fonctionnel et du *sens* privé. La spirale de l'individualisme n'équivaut pas à la débauche des corps mais aux plaisirs constructifs, à une quête de sens miniaturisé. La recherche d'un sens relationnel qui soit construction à deux de l'existence est parallèle à la redécouverte du sacré ou des traditions, un peu partout le néo-individualisme réinvestit la dimension du sens comme instrument d'édification personnalisée de l'existence. Tout sauf la gratuité, Narcisse est tendanciellement « sage », c'est-à-dire, pour nous, à l'affût de « plan », producteur « éclairé » de sa vie. Le temps de l'euphorie du présent pur s'éloigne de nous, même l'amour ne doit pas être dilapidé pour rien, il requiert le sérieux de la durée et l'imaginaire de la continuité constructrice.

ÉROS À GÉOMÉTRIE VARIABLE

No sex ?

À peine l'amour charnel s'est-il dégagé d'une longue tradition de discrédit que de nouvelles offensives de dépréciation voient le jour. Depuis les années 1980, le thème du retour de la chasteté revient périodiquement à la une des media, d'ex-féministes radicales font l'apologie de l'abstinence, nombre de femmes refusent maintenant d'être l'esclave de la pilule, la presse titre carrément : « La fin du sexe ». Après l'impérialisme sexualiste des années 1960-1970, nos sociétés lasses de l'orgasmolâtrie et anxieuses des virus seraient sur la voie de la réhabilitation de l'« amour à distance » et de la discipline des sens. Non plus la jouissance mais la tempérance, non plus les aventures à répétition mais l'hygiène de vie, non plus la révolution sexuelle mais la « sexualité paisible », non plus les comptabilités libidinales mais la tendresse et les idéalisations amoureuses.

Il y a beaucoup d'amplifications et d'effets de mode dans cette radiographie médiatique du présent. Il n'en demeure pas moins que la période surchauffée de l'émancipation libidinale a en effet disparu : l'imaginaire de la révolution sexuelle fait figure d'archaïsme empoussiéré, les mouvements féministes ne brandissent plus l'oriflamme du droit à la jouissance, les jeunes sont plus soucieux d'avenir professionnel que de consommations sexuelles démultipliées, il n'est plus démodé d'être vierge, fidèle ou continent. Dans un contexte marqué par le sida et la fin des grandes polémiques idéologiques, tout se passe comme si le sexe avait glissé lui aussi dans l'« ère du vide » : en quelques années, la question sexuelle a cessé d'être au centre des préoccupations et des débats collectifs, elle est devenue moins brûlante, moins omniprésente, moins festive. Nous n'assistons pas à la dévalorisation du facteur sexe mais à sa relativisation culturelle, à sa désidéologisation et dépassionnalisation collectives. Dès lors que le droit à la sexualité libre a été de fait reconnu, Éros a cessé de mobiliser les passions collectives : une dernière idole s'est éteinte, un dernier mythe « subversif » s'est défait, renvoyant toujours plus l'individu à l'édification incertaine et mobile de lui-même. Moins de transes sexualistes ne signifie pas renoncement à soi-même mais passion plus anxieuse de l'ego, exigence d'excellence, réorientation des ambitions narcissiques vers l'hygiène de vie et l'activité professionnelle, souci d'autocontrôle, de rééquilibrage et de diversification des motivations existentielles.

Ainsi le phénomène de décentralisation de la valeur sexe ne tourne-t-il nullement le dos aux principes ayant alimenté le culte sexualiste : aucune résurgence du traditionalisme des devoirs, mais poursuite d'une autre manière de la dynamique des *droits* à l'autonomie subjective. La mode du sexe, la « dictature de l'orgasme », l'idolâtrie libérationniste reconduisaient des contraintes culturelles et existentielles : en liquidant cette ultime normativité, la « mise à distance » du sexe n'a fait qu'élargir la logique du droit individualiste à vivre selon son gré. À présent, toutes les attitudes vis-à-vis du sexe ont une égale dignité, tout peut être choisi sans pression lourde, plus rien ne fait ridicule : il n'est plus « obligatoire » d'être « libéré ». En diversifiant les légitimités sexuelles, la culture postmoraliste a ouvert la gamme des choix et lignes de vie possibles, elle a fait reculer le conformisme au bénéfice de l'invention individualiste de soi-même : nous ne croyons plus au rêve de « changer la vie », il n'y a plus que l'individu souverain occupé à la gestion de sa qualité de vie.

Le refus du sexe qui, ici ou là, est parfois revendiqué à titre de nouvelle morale doit lui-même être interprété comme une manifestation de la culture de l'après-devoir. De quoi s'agit-il en effet sinon de ne pas être dépendant de l'autre, se protéger contre les risques du sida, désirer être désiré sans s'engager intimement : ce qui autrefois était une obligation morale n'est plus qu'un choix individuel intermittent, une hygiène en kit, une défense et un culte narcissique. La « nouvelle chasteté » n'a pas de signification vertueuse, elle n'est plus un devoir obligatoire commandé par l'idée de respect en soi de la personne humaine, mais une autorégulation guidée par l'amour et la religion de l'ego. Ethos d'autosuffisance et d'autoprotection caractéristique d'une époque où l'autre est plus un danger ou une gêne qu'une puissance attractive, où la priorité est au management performatif de soi-même. Le *no sex* illustre le procès de désocialisation et d'autoabsorption individualiste, non la reviviscence des devoirs envers soi-même ; dans la foulée de la relativisation du référentiel libidinal, la dynamique narcissique poursuit son chemin pour le meilleur et pour le pire : nous sommes dans une société sans tabou oppressif mais *clean,* libre mais terne, tolérante mais rangée, virtuellement ouverte mais fermée sur le moi.

Soyons très prudents sur le diagnostic du « refus » du

sexe, lequel se déploie dans de strictes limites. « Les Éros sont fatigués ? » Pourtant la satisfaction sexuelle est toujours massivement jugée comme une condition essentielle du bonheur. Dans les sondages, nombre de femmes affirment qu'elles pourraient se passer de l'acte sexuel si elles bénéficiaient de tendresse : reste que 6 Françaises sur 10, en 1990, considéraient l'amour physique comme quelque chose d'indispensable ou de très important. Indifférence au sexe ? Les relations sexuelles commencent de plus en plus tôt et sont maintenant revendiquées par les personnes d'âge avancé. Recul du sexe pour le sexe et résurgence des rhétoriques courtoises et précieuses ? C'est vite dit à l'heure du rap, des téléphones et messageries roses, de l'industrialisation et des hypermarchés pornos. Même les femmes deviennent consommatrices : en Allemagne, un quart de la clientèle porno est féminine. La sentimentalité ou la tendresse ne réapparaissent pas, elles n'avaient jamais disparu. Il est tout aussi caricatural d'imaginer le moment de l'émancipation du sexe sans « cœur » que de penser l'âge contemporain s'orientant vers la renaissance des sublimations poétiques. Dans la vie privée, l'individu postmoderne se montre désireux comme autrefois de tendresse et d'intensité affectives, mais les formes de l'expression amoureuse, elles, poursuivent leur irréversible travail de désidéalisation. L'autonomisation du sexe vis-à-vis de la morale ne fait qu'accélérer la désesthétisation d'Éros, l'avenir n'est pas à la réhabilitation des volutes chastes, il est bien davantage à la consommation porno diversifiée, au club de masturbation *gay,* à la porno-informatique, au *safer sex* prosaïque, au minimalisme des discours amoureux.

Le porno dans les limites de la simple raison

Si la fin du cycle libérationniste a désabsolutisé le sexe, elle a permis simultanément le renforcement d'entreprises ouvertement moralisatrices. Jean-Paul II fait des *shows* triomphants en stigmatisant en bloc « l'hédonisme, le divorce, l'avortement, le contrôle des naissances, les moyens de contraception ». Ici et là, des mesures d'exclusion professionnelle sont prises contre des fonctionnaires homosexuels ; en France, récemment, le Sénat a adopté une proposition de loi punissant d'emprisonnement toute relation sexuelle d'un majeur avec un mineur de même sexe. Tandis que les protestations et « avertissements solennels » se multiplient contre les « dérives » du sexe à la télévision, des municipalités déclarent illicites les affiches suggestives du Minitel, des responsables de messageries roses sont poursuivis et condamnés pénalement pour outrage aux bonnes mœurs et incitation à la débauche. On ne parle certes pas d'interdire les services télématiques « à caractère pornographique », l'État s'emploie à les asphyxier économiquement en les soumettant à un taux d'imposition record. Aux États-Unis, le courant moralisateur a le vent en poupe : la Cour suprême a récemment approuvé une loi déclarant criminels les actes homosexuels de sodomie, en 1990 un groupe de rap est passé en jugement pour paroles obscènes, un conservateur de musée a été poursuivi pour avoir exposé des photographies jugées obscènes de Robert Mappelthorpe, le système de subvention du National Endowment for the Arts a été remis en cause afin de faire obstacle aux œuvres jugées obscènes. L'époque du « lâchez tout » est loin derrière nous, la thématique des valeurs refait surface, faisant vibrer d'enthousiasme les nostalgiques de l'ordre moral.

Pour significatives que soient ces manifestations, elles ne témoignent nullement d'un discrédit collectif des valeurs libérales. Jean-Paul II est acclamé par les foules, mais 75 % des Français et 1 catholique pratiquant sur 2 considèrent que l'Église va trop loin lorsqu'elle condamne l'usage des préservatifs. En 1990, 60 % des catholiques pratiquants affirmaient que l'Église n'a pas à imposer d'obligations précises en matière de vie sexuelle, plus des deux tiers étaient favorables aux relations sexuelles avant le mariage. En 1985, 65 % des Français déclaraient qu'ils laisseraient leur fille de 16 ans libre de prendre la pilule ; en 1991, seuls 4 % des Français désiraient que soient interdits les films érotiques à la télévision et 2 % les messageries roses sur Minitel. Aux États-Unis, l'offensive de la « *moral majority* » n'a pas empêché que les procès pour obscénité intentés contre des artistes et directeurs de musée soient conclus par l'acquittement des accusés ; la condamnation de femmes qui s'étaient montrées torse nu dans l'État de New York a été cassée au motif que la distinction légale entre seins masculins et seins féminins est incompatible avec l'égalité des citoyens garantie par la Constitution. Le vertuisme peut faire l'événement, il ne s'accompagne pas de reconnaissance sociale d'une morale sexuelle intransigeante, il est plus périphérique que symptomatique des mœurs générales. La légitimité des valeurs libérales est infiniment plus significative que leur effondrement, c'est la dynamique sociale de l'autonomie individuelle qui domine, même s'il est vrai que les récriminations contre les excès *hard* se multiplient de tous côtés. La phase hyperlibérale touche à sa fin, l'ultrarigorisme n'a plus de légitimité, telle est la nouvelle donne culturelle de notre temps, mariant l'exigence d'autonomie privée avec l'exigence d'un espace public *propre.* L'âge postmoraliste n'est plus ni transgressif ni prude, il est *correct.*

Le slogan « Il est interdit d'interdire » n'est plus de saison, mais pourtant seule une minorité soutient une censure lourde et indifférenciée. Les croisades enflammées contre l'escalade du sexe sont moins révélatrices de l'esprit du temps que les demandes de réglementations pragmatiques des lieux et heures où elle est admissible. Le moment catégorique de la morale a été relayé par son stade flexible : la location de vidéos pornos ne suscite pas de réprobations, l'affichage public d'adresses « licencieuses » pose problème ; légitime pour les adultes, le porno ne l'est pas pour les enfants ; acceptable aux heures tardives, il est rejeté lorsque les jeunes sont présents devant le petit écran. En Grande-Bretagne, une nouvelle télévision par satellite vient de mettre en place un système électronique de « contrôle parental » permettant aux abonnés d'empêcher leurs enfants d'avoir accès aux programmes qu'ils jugent n'être pas de leur âge. Des films sont maintenant tournés en deux versions : l'une « tout public » pour la diffusion de grande audience, l'autre « non expurgée » pour d'autres tranches horaires ou la distribution en salles. Il n'est plus réellement question d'interdire en bloc, mais de respecter les différentes sensibilités, protéger les mineurs, déterminer les horaires de visibilité. Nous sommes sortis du cycle intransigeant de la prohibition moraliste, mais nous sommes tout autant sortis de la vague antimoraliste des années 1960-1970 assimilant tout interdit moral ou social à une forme de répression bourgeoise : commence le moment postmoraliste et son éthique à géométrie variable. La disjonction irréfragable du vice et de la vertu a cédé le pas à un processus de *négociation* entre l'exigence de liberté des adultes et l'exigence de protection des mineurs, c'est une éthique asymétrique qui nous gouverne.

L'éthique à la carte et la demande d'une réglementation flexible de la pornographie sont le dispositif dominant : elles n'éliminent pas pour autant tout esprit de croisade, comme en témoignent les revendications de censure avancées maintenant par certains groupes féministes. Aux États-Unis, dans la ville d'Indianapolis, des groupes féministes ont fait promulguer un arrêté interdisant toute « production, vente, présentation ou distribution » de tout ce qui est défini comme pornographique en n'acceptant aucune exception, fût-ce pour des œuvres littéraires et artistiques[1] ; des militantes en viennent à demander, dans les expositions d'art, le retrait d'œuvres « offensantes » pour les femmes, à empêcher le déroulement de cours universitaires portant sur des auteurs classiques jugés antiféministes. Un *néomoralisme* se fait jour qui prend la relève des entreprises puritaines d'assainissement des mœurs d'autrefois. Non sans de très significatives inflexions culturelles et idéologiques. Ce qui sous-tend aujourd'hui les luttes féministes contre la pornographie n'est plus la hantise de son influence calamiteuse sur la natalité, les familles ou la nation, c'est essentiellement la protection de la femme et le combat pour l'égalité. Plus aucun idéal collectif transcendant la cause des femmes ne légitime les demandes de censure : il ne s'agit que d'assu-

1. Par la suite, l'arrêté a été jugé anticonstitutionnel par la Cour fédérale au motif qu'il violait le premier amendement de la Constitution américaine garantissant la liberté d'expression. Ce jugement de la Cour fédérale a été également confirmé par la Cour suprême des États-Unis. Sur l'analyse des argumentations, Ronald Dworkin, « Liberté et pornographie », *Esprit*, oct. 1991, pp. 97-107.

rer leur dignité et leur sécurité. Ce n'est plus au nom d'une morale ascétique que s'élèvent les protestations anti-pornographiques, mais au nom de la liberté des femmes menacées dans leur être par des représentations « dégradantes », véhiculant une image propice à perpétuer leur assujettissement individuel et collectif. L'esprit de moralisation n'exalte plus la pruderie et la haine des sens, il s'arcboute sur la défense de la dignité féminine, il ne professe plus l'austérité sexuelle, il met en cause une liberté d'expression favorisant les agressions sexuelles et contribuant à l'inégalité économique et sociale entre les sexes, il ne dénonce plus le caractère indigne de l'obscénité en soi : ne sont condamnées que les représentations portant préjudice aux femmes, dévalorisant leur personne, présentant des femmes asservies et humiliées, prenant plaisir à être violées et soumises. Même le néomoralisme a renoncé aux anathèmes contre le désir : la nouvelle campagne moralisante est moins une pédagogie du devoir qu'un instrument de promotion des *droits* du « deuxième sexe ».

Mais si l'argumentation féministe est postpuritaine, ses exigences en matière de législation sont, elles, manifestement moralistes. Une pente des droits individualistes entraîne au libéralisme des mœurs, une autre porte, fût-ce marginalement, à de nouvelles formes d'extrémisme et d'intolérance ainsi qu'à la dualisation et à la fragmentation des normes éthiques. Dans la société postmoraliste, l'impératif catégorique universel a cédé le pas au dissensus des principes normatifs : à présent, les valeurs du féminin s'opposent aux valeurs « phallocratiques » ; ce qui est indigne aux yeux des zélatrices du féminisme radical est artistique, érotique ou sans conséquence pour d'autres. Référentiels féminins contre référentiels « machistes », droits spécifiques des femmes contre liberté d'expression, la culture contemporaine expulse la moralité de la sphère sexuelle mais la réintroduit par le biais de la protestation féministe, elle légitime la liberté d'expression pornographique mais fait monter de nouvelles exigences de censure au nom même de la liberté, elle cesse de mettre au pilori la sexualité, mais recrée des contradictions et conflits rédhibitoires autour du digne et de l'indigne en matière d'expression sexuelle. L'âge de l'après-devoir ne met pas fin aux débats éthiques sur le sexe, il institue un univers morcelé, des perspectives et des évaluations antagonistes à partir du même sol de la liberté individualiste.

La putain respectueuse

Parallèlement à la libéralisation des représentations du sexe, la réprobation sociale de la prostitution s'est largement affaiblie. Aux yeux des Européens, le plus vieux métier du monde n'entre plus dans la catégorie des comportements jugés très condamnables et très peu excusables[1], il a cessé d'être associé aux égouts de la société et à la « folie morale[2] » : à présent les prostituées s'expriment dans les media et ambitionnent une reconnaissance sociale, les porno-stars participent à des *talk-shows* et peuvent être élues députés. La culture néo-individualiste ne légitime pas, à proprement parler, la prostitution, elle cesse d'y voir un état d'abjection. Simultanément, c'est la violence dont sont victimes les « filles publiques » qui scandalise le plus l'opinion, désormais

1. Jean Stoetzel, *Les valeurs du temps présent : une enquête européenne,* Paris, P.U.F., 1983, pp. 32-33.
2. Alain Corbin, *Les filles de noce,* Paris, Flammarion, coll. « Champs », 1982, p. 444.

l'indignation porte moins sur l'activité lucrative du sexe que sur le proxénétisme, moins sur le racolage des rues que sur les sévices et l'exploitation subis par les femmes : l'immoralité principale a basculé du côté du proxénétisme, de ceux qui piétinent les plus élémentaires devoirs envers autrui. Le rapport social à l'amour vénal illustre au plus près la logique postmoraliste fondée sur l'indulgence envers ceux qui ne tiennent pas compte des obligations traditionnelles de la morale individuelle, et la sévérité envers ceux qui transgressent les commandements minimaux de la morale interindividuelle : la prostituée est plus à plaindre qu'à mépriser, dans nos sociétés le mal ne commence que lorsqu'on nuit à l'autre.

La glorification individualiste de la libre disposition de soi réduit la mise à l'index de la prostitution, elle ne l'élimine pas. Quelle que soit la perte d'autorité des tabous traditionnels, la prostitution reste une profession discréditée, elle n'est nullement absorbée par la logique de l'équivalence généralisée. Chacun est reconnu maître de son corps et le péché de fornication n'a plus de sens collectif, mais le commerce sexuel n'est pas reconnu socialement. Sans doute cette persistance de la dépréciation est-elle à relier à une tradition de très longue durée. Mais les valeurs du monde individualiste y contribuent également. Nous sacralisons trop la liberté privée pour doter de valeur une activité associée à l'idée de servitude intime ; nous séparons trop le travail et le sexe pour que ce dernier puisse être légitime en tant qu'activité rémunérée ; nous idéalisons trop le sujet et le corps pour reconnaître à part entière un comportement assimilé au corps-objet ; nous sommes trop épris de qualité de vie pour dignifier une activité dans laquelle il faut payer de sa personne, « travailler à la chaîne », subir l'autre, quel qu'il soit, dans sa chair. Ce n'est pas dans les nations de culture libérale qu'est rehaussée la prostitution, c'est dans les pays rêvant du modèle occidental[1] ; là où les valeurs narcissiques et marchandes dominent, la prostitution reste une activité moralement peu dénoncée mais socialement déclassée. La culture néo-individualiste sape la notion du devoir vis-à-vis de soi-même mais renforce l'exigence de liberté et de perfectionnement individuels ; si la prostitution reste malgré tout une activité dévalorisée, cela tient moins au maintien des principes inconditionnels de la morale individuelle qu'à la valorisation individualiste de la liberté de choix et de la qualité de vie, à l'horreur qu'inspire tout ce qui ressemble de près ou de loin à de l'esclavage. La prostitution n'est plus rejetée en tant que vice mais en tant qu'asservissement de la femme, activité « industrielle » dépersonnalisante ; l'indignité sociale n'est plus une indignité morale, la putain ne manque pas de dignité, elle est une victime. La dérive hyperpermissive ne se profile pas à l'horizon, tout n'est pas également légitime : l'individualisme postmoraliste est producteur de « règles » qui, pour être moins moralisantes, moins drastiques, moins sûres d'elles-mêmes, ne cessent pas pour autant d'organiser et de structurer le rapport social aux sens charnels.

1. Dans un sondage réalisé en 1990, la prostitution occupait le neuvième rang des professions considérées comme « prestigieuses » par les lycéens et collégiens moscovites.

CHAPITRE III

Recherche morale individuelle désespérément

Le procès postmoraliste dépasse aujourd'hui très largement le domaine de la morale sexuelle. D'ores et déjà, il a annexé la sphère même de ce qu'autrefois on appelait la morale individuelle, autrement dit l'ensemble des devoirs de l'homme relatifs à lui-même.

La modernité démocratique inaugurale a été l'âge d'or des devoirs envers soi-même. Dès le XVIIIe siècle, le procès de laïcisation de la morale a mis sur un piédestal l'idéal de dignité inaliénable de l'homme et les devoirs vis-à-vis de soi-même qui l'accompagnent. Kant le premier a réussi à donner un exceptionnel éclat à l'exposé des devoirs envers soi-même dégagés de toute religion. Loin d'être des impératifs d'importance secondaire, les devoirs individuels constituent des obligations absolues aussi bien envers le corps qu'envers l'âme, sans eux il n'existerait aucun autre devoir puisque « je ne puis me reconnaître obligé envers d'autres que dans la mesure où je m'oblige en même temps moi-même [1] ». L'autonomie moderne de l'éthique a élevé la personne humaine en valeur centrale, chaque individu a l'obliga-

1. Kant, *Métaphysique des mœurs : doctrine de la vertu,* Paris, Vrin, p. 90.

tion inconditionnelle de respecter l'humanité en lui, de ne pas agir contre la fin de sa nature, de ne pas se dépouiller de sa dignité innée. Au-delà même de l'univers proprement philosophique, la morale individuelle a été l'objet d'une célébration systématique, notamment dans le cadre de l'enseignement laïque. Les devoirs envers soi-même ont été psalmodiés à égalité avec les devoirs de justice ou de bienfaisance, il s'est agi partout de rehausser les commandements relatifs à la conservation et au perfectionnement de soi, à l'hygiène et au travail, à l'épargne et à la culture de nos facultés. Parce que l'homme a une valeur intérieure absolue, il ne peut disposer de lui-même comme d'un simple moyen : le suicide au même titre que l'intempérance ou la paresse sont des actes intrinsèquement immoraux. Ceux qui transgressent les devoirs de la morale individuelle portent atteinte à la dignité de l'humanité en leur propre personne, ils ne peuvent susciter que dégoût et mépris.

Rigorisme absolu des devoirs individuels qui, pourtant, s'est le plus souvent associé à la perspective utilitariste. Pour être des commandements inconditionnels exigés par le respect de la dignité humaine, les devoirs de la morale individuelle n'en ont pas moins été enseignés comme condition du bonheur et de la liberté des hommes : l'alcoolisme délabre la santé, l'imprévoyance conduit à la servitude matérielle, la paresse engendre ennui, misères et vices. Dignité et intérêt, travail et bonheur, respect de soi et hygiène ont été inculqués dans la même foulée, c'est un mixte « contre nature » de kantisme et d'utilitarisme, d'idéalisme inconditionnel et de prudence pragmatique, de raison pure et de souci social régénérateur, d'impératif catégorique et d'impératif productif, qui a sous-tendu les panégyriques modernes de la morale personnelle.

Comment ne pas voir l'ébranlement de fond qu'a subi cette culture morale séculaire ? Notre époque s'est globalement détournée de l'effort de sanctification des devoirs individuels concernant notre conservation ou notre perfection, peu à peu les hymnes à l'obligation de respect vis-à-vis de soi-même sont tombés en déshérence, ce qui relevait d'un commandement universel et irréfragable s'est métamorphosé en droit individuel, ce qui provoquait l'ostracisme tend à susciter indulgence et compréhension. On a encore des devoirs envers les autres, plus envers soi-même : le rapport dominant de soi à soi n'est plus sous la tutelle d'impératifs inconditionnés, il se déploie sous le signe des droits subjectifs, du désir, du travail d'entretien et de développement de type « narcissique ». Le système de légitimation des devoirs envers soi-même a perdu l'essentiel de son autorité : nous ne savons plus au juste ce qu'il faut entendre par morale individuelle. Non que les exigences ayant trait à soi-même aient le moins du monde disparu : elles se sont délestées de la rhétorique obligatoire et se formulent maintenant en termes de choix, d'intérêt, de fonctionnalité. La culture de l'obligation morale a cédé le pas à celle de la *gestion* intégrale de soi-même, le règne du pragmatisme individualiste a remplacé celui de l'idéalisme catégorique, les critères du respect de soi-même sont entrés dans le cycle mobile et indéterminé de la personnalisation, de la psychologisation, de l'opérationnalisation. Le procès postmoraliste a transformé les devoirs envers soi-même en droits subjectifs et les maximes obligatoires de la vertu en options et conseils techniques en vue du mieux-être des personnes. Une page de l'histoire de la morale moderne est tournée : la morale individuelle est devenue une morale désubstantialisée, *introuvable* pour le plus grand profit de la dynamique historique de l'autonomie individualiste désormais affranchie d'une forme d'obligation intérieure déterminant impérativement les conduites.

Gardons-nous du refrain décadentiel : l'expansion des droits subjectifs et la défection des devoirs individuels ne doivent pas servir à valider le paradigme du nihilisme, défini comme anarchie généralisée, absence de toute légitimité, « incertitude, dilettantisme et scepticisme » pour reprendre les expressions chères à Nietzsche. L'âge postmoraliste réserve plus d'une surprise : les obligations morales vis-à-vis de soi-même périclitent mais de nouveaux consensus autour de la vie, de la mort et du corps s'établissent, les impératifs absolus relatifs à soi se délitent mais la culture individualiste contemporaine ne justifie pas toutes les pratiques, même fondées sur le consentement libre des sujets, des interdits éthiques sont réaffirmés qui ne se moulent plus dans le cadre de la morale individuelle. Ainsi le moment postmoraliste lance-t-il comme un défi social aux présupposés kantiens : oui, on peut se reconnaître obligé envers l'autre sans pour autant se sentir obligé envers soi-même, les légitimités humanistes se renforcent alors même que s'éloigne la culture de la morale individuelle. Rien n'est plus inexact que d'assimiler le néo-individualisme à un « laisser-aller » sans frein : partout des limites et des règles sont exigées, partout les grands référentiels autrefois véhiculés par la morale personnelle, le travail, l'hygiène, le respect et le développement de soi rebondissent d'une autre manière, mobilisent les passions et préoccupations subjectives. Le respect de l'humanité en sa propre personne n'est plus un commandement clair et précis de la raison pratique, mais plus que jamais dominent les soucis d'hygiène et de développement personnel. Si la sortie de l'âge péremptoire du devoir signifie moins d'autocontrôle « idéal », elle ne signifie pas dérégulation chaotique des comportements individuels et sociaux : les obligations intérieures catégoriques sont obsolètes, mais la nouvelle culture sanitaire et professionnelle ne cesse de renforcer l'intériorisation des normes collectives. Nul doute que la décrédibilisation de la morale individuelle ne signifie un pas supplémentaire dans la logique historique de l'individualisme, à condition d'ajouter que le pouvoir social d'encadrement des comportements ne fait que poursuivre autrement sa course ; il n'y a de gain d'autonomie subjective qu'accompagnée d'un surcroît de contrôle social hétéronome, lequel, opérant au nom de l'intérêt même des individus, peut réglementer de plus en plus près, dans le consensus social et sans injonction autoritaire, l'existence quotidienne.

CHOISIR SA MORT ?

Le suicide et la faute

Longtemps, parmi les commandement de la morale individuelle, celui de conserver sa vie a bénéficié d'une autorité suréminente. Les devoirs envers soi-même et ceux envers la société, obligeant l'homme à respecter sa propre vie, le suicide ne pouvait qu'être assimilé à un acte indigne. Le procès moderne de laïcisation des valeurs n'a nullement rompu avec la tradition religieuse de réprobation du suicide, il en a modifié les raisons : de transgression des devoirs de l'homme envers Dieu, il s'est transformé en crime social et faute morale vis-à-vis de soi-même. Le suicide est dénoncé par Rousseau comme « une mort furtive et honteuse... un vol fait au genre humain » ; Comte le tient pour un acte immoral parce que en se tuant l'homme se dérobe à ses obligations envers la société ; Durkheim le condamne parce qu'il offense le culte de la personne humaine constitutif de notre morale. Crime social, le suicide apparaît également comme une inobservation des devoirs de l'homme envers lui-même, un signe de lâcheté face aux difficultés de la vie. L'homme qui met fin à ses jours n'est pas seulement immoral parce qu'il se dérobe à ses obligations envers la collectivité mais parce qu'il se soustrait à un devoir individuel absolu. Ainsi Kant peut-il considérer la conservation de soi-même comme le premier et le plus important des devoirs de l'homme envers soi, l'homme qui se détruit s'offense lui-même, il attente à la dignité de l'humanité en sa propre personne puisqu'il dispose de son corps comme d'un simple moyen. Libéré de la notion de péché, le suicide est devenu un comportement immoral en lui-même et pour lui-même.

La pensée moraliste a refusé de tirer toutes les conséquences du principe de souveraineté individuelle constitutif de l'âge moderne démocratique, elle s'est insurgée contre l'axiome individualiste affirmant le sujet fondamentalement propriétaire de lui-même et, comme tel, libre de pouvoir raccourcir sa vie à son gré. Si la révolution de 1789 a cessé de considérer le suicide comme un crime, la pensée morale, elle, est restée largement inflexible : les devoirs vis-à-vis de soi sont premiers, ils ont une autorité supérieure aux droits subjectifs, ils interdisent catégoriquement de nous détruire. L'État et le droit modernes se sont détachés de leurs liens millénaires avec l'au-delà religieux et se sont réaménagés à partir des droits de l'individu, mais la morale et partiellement les mœurs sont restées tributaires, fût-ce de manière sécularisée, du schème religieux de la primauté des devoirs, elles ont reconduit l'absoluité de l'impératif d'autoconservation à rebours de la radicalité libérale individualiste.

La plus élémentaire observation du présent signale la fin de ce cycle rigoriste. Le suicide s'est massivement délesté de l'idée de faute ; dans nos sociétés il n'a plus de connotation immorale, métamorphosé qu'il est en drame psychologique et tragédie intime. Alors que l'acte d'autodestruction n'appelle plus le blâme collectif, la conservation de soi a cessé d'être regardée comme un devoir absolu envers soi-même : le suicide est un malheur personnel, il n'est plus un manquement à une obligation morale, il suscite davantage l'interrogation que la désapprobation, la compassion que l'ostracisme. Ce changement dans les attitudes et représentations traduit l'effondrement de la culture des devoirs individuels et corrélativement le triomphe de la logique des droits subjectifs déployant ses ultimes conséquences : l'individu s'appartient d'abord à lui-même, plus aucun principe n'est au-dessus du droit à disposer de sa propre vie. Le recul de l'encadrement religieux, la légitimité croissante des valeurs de liberté privée, la généralisation de la culture psychologique ont convergé pour « démoraliser » la mort volontaire. L'âge moraliste stigmatisait le suicide comme une offense à un devoir individuel et social ; l'âge postmoraliste y reconnaît le signe extrême du désespoir, un symptôme dépressif, l'effet d'un déficit communicationnel et affectif. Parfois une autodélivrance. Le référentiel psychologique a éclipsé les commandements impératifs de la morale individuelle, le devoir de nous conserver en vie s'est vidé de sa substance, nous lui avons substitué le droit à ne pas souffrir sans que pour autant soit déculpabilisé tout à fait l'acte suicidaire. Le moment qui bascule hors du devoir n'évacue pas tout jugement moral, il renverse la direction des responsabilités : la faute n'est plus accolée à la personne qui se tue, pour l'essentiel elle est assumée par les proches, par ceux n'ayant pas pu ou pas su empêcher l'acte d'autodestruction. Dans notre culture individualiste remodelée par le psychologisme, les devoirs envers soi-même ont cédé le pas aux exigences intériorisées d'écoute et de soutien affectif des personnes de notre entourage.

Pour ne plus être un manquement à un devoir, le suicide ne s'impose pas néanmoins comme un droit au sens strict. Il n'est à proprement parler ni illégitime ni légitime : ceux qui ne viennent pas en aide aux personnes cherchant à mettre fin à leurs jours sont reconnus coupables de non-assistance à personne en danger, ceux qui l'exhortent — Jim Jones et le suicide collectif du « Temple de Dieu » — sont tenus pour des criminels ou des monstres, ceux qui indiquent avec précision les moyens de se donner la mort déclenchent des tollés et sont désormais passibles de sanctions pénales. L'émotion suscitée par le livre *Suicide, mode d'emploi* illustre les antinomies de la culture individualiste postmoraliste : d'un côté, le suicide n'est plus considéré comme une indignité morale, de l'autre, on s'insurge contre les publications livrant l'information adéquate pour y parvenir. Chacun est reconnu maître de sa vie, mais la société s'emploie à empêcher, de différentes manières, les êtres de « réussir » leur acte d'autodestruction ; chacun est reconnu autonome mais plus que jamais la fragilité émotionnelle des personnes légitime des mesures de protection, de réglementation, d'interdiction. Contradictions de l'âge néo-individualiste qui exprime le basculement du suicide dans le cadre de la seule morale interindividuelle : il n'y a plus de devoirs envers soi-même, ce n'est que le respect de la vie d'autrui et la considération de la fragilité psychologique des personnes qui soustendent le débat de la mort volontaire dans les démocraties contemporaines.

Le droit à une mort douce

L'attitude vis-à-vis de l'euthanasie est tout aussi significative du glissement postmoraliste de nos sociétés. Dans les États démocratiques « avancés », on assiste en effet à un très large mouvement de légitimation sociale de l'euthanasie[1], la reconnaissance du principe de liberté individuelle face à la mort est à présent dominante : en 1987, 85 % des Français étaient favorables à ce que soit reconnu au malade frappé d'une maladie grave ou incurable le droit d'être aidé à mourir, 79 % déclaraient qu'il faut respecter le désir de mourir du malade s'il l'a exprimé au préalable par écrit, 76 % soutenaient le principe d'une modification du Code pénal afin que ceux qui aident les personnes à mourir ne soient plus passibles de poursuites judiciaires. Même les catholiques pratiquants participent du mouvement : 44 % d'entre eux se déclaraient favorables au principe de l'euthanasie active. Il en va de l'euthanasie comme du suicide : à l'âge du néo-individualisme, les commandements irréfragables des devoirs envers soi-même sont disqualifiés, aucune fin idéale ne dépasse le droit des personnes à disposer de leur propre vie, de leur propre mort.

1. Si la pratique de l'euthanasie volontaire pose des problèmes de morale interindividuelle, sa légitimation sociale illustre l'érosion de la morale dite individuelle.

Depuis les années 1970, congrès, manifestes et associations[1] en faveur de l'euthanasie se multiplient qui dénoncent la « morale insensible » et les dispositions du Code pénal interdisant au corps médical de donner la mort quand celle-ci est voulue et considérée comme un bienfait pour le malade atteint d'une maladie incurable et endurant des souffrances atroces et inutiles. Toutes les associations ne militent pas pour les mêmes objectifs, certaines ne prônent que l'euthanasie passive, d'autres l'euthanasie active si les souffrances du patient deviennent intolérables et si telle est la volonté explicite du sujet. Ainsi les personnes valides sont-elles encouragées à signer un texte précisant les conditions dans lesquelles elles souhaitent voir le corps médical abréger leurs souffrances. Le but essentiel est d'obtenir que les pouvoirs publics reconnaissent la légalité de cette « déclaration de volonté de mourir dans la dignité », ultime expression de l'individualisme revendiquant le droit de mourir à la demande, le droit au « suicide médicalement assisté » : à l'instar de la famille, du sexe, de la procréation, de la religion, le rapport à la mort tend à se recycler dans la logique du droit subjectif et des options libres.

Pour autant, en l'état actuel, le mouvement en faveur d'une *légalisation* de l'euthanasie est loin d'être général. L'Église catholique et le Conseil de l'ordre s'élèvent solennellement contre toute éventuelle modification législative. En commission, les députés européens peuvent adopter un projet permettant de donner la mort à ceux qui en font la demande lorsque l'existence a perdu pour

1. En France, l'« Association pour le droit de mourir dans la dignité » a été fondée en 1980. Depuis sa création, l'association a enregistré près de 30 000 adhésions. On compte, dans le monde, 500 000 militants répartis dans une trentaine d'associations regroupées dans une Fédération internationale.

eux toute dignité, mais le Parlement s'abstient de voter une loi sur laquelle les positions sont très divisées. Même le corps social, lorsqu'il est invité à se prononcer, recule devant la perspective d'un statut légal de l'euthanasie : en 1991, dans l'État de Washington, les citoyens ont rejeté — de peu, il est vrai —, par référendum, une proposition de loi autorisant les médecins à aider à mourir les patients qui le souhaiteraient. Nous assistons à un large processus de légitimation sociale de l'euthanasie et simultanément au refus, au moins par toute une partie de la population, du principe de sa réglementation législative. Certes, les milieux religieux sont les plus hostiles à une modification de la loi, mais, au-delà même de cette sphère, nombreux sont ceux qui se déclarent sensibles aux possibles « dérives » incontrôlables de l'euthanasie, aux pressions psychologiques qui peuvent s'exercer sur les grands malades, aux risques d'erreurs de diagnostic, au risque encore de voir précipiter la mort alors même que le patient peut changer d'avis sans pouvoir toujours s'exprimer. Persistance des impératifs de la morale individuelle ? Pas le moins du monde : nous ne croyons plus au devoir de nous conserver en vie, seuls demeurent le devoir interindividuel de respecter la vie d'autrui et la *peur* d'accorder le droit de donner la mort au corps médical.

Reste que le débat sur l'euthanasie est une nouvelle illustration des antinomies de l'âge postmoraliste : d'un côté est affirmé le droit de chacun de disposer de sa propre vie, de l'autre est reconduit l'interdit éthique d'administrer la mort, fût-ce avec le consentement libre et éclairé des patients. Cette contradiction est-elle socialement indépassable ? Déjà, certains États reconnaissent une valeur juridique au « testament biologique » : en 1990, l'État de New York a adopté une loi selon laquelle tout adulte peut confier, dans une déclaration signée, à une tierce personne le droit de prendre toutes les décisions concernant sa santé, y compris celle de mettre fin à ses jours s'il n'est plus en mesure de le faire. La loi, partout, interdit aux médecins de donner la mort, mais les tribunaux sont fréquemment conduits à admettre des cas limites, à dépénaliser l'euthanasie avec l'appui des circonstances atténuantes, à autoriser l'arrêt de certains traitements : depuis 1986, aux États-Unis, les médecins ont le droit d'interrompre toutes les formes de traitement médical pour les patients en état de coma irréversible s'ils en ont exprimé antérieurement le désir et si leur famille donne leur accord. Depuis près de vingt ans, la jurisprudence des Pays-Bas est de plus en plus libérale qui dépénalise l'euthanasie pratiquée dans certaines conditions précises ; dans cette continuité, une loi est en passe d'être adoptée qui légalisera la pratique de la « mort douce » : les médecins qui administrent l'euthanasie en respectant un certain nombre de conditions (souffrance intolérable du malade, expression libre et réitérée de la volonté de mourir, consultation d'un confrère, information des autorités sanitaires) ne seront plus poursuivis devant les tribunaux. Les démocraties contemporaines hésitent entre deux voies : celle rigide du refus de l'« homicide légal », celle, tolérante et personnalisée, de l'encadrement légal de la mort choisie.

À l'évidence, nul n'est à même de savoir laquelle de ces deux tendances l'emportera dans l'avenir : l'hostilité persistante envers la légalisation est-elle un « archaïsme » culturel appelé tôt ou tard à disparaître sous la pression accrue des droits subjectifs ou représente-t-elle une tendance lourde de l'âge individualiste ? Les progrès scientifiques, le développement des soins palliatifs peuvent sans doute modifier quelque peu les données du problème, mais il serait naïf de croire qu'ils supprimeront dans tous les cas la question. Est-il pensable, est-il probable que dans des sociétés où le droit de chacun à disposer de sa vie est massivement légitime, où la douleur est un scandale intolérable, soit rejetée indéfiniment la reconnaissance légale de l'euthanasie, dès lors que celle-ci est clairement demandée et répétée par les malades ? On peut en douter. Le combat pour le droit de mourir dans la dignité n'en est qu'à son commencement.

Certes, toute connotation de morale individuelle n'a pas disparu. Dans la mort volontaire est salué l'ultime acte de liberté de l'homme refusant la déchéance et la dégradation de soi, le droit à l'euthanasie est fréquemment légitimé au nom de la dignité humaine : il s'agit de mourir debout, non comme « une viande de laboratoire ». Cela étant, il est difficile de ne pas voir que ce qui sous-tend avant tout la nouvelle légitimité de l'euthanasie est moins une raison morale idéale que l'horreur existentielle suscitée par les agonies interminables, par la frénésie thérapeutique et les souffrances inutiles. Dans nos sociétés, la souffrance physique est devenue psychologiquement intolérable, c'est notre fragilité face à la douleur, notre incapacité à affronter l'idée ou le spectacle du calvaire qui nourrit l'approbation de masse des actes d'euthanasie voulue. Le crédit collectif dont bénéficie l'euthanasie est autant à relier à l'hypersensibilité contemporaine à la douleur qu'à l'élargissement de la logique des droits subjectifs ; ensemble ils ont imposé le droit individualiste à une « mort douce », le droit à ne pas souffrir, à accélérer le processus de la mort. L'agonie est devenue « inhumaine » : ce qui est moralement digne, ce n'est plus le devoir de vivre et d'accepter la douleur, c'est le devoir du médecin d'abréger les souffrances et de respecter la volonté des patients.

La vague en faveur de l'euthanasie volontaire est l'occasion de corriger l'image caricaturale de l'individualisme postmoraliste véhiculée par ceux qui l'assimilent à une culture « folle », rebelle à toute moralité. L'analyse est courte qui voit dans le pouvoir débridé de la techno-science et l'expansion des droits subjectifs la même logique déchaînée conduisant à la négation de l'humanité de l'homme[1]. Au vrai, loin que l'essor de l'individualisme nourrisse invariablement la marche irrépressible de la technique, il est aussi bien ce qui s'emploie à en arrêter les excès démiurgiques. Tel est le sens de la revendication du droit à l'euthanasie qui est d'abord le refus de l'acharnement thérapeutique, dénonciation du jusqu'au-boutisme de la médecine parfois plus soucieuse de maîtrise pour la maîtrise que de « justes soins ». Sans doute le droit à l'euthanasie est-il une manifestation exemplaire de l'individu-roi, mais dans le même temps il signifie une demande de *limites* concernant le pouvoir médical lui-même. Il faut récuser l'idée que la dynamique des droits individualistes travaille par essence à l'abolition des barrières constitutives de l'humain : de fait, elle fonctionne ici comme vecteur d'*humanisation* de la pratique médicale, elle s'emploie à privilégier la « qualité » de la mort par rapport à la performance technicienne, à respecter la volonté des vivants jusqu'au seuil de la mort. N'en déplaise à la pensée néo-conservatrice, la culture individualiste contemporaine n'est pas synonyme de barbarie : que fait-elle, en l'espèce, sinon favoriser les valeurs humanistes, refuser la prolongation démentielle et inhumaine de la vie,

1. Bernard Edelman, Marie-Angèle Hermitte, Catherine Labrusse-Riou, Martine Remond-Guilloud, *L'homme, la nature et le droit,* Paris, Bourgois, 1988, en particulier pp. 287-307.

exiger la prise en compte des volontés de ceux qui souffrent atrocement ? Il est simpliste de croire que l'univers de la techno-science et celui de l'individualisme soient sans dissonance : des contradictions surgissent de leur développement spécifique, l'intérêt des individus et l'intérêt de la science ne vont pas nécessairement de concert. L'essor des valeurs individualistes et l'érosion des devoirs traditionnels n'abolissent pas tout interdit, ils ont conduit précisément à l'exigence de nouvelles bornes éthiques face aux pouvoirs accrus de la science. Il n'y a pas à désespérer du libéralisme postmoraliste : la demande de reconnaissance des droits subjectifs concernant sa propre mort va dans le sens d'une éthique ayant le respect de l'homme pour finalité suprême.

CHOISIR SON CORPS ?

Parallèlement au processus de légitimation sociale de l'euthanasie-délivrance, nous sommes témoins d'un ensemble de transformations ayant trait à l'impérativité classique des principes éthiques gouvernant la personne en son corps. Changement de sexe, commercialisation du corps et de ses produits : autant d'évolutions indiquant le recul des devoirs traditionnels envers soi-même et la montée en puissance corrélative du droit à l'autodétermination subjective, du droit individualiste à la libre disposition du corps.

Selon la problématique classique des devoirs envers soi-même, l'homme ne peut altérer, pour des raisons psychologiques ou commerciales, son intégrité physique : l'amputation volontaire de ses organes est, dans ces cas, un acte moralement inadmissible, une dégradation de la dignité humaine assimilable au suicide. Kant pouvait ainsi considérer la castration en vue d'une vie de chanteur comme une forme de « suicide partiel[1] ». L'amputation de ses membres est immorale au même titre que le suicide : dans les deux cas, il y a crime contre sa propre personne, le corps étant utilisé uniquement comme un moyen pour échapper à une situation pénible ou pour en tirer quelque profit personnel.

La réconciliation transsexuelle

Peu à peu notre époque voit cette intransigeance reculer. Ainsi le droit à disposer de son identité sexuelle et civile gagne-t-il du terrain dans la foulée de l'extension du droit à gérer librement sa vie privée. Certes beaucoup de pays ne reconnaissent pas le transsexualisme, mais de fait l'opération chirurgicale est souvent tolérée, voire déclarée licite ou prise en charge par la Sécurité sociale (Grande-Bretagne, France). Même s'il y a davantage de résistance à la reconnaissance de la modification de l'état civil, nombre d'États (États-Unis, Suède, Allemagne, Espagne, Canada) se sont déjà engagés dans cette voie. D'autres, il est vrai, la refusent, mettant en avant le principe d'indisponibilité de l'état des personnes ou la constatation de l'impossibilité de changer de sexe biologique. En France, les arrêts de la Cour de cassation datant de 1990 ont déclaré illicite la modification d'état civil au motif que « le transsexualisme, même lorsqu'il est médicalement reconnu, ne peut s'analyser en un véri-

1. Kant, *op. cit.*, p. 97.

table changement de sexe[1] » : les modifications anatomiques et hormonales ne changeant le sexe qu'en apparence et non pas réellement, c'est-à-dire chromosomiquement, le droit français refuse d'admettre le changement juridique de sexe. Attitude dont l'extrême rigidité va manifestement à contre-courant de l'esprit du temps : c'est pourquoi, dès 1990, la Commission européenne des droits de l'homme a pu conclure, en l'espèce, à la violation, par le droit français, de l'article 8 de la Convention européenne des droits de l'homme garantissant à toute personne le respect de sa vie privée et familiale. Dès lors que s'impose le secours thérapeutique à personne en détresse et que le droit à la vie privée comprend « le droit d'établir et d'entretenir des relations avec d'autres êtres pour le développement et l'accomplissement de sa propre personnalité », une pente lourde oriente les démocraties vers l'autorisation de la mutation transsexuelle, la rectification légale et volontaire de l'état civil, le mariage des transsexuels. Transformation postmoraliste des législations qui, à coup sûr, ne concerne qu'une infime minorité de personnes mais qui illustre le triomphe de l'éthique des droits et de l'épanouissement subjectifs, au détriment de la morale catégorique des devoirs envers soi.

Déplorable évolution du droit vers la négation de la dignité de la personne en soi ? « Sauvagerie indomptée » du droit subjectif mettant en cause aussi bien l'ordre social que les repères symboliques de la différenciation sexuelle et le principe même d'humanité[2] ? Un même

1. Sur le commentaire juridique de ces décisions, Michelle Gobert, « Le transsexualisme ou de la difficulté d'exister », *La Semaine juridique*, 5 déc. 1990. À propos de jugements antérieurs, Lucien Linossier « Le transsexualisme : esquisse pour un profil culturel et juridique », *Recueil Dalloz*, 20 mai 1981.

2. B. Edelman et *al*..., *op. cit.*, pp. 172-175.

catastrophisme oriente la dénonciation antilibérale des pratiques dites prométhéennes-démoniaques des biotechnologies et celle du changement transsexuel. Mais quelle crédibilité accorder à ces menaces apocalyptiques quand on connaît l'extrême marginalité du phénomène transsexuel ? Comment souscrire à ces réquisitoires quand le dépassement des limites naturelles et la remise en cause du principe de l'indisponibilité de l'état des personnes permettent, au contraire, de *réconcilier* le sujet avec lui-même, de respecter davantage les *exceptions* et les aspirations humaines complexes conformément à un authentique idéal humaniste ? La morale des devoirs individuels proscrivait la mutilation volontaire de ses organes comme offense à l'humanité de l'homme ; l'époque postmoraliste au contraire peut s'honorer de prendre en compte le droit à la personnalité singulière, à la réunification du moi par-delà les limites naturelles du corps. La nature n'a pas de caractère sacré : corriger ses « anomalies » sources de souffrances n'est pas un acte diabolique, c'est un progrès humaniste. L'âge de l'après-devoir signifie la victoire progressive du droit à disposer de soi-même sur les devoirs inconditionnels, du psychologisme sur le moralisme, du « sexe psychologique » sur le « sexe morphologique ». Non pas barbarie individualiste, mais montée en puissance de valeurs plus tolérantes et droit à « géométrie variable » où les principes d'immutabilité de l'état des personnes et de respect du corps humain ne sont plus conçus de façon absolutiste.

Marchés du corps et propriété de soi-même

L'extension du droit individualiste à disposer librement de son corps et l'éclipse des devoirs envers soi-même trouvent encore une illustration exemplaire dans le phénomène récent des maternités de substitution lucratives. Dans un certain nombre d'États, il est devenu en effet licite, pour une femme, au nom du droit sur sa propre personne, de « louer » son utérus et de réaliser un enfant contre rémunération. D'ores et déjà, des fractions de l'opinion publique ne sont pas indignées par l'opération et plusieurs législations reconnaissent le procédé. Aux États-Unis, la cour de New Jersey a admis en 1987, dans la célèbre affaire « Baby M. », le principe des contrats « commerciaux » de gestation au motif que la femme est libre de disposer de ses facultés reproductrices ; en Grande-Bretagne, les démarches et agences commerciales visant à fournir les services d'une « mère porteuse » sont interdites, mais l'accord privé d'indemnisation ou de rémunération entre le couple demandeur et la femme gestatrice est licite. La procréation est entrée dans l'âge postmoraliste du libre-service individualiste et du contrat marchand, en opposition frontale avec les commandements de la morale individuelle traditionnelle interdisant de considérer son corps comme un simple moyen.

Cela dit, les réponses éthiques et juridiques apportées à la question sont loin d'être uniformes. Si certaines législations admettent l'opération d'autres la prohibent. Les opinions publiques sont largement divisées : en 1984, 35 % des Françaises étaient favorables au principe du contrat de maternité pour autrui, mais 54 % des Français se déclaraient hostiles. Les positions ne recoupent même plus l'opposition des conservateurs et des progressistes : les mêmes qui défendent le droit à l'avortement peuvent rejeter le marché des mères porteuses. À l'évidence, la promotion des droits individualistes ne conduit pas à la tolérance absolue, unanime, en matière de procréation artificielle : quelle que soit la progression du libéralisme des mœurs, il est loin d'avoir gagné uniformément toutes les sphères. C'est une illusion de croire que la société individualiste glisse inéluctablement vers la permissivité généralisée : au droit de disposer de son corps s'oppose, en effet, une double exigence également démocratique, celle de protéger les enfants et celle de protéger les sujets contre les diverses formes d'esclavage, d'exploitation ou de « déshumanisation » rendues possibles par l'extension de la logique marchande. Cet antagonisme des valeurs n'est ni marginal ni en voie de disparition, il est au cœur du débat éthique des sociétés ouvertes. Jusqu'où peut-on disposer de son propre corps ? La liberté individuelle peut-elle aller jusqu'au droit de commercialiser ses organes reproducteurs ? Autant de questions qui fractionnent les opinions démocratiques sans que la morale dite individuelle soit mobilisée. Ce n'est pas l'abolition progressive de tous les interdits moraux qui accompagne la liquéfaction des devoirs individuels et l'exacerbation des droits subjectifs, c'est la fragmentation du consensus moral et l'indétermination de l'idée de dignité humaine. Il n'y a plus de désaccord de fond sur l'égale dignité des hommes, il y a désormais flottement social sur les définitions du digne et de l'indigne, l'idée de respect de soi-même est entrée dans l'ère de l'incertitude et du débat individualiste.

Il est vrai qu'en stigmatisant la « prostitution de l'utérus » ou les « mères mercenaires », nombres d'adversaires du procédé reconduisent la problématique traditionnelle de l'obligation des devoirs envers soi-même. Pourtant l'essentiel de la critique des mères porteuses est ailleurs, la condamnation portant moins sur l'inobservation des devoirs individuels de respect vis-à-vis de soi que sur l'exploitation de la misère des femmes contraintes de « fabriquer » un enfant contre rémunération : les mères de substitution ne sont pas des femmes fautives, elles sont perçues avant tout comme des victimes de l'argent-roi. L'immoralité n'est pas du côté de la femme gestatrice, elle est du côté de la loi qui l'autorise, des intermédiaires qui en tirent profit, du contrat inhumain stipulant le droit de séparer une mère de l'enfant qu'elle a porté. L'obligation moraliste de se considérer comme une fin en soi est devenue un principe secondaire ; ce qui est passé au premier plan, c'est l'attitude postmoraliste soulignant la frustration affective des mères porteuses, la violence psychologique subie par les femmes. Le psychologisme a remplacé le moralisme, la protection de la personne, les injonctions culpabilisantes. Il n'est question que de défendre la liberté et l'intégrité des sujets contre l'inhumanité de l'argent dominateur.

Le dissensus de la société hors-devoir se retrouve dans l'ensemble des phénomènes concernant la commercialisation du corps. Certains États ne reconnaissent que le principe d'indisponibilité du corps et le don bénévole, les organes, le sang ou le sperme ne pouvant être vendus ; le corps humain, à quelques exceptions près, est soustrait à l'échange marchand, conformément au principe selon lequel ce qui a une dignité n'a pas de prix [1]. D'autres, au contraire, admettent la vente du sang ou du sperme, autorisent la rémunération de cobayes professionnels dans la recherche médicale, reconnaissent un droit de propriété commerciale sur le corps. Quelques-uns n'interdisent pas la commercialisation d'organes tels que le rein. Des philosophes et des économistes ultra-

1. En 1985, 8 Français sur 10 considéraient que le principe de non-rétribution du don de sperme ou de sang devait être maintenu.

libéraux, tirant toutes les conséquences du principe de libre disposition de son propre corps, reconnaissent la pleine légitimité d'un marché libre des organes à transplanter et dénoncent la morale socialement nuisible de l'inaliénabilité du corps qui viole le droit de propriété privée de soi-même [1]. À l'évidence, les clivages éthiques et juridiques sur les réponses à apporter aux problèmes soulevés par le commerce du corps ou des produits qui en sont issus sont loin d'être résorbés. L'idée de respect de la dignité humaine est partout placée au premier rang des valeurs démocratiques, mais sa traduction concrète est livrée à une large divergence interprétative.

Est-ce à dire que nos sociétés n'ont plus aucun repère, que nous soyons condamnés au relativisme total des valeurs ? Oui et non. Certes, une société libérée de l'emprise des dieux, qui érige en principe cardinal l'autonomie de l'individu vivant en société, ne peut qu'engendrer un débat sans fin sur les droits qui l'expriment et les limites à apporter à cette liberté : tout, philosophiquement, est ouvert à la polémique, aux interprétations plurielles, aux perspectives concurrentes. Mais *socialement* de très fortes majorités, de larges unités de vue se recomposent, au moins pour certaines questions : dans le principe, le suicide, l'euthanasie volontaire, la contraception ne sont plus stigmatisés que par des courants minoritaires, l'âge postmoraliste produit du désordre axiologique et dans le même temps une sorte « d'équilibre » social dans le rapport aux valeurs suprêmes. Il en va de même pour les problèmes relatifs au commerce du corps : vendre son sang ou louer son utérus sont des usages du corps largement débattus, non la vente d'un rein ou la cornée des yeux. Au

1. Bertrand Lemennicier, « Le corps humain : propriété de l'État ou propriété de soi ? », *Droits*, n° 13, 1991, pp. 111-122.

moins dans le cadre européen, le domaine des prélèvements d'organes ne suscite guère de polémique de fond : l'amputation des organes en vue d'une fin marchande est illicite, moralement scandaleuse, attentatoire au respect de la personne humaine. Cette tendance éthique dépasse manifestement l'Europe : le Conseil exécutif de l'Organisation mondiale de la santé va également dans le même sens en exigeant la prohibition de tout commerce d'organes. Il n'est pas vrai que l'âge néo-individualiste glisse vers l'anarchie morale : les trafics d'organes peuvent être pratiqués, ils n'en sont pas moins massivement illégitimes, perçus comme inhumains par l'opinion publique des nations démocratiques. Quelle que soit la légitimité dont bénéficient, ici et là, certains aspects de la marchandisation du corps, tout, de fait, n'est pas moralement admis ; des restrictions, des limites, des seuils de protection sont exigés par la conscience morale commune. L'extension du droit à disposer de son corps ne conduit pas à la dissolution de tous les interdits éthiques : il en va ici comme pour les procréations médicalement assistées, la dynamique individualiste arrête d'elle-même la liberté, elle réinscrit des barrières fût-ce sans les commandements de la morale individuelle, elle exige en particulier des devoirs de protection d'autrui, fussent-ils minimaux, au nom même des droits de la personne à la vie, à la liberté, à l'intégrité. Tel qu'il se déploie socialement, le néo-individualisme signifie plus de droits subjectifs à disposer de soi, mais aussi plus de légitimité de l'idée de protection de la personne par la loi [1] : cette double exigence d'essence démocratique est à la racine du *désordre homéostatique* définissant l'époque délivrée du devoir pur.

1. Il faut être aveugle pour ne pas voir que la logique du marché

LA FIÈVRE HYGIÉNISTE

Si l'homme doit respecter sa propre vie, il doit non seulement se conserver en vie mais s'abstenir de toute forme d'intempérance, veiller scrupuleusement à l'entretien de son corps, « se conserver dans la perfection de sa nature » (Kant) : tel était le credo de la morale individuelle qui, à son époque ascendante, a délivré partout des leçons d'hygiène, élevée au rang d'impératifs éthiques supérieurs. Jusqu'au milieu de notre siècle, la propreté et l'hygiène ont été prescrits comme autant de devoirs vis-à-vis de soi-même, les manuels de morale scolaire, la littérature philanthropique, les traités d'hygiène populaire ont fixé avec précision et solennité les impératifs de propreté corporelle, les obligations d'hygiène du vêtement, de l'alimentation et de l'habitation. La propreté est exigée au nom du respect des autres mais aussi du respect de soi-même : « Si l'homme s'habitue aux haillons, il perd inévitablement le sentiment de sa dignité et, quand ce sentiment est perdu, la porte est ouverte à tous les vices », écrivait C.E. Clerget dans le deuxième tiers du XIXe siècle [1], l'âme doit être logée dans

étendue systématiquement au corps et à ses éléments peut engendrer de nouvelles formes d'esclavage consenti et menacer gravement le respect dû à l'homme. Mais tout échange marchand concernant le corps (sang, expérimentation médicale sur l'homme) ne met pas nécessairement en question l'humanité de l'homme. Les manichéismes et déclarations indignées qui fustigent toutes les formes de rémunération ayant trait au corps expriment davantage un vertuisme idéologique qu'un souci raisonnable des droits de l'homme.

1. Cité par Georges Vigarello, *Le propre et le sale,* Paris, Seuil, 1985, p. 209.

un corps propre et pur, « la propreté c'est la vertu du corps ». En inculquant les devoirs d'hygiène, on ne donne pas seulement les moyens de renforcer la santé, on fait œuvre de redressement des volontés et de moralisation des masses parce qu'« un peuple ami de la propreté l'est bientôt de l'ordre et de la discipline[1] ». À l'époque moderne, l'effort hygiéniste et les projets d'assainissement social et moral sont allés ensemble, l'Armée du Salut adoptera pour maxime « Soupe, Savon, Salut », la propreté du corps ne fait qu'annoncer celle des mœurs. Alors que la saleté est signe de paresse et vice de l'âme, la propreté révèle l'amour de l'ordre et le respect de soi, les qualificatifs les plus sévères, les plus culpabilisants sont appliqués à ceux qui négligent les devoirs d'hygiène : dangereux pour lui-même et pour les autres, le « crasseux » ne mérite que rejet et mépris collectif.

De la même manière, la sobriété et la tempérance ont été magnifiées comme des commandements supérieurs. Dans les manuels scolaires, les enfants sont invités à se détourner du tabac qui dégrade les facultés de l'esprit, affaiblit la volonté, représente de l'argent gaspillé pouvant être utilement utilisé ailleurs. L'intempérance est l'une des plus graves atteintes que l'homme puisse porter à sa propre dignité ; l'ivrogne n'a plus rien d'humain, c'est un « être bestial et répugnant » qui se dépouille de sa nature raisonnable et morale, il perd tout empire sur lui-même et dégrade peu à peu toutes ses facultés. Ligues de moralité, école laïque, philanthropes et hygiénistes se rejoignent sur ce point : l'alcoolisme

1. La formule est de Moléon, rapporteur du Conseil de salubrité en 1821. Citée par Alain Corbin, *Le miasme et la jonquille*, Paris, Aubier, 1982, p. 185.

fait de l'homme une brute, « une bête hideuse et malfaisante », il ruine familles, nations et descendances. Pourvoyeur du vice, l'alcoolisme est dénoncé comme l'une des causes majeures des maladies et accidents, crimes et délits ; le père qui court à l'« assommoir » se détourne de sa famille, il perd peu à peu tout bon sentiment, tout respect de lui-même. L'intempérance ne porte pas seulement préjudice à la société, elle souille l'humanité de l'homme en sa propre personne. La liturgie des devoirs envers soi-même s'est partout présentée comme une machine régénératrice disciplinaire, un instrument d'éducation salvateur destiné à redresser la moralité publique et individuelle, à fortifier la vie saine, à empêcher l'atrophie des volontés, cela en suscitant systématiquement de la « mauvaise conscience », en distillant le sentiment laïque de faute, en crucifiant les coupables de manquements à la cause sublime de la dignité humaine.

De l'injonction hygiéniste à l'amour du corps

Il faut garder en mémoire cette page séculaire de la morale intransigeante pour évaluer les inflexions en cours. Le discours hygiéniste est en effet plus que jamais d'actualité mais, simultanément, il s'est détaché de l'ode aux devoirs individuels. Pour l'essentiel, le rapport des individus au corps a cessé d'être pensé en termes d'obligation inconditionnelle, ce sont les référentiels du bien-être et du désir qui sont devenus dominants, en particulier pour tout ce qui a trait à la question du propre et du sale. Dans nos sociétés, l'invitation aux voluptés du corps a remplacé les exhortations culpabilisantes et solennelles à la propreté, il ne s'agit plus de marquer au sceau de l'infamie les senteurs putrides et de contraindre aux gestes austères et volontaristes de nettoiement de la peau, mais de goûter aux plaisirs des bonnes odeurs, émulsions et sels parfumés. Les pratiques d'hygiène ne relèvent plus des devoirs envers soi-même, elles sont célébrées dans le registre des plaisirs intimes, la rhétorique sensualiste, esthétique, intimiste a mis fin aux sermons dirigés contre la saleté et les odeurs nauséabondes. Seuls les détergents et marques de lessive continuent encore d'exploiter ostensiblement le thème de la propreté, partout ailleurs c'est une poétique de la séduction, de l'amour de soi, du bien-être narcissique qui prédomine. Autrefois, le savon était associé à l'énergie, à la santé, à la discipline morale, aujourd'hui les produits de toilette mettent en avant la douceur, le charme des apparences. Finie la thématique de l'obligation envers soi-même et les autres ; la toilette du corps, les soins dentaires et capillaires se rattachent à la séduction et à l'autoséduction : en 1980, 70 % des Françaises reconnaissaient que s'occuper de leur corps pour le soigner, l'entretenir ou l'embellir était un plaisir, contre 30 % qui y voyaient une obligation.

Mais, à mesure que l'hygiène se déleste de sa dimension obligatoire, elle devient une préoccupation prépondérante des individus, mobilisant de plus en plus de temps, d'informations et d'argent. Moins il y a de devoir hygiénique, plus il y a de souci de soi ; plus l'incitation hédoniste gagne, plus il y a de travail quotidien d'entretien corporel et d'autosurveillance. L'éclipse de la morale individuelle coïncide avec un égotropisme de masse obsédé par la forme et la ligne, avide de sport et d'alimentation biologique, de systèmes actifs antirides et de crèmes restructurantes, de régimes diététiques et de produits *light*, nous avons troqué le savoir emphatique de dignité contre le culte égocentrique et stressant de la santé, de la jeunesse, de l'esthétique corporelle. L'après-devoir signifie tout sauf le « laisser-aller » : les passions narcissiques, l'offre en abîme des industries de soins, les pages d'information célébrant sur papier glacé le temple du corps, la sollicitation publicitaire ont plus d'efficacité correctrice que les commandements sévères de la morale individuelle. Jamais le corps n'a été autant objet d'attention, de travail de protection et de réparation : l'utilitarisme individualiste et la séduction des produits de soins et de toilette sont plus performants socialement que l'idéalisme abstrait des devoirs. On ne martèle plus les obligations de respect vis-à-vis de soi-même, on exalte en Technicolor les modèles du corps jeune et séducteur : la dévaluation de l'attitude rigoriste veut dire moins de contraintes autoritaires, mais simultanément plus de contrôle social par les normes « techniques » du corps sain et performatif, moins de culpabilisation mais plus d'anxiété narcissique, moins d'injonctions idéales mais plus de directivité fonctionnelle par l'information, la mode, les professionnels de la diététique, de l'hygiène et de l'esthétique du corps.

La croisade antitabac

Même les récentes campagnes contre l'alcool et le tabac illustrent la vague postmoraliste. À coup sûr, le nouvel hygiénisme n'est-il pas dépourvu de tout esprit de croisade : on décerne des décorations aux organisations et personnalités ayant contribué à promouvoir la société sans nicotine ; aux États-Unis, des agents de sécurité mesurent dans les entreprises le taux d'oxyde de carbone de l'air, des employés pris en flagrant délit de fumer sur leurs lieux de travail sont licenciés ; en

France, la loi prévoit l'interdiction de toute publicité pour le tabac. Quelle que soit la radicalité de ces mesures, le néo-hygiénisme a ceci de caractéristique qu'il ne brandit plus aucun idéal supérieur à la personne elle-même, il ne fait, conformément à la logique de l'après-devoir, que sacraliser le référentiel de la santé, le droit des non-fumeurs, la protection des jeunes ; rares sont ceux qui justifient les nouveaux dispositifs hygiénistes au nom des intérêts de la nation ou de l'entreprise. Les spécialistes de la santé publique dénoncent régulièrement le « désastre sanitaire » de l'alcoolisme et du tabagisme, mais les campagnes d'information ne mettent plus en avant l'effondrement moral de la nation, l'exigence de « régénération physique et morale » des individus, l'indignité de ceux qui ne respectent pas les devoirs individuels d'hygiène de vie. Les arguments catégoriques de la morale individuelle sont devenus obsolètes, ne reste que la problématique postmoraliste de la protection sanitaire débarrassée aussi bien de l'idée d'*obligation* individuelle que d'obligation collective.

Nulle part, il n'est question, à l'instar des années 1920 aux États-Unis, d'instaurer la prohibition de la production et de la consommation de l'alcool et maintenant du tabac, l'objectif est de « convaincre sans contraindre », de sensibiliser l'opinion par spots publicitaires, de dissuader par l'information, de réduire de plus en plus la consommation par l'augmentation du prix du tabac. L'esprit hygiéniste fait florès, mais il est désormais plus soucieux de prise de conscience que d'injonction autoritariste, il appelle moins à l'effort volontariste des sujets qu'à l'élimination des sollicitations dangereuses, il croit moins à la répression qu'à l'impact des données statistiques de mortalité, moins à la pédagogie morale qu'au soutien par l'auriculothérapie, le déconditionnement psychothérapeutique, la cigarette sans tabac ni nicotine. La logique du commandement dirigiste a cédé le pas à celle de la persuasion et de la dissuasion : virage culturel du combat hygiéniste qui illustre typiquement les paradoxes de l'époque hors-devoir. Le verbe est moins sévère, l'action de la société civile plus régulatrice, le discours moins incantatoire, les mesures — au moins pour le tabac — sont plus interventionnistes et sans doute plus pénétrantes sur le long terme. Moins il y a d'odes au devoir, plus le souci de se libérer de l'esclavage de la nicotine et l'anxiété sanitaire s'accroissent ; moins sont brandies les obligations morales individuelles, plus les réglementations détaillées de la vie quotidienne se multiplient et deviennent socialement légitimes ; moins il y a d'éclats répressifs, plus il y a de dispositifs de prévention et d'encadrement serré des comportements : information généralisée, interdiction de fumer dans les lieux publics, interdiction de la publicité, nous voici à l'âge de la dissuasion et de la surveillance postmoraliste.

Face à cette vague hygiéniste, un concert de voix s'est élevé contre ce qui est parfois présenté comme un « nouvel ordre moral ». Sans toujours beaucoup de prudence sémantique, on n'a pas manqué de vilipender, ici et là, le « totalitarisme mou » de nos sociétés, attachées qu'elles sont à extirper les vices privés, à faire disparaître purement et simplement la consommation de tabac, à diriger de plus en plus près la vie quotidienne des individus : depuis Tocqueville, le geste est classique qui peut assimiler toute extension de l'emprise de l'autorité publique à la pente « despotique » douce des démocraties modernes. Et, sans doute, est-il difficile, dans le cas, de nier que les mesures antitabagiques illustrent l'élargissement de la prise en charge détaillée de l'existence collective par l'État moderne. Il est moins convaincant, en revanche, d'y voir à l'œuvre une manifestation *new-look* des ambitions prométhéennes de l'État démocratique administratif. Loin de légiférer contre la volonté collective et d'assujettir la société à une norme extérieure « tyrannique », l'État néo-hygiéniste œuvre dans le droit fil des nouvelles aspirations dominantes, narcissiques et *clean*, obsédées par la santé individuelle, allergiques aux leçons de morale mais favorables aux mesures sociales de régulation-dissuasion des divers « excès ». Même les adversaires des nouvelles politiques de la santé reconnaissent la légitimité voire la nécessité de nombre de mesures prises ; en un sens la guerre antitabac n'aura pas lieu faute de possibilité de pouvoir soutenir raisonnablement la position antagoniste, strictement non réglementaire, jusqu'à ses ultimes conséquences pratiques. Les oppositions réelles qui s'expriment dénoncent l'ampleur abusive des contraintes imposées par l'autorité étatique, non la nécessité des réglementations. Le contresens est manifeste qui assimile les politiques néo-hygiénistes à des projets d'essence totalitaire : au plus profond elles sont *consensuelles* et fonctionnelles, elles traduisent davantage la rétraction libérale des visées politiques contemporaines qu'une volonté démiurgique. L'objectif n'est que de protéger la santé non de faire advenir à marche forcée l'homme vertueux, prolonger la vie, non la changer, réduire les excès nocifs, non extirper la corruption des mœurs. L'action se borne à informer, à interdire la promotion publicitaire, à réglementer l'usage du tabac dans les lieux publics, non à interdire la consommation. L'État s'emploie-t-il à remodeler rationnellement les comportements ? Il n'appelle cependant à aucun sacrifice en vue d'une fin collective supérieure aux intérêts subjectifs. Quelle que soit l'expansion effective du pouvoir administratif sur la société civile, c'est l'État « modeste » libéral qui se déploie, non la puissance prométhéenne, rêvant de reconstruire selon ses plans et de part en part l'homme et la société. Les mégaprojets de régénération sociale et morale sont désormais anéantis, ne reste qu'une volonté de *gestion optimale* des corps : aux visées révolutionnaires de changer la nature humaine s'est substitué un strict *management* opérationnel de la santé.

La vraie menace qui pèse sur les sociétés libérales n'est pas tant l'infantilisation des citoyens et l'hydre du « fascisme doux » que la *dualisation* sociale des démocraties. Alors même que grimpe la fièvre hygiéniste, des pans entiers de la société s'enfoncent dans la marginalité, la pauvreté, la régression sanitaire. Aux États-Unis, le phénomène a pris un aspect particulièrement aigu au cours des dix dernières années : 37 millions de personnes, dont 12 millions d'enfants, sont exclus de tout système d'assurance-maladie, les taux de vaccinations infantiles sont inférieurs de 40 % à ceux des autres pays industrialisés, chômeurs et marginaux représentent plus de 30 millions de personnes, 1 enfant sur 5 vit au-dessous du seuil de pauvreté. À la fin des années 1980, on évaluait à 25 millions le nombre d'Américains prenant de la drogue, 500 000 consommant plus ou moins régulièrement de l'héroïne, 6 millions de la cocaïne. Le culte hygiéniste-narcissique a pour envers la paupérisation, la dislocation des programmes sociaux, la régression des systèmes d'assurance, l'éclatement des formes d'autocontrôle. Les nouvelles démocraties à deux vitesses voient cohabiter les comportements « propres » de la majorité avec les pratiques sanitaires calamiteuses, l'absence de soins, l'escalade de la « défonce » toxicomaniaque de minorités plus ou moins larges. L'individualisme lyophilisé et « bien tempéré » a pour revers l'individualisme *« destroy »*.

L'hygiénisme postmoraliste n'est ni le grand Satan que dénoncent ceux qui voient poindre le totalitarisme dans toute mesure rationalisatrice des comportements privés, ni une politique à l'abri de tout dérapage antilibéral. Il est impossible d'assimiler le courant néo-hygiéniste à une machination liberticide dès lors qu'il s'agit, notamment, de protéger l'espace des non-fumeurs : l'aménagement de lieux séparés est légitime d'un point de vue strictement libéral en raison même du respect dû aux droits des non-fumeurs. La visée n'est pas moralisatrice, elle est d'essence protectrice et individualiste : on ne veut pas être agressé par la fumée des autres, l'intérêt des sujets est seul pris en compte, il s'agit d'aménager la liberté des uns sans contraindre les autres. Conformément à une logique pluraliste ouvrant la gamme des choix individuels, l'organisation d'espaces distincts permet de concilier l'hygiénisme avec les aspirations légitimes à la liberté de vivre sans fumée. D'une autre nature sont ou seraient les réglementations interdisant sans exception de fumer dans tous les lieux publics. Dans ce cas, le droit des uns nie le droit des autres, l'hygiénisme se transforme en police morale, en « terrorisme propre », il introduit un dispositif réglementaire contraire aux valeurs d'une société libérale reconnaissant à chacun le droit de disposer librement de son propre corps tant qu'il ne nuit pas aux autres.

La même équivoque loge au cœur de la question de l'interdiction de la publicité pour le tabac. S'il s'agit de protéger les mineurs, l'interdiction de la publicité peut être tenue pour légitime, l'État intervenant afin d'empêcher une influence jugée néfaste sur des êtres n'étant pas encore reconnus pleinement maîtres d'eux-mêmes et responsables. Mais, dans ce cas, les interdictions ne devraient, en toute logique, ne concerner que les supports et media accessibles aux enfants. La presse pour adultes, en revanche, devrait pouvoir continuer à diffuser de la publicité dès lors que l'on considère les individus majeurs, propriétaires de leur vie, ayant droit à une sphère privée hors du contrôle social. En s'employant à exclure toute publicité pour le tabac, l'État heurte de front les valeurs libérales, il s'arroge le droit de déterminer ce que les citoyens peuvent ou ne peuvent pas voir, les assimilant à des êtres incapables de s'autodéterminer dans leur sphère privée : de telles mesures drastiques sont difficilement compatibles avec une société fondée sur la liberté individuelle et commerciale. N'y a-t-il pas contradiction à rendre illicite indistinctement la publicité d'un produit dont l'existence est légale sur le marché ? Pourquoi interdire la publicité du tabac et seulement limiter celle de l'alcool ? On dit : il est légitime d'interdire une publicité valorisant un produit responsable de dizaines de milliers de morts par an. Mais la voiture ne tue-t-elle pas également en grand nombre ? Nul ne songe évidemment à en prohiber la publicité. Comparaison inacceptable ? Pourtant dans les deux cas, ce n'est pas le produit en tant que tel qui est dangereux, mais l'*excès ou* l'imprévoyance dans l'usage. Mais si seul l'abus doit être combattu, on peut émettre des réserves sur la légitimité de réglementations signifiant, elles, la nocivité *absolue* du produit.

Ces récentes mesures illustrent au plus profond deux tendances contradictoires à l'œuvre dans l'époque de l'après-devoir. L'une est tutélaire, rigide, hyperprotectrice ; l'autre travaille à fixer selon une voie plus libérale, des seuils, des limites, des réglementations à géométrie variable. Interdictions rédhibitoires dans un cas, mesures différenciées dans l'autre : pour être antinomiques, ces deux logiques cohabitent et continueront selon toute vraisemblance à orienter plus ou moins conflictuellement le devenir des démocraties contemporaines.

Face à la drogue

Le rapport de nos sociétés à la toxicomanie éclaire sous un autre jour les ambiguïtés de l'âge de l'après-devoir. D'un côté, les systèmes de réinsertion sociale, les politiques de prévention, la dépénalisation, dans certains États, de l'usage des drogues, les programmes de distribution de méthadone sont autant d'illustrations d'une approche ouverte de la drogue visant davantage à comprendre et à réintégrer les individus qu'à les bannir. De l'autre, nos sociétés réagissent tendanciellement face au phénomène, sur un mode intransigeant et moraliste. Tandis que la guerre contre la drogue apparaît comme une lutte manichéenne du Bien contre le Mal, les thèses de la libéralisation sont mises au pilori comme des positions immorales transformant l'État en dealer et distributeur de mort. À l'heure de la toxicomanie de masse, toute une partie de l'opinion publique voit dans la consommation de drogues un signe de dépravation, un mal radical détruisant tout respect de soi-même. Certes, la condamnation sociale porte avant tout sur les marchands de mort, mais même la consommation privée est à peu près partout considérée comme un délit passible de poursuites ; nos sociétés ne revitalisent pas le discours des devoirs moraux vis-à-vis de soi-même, mais elles stigmatisent ceux dont les pratiques portent atteinte à l'intégrité de leur corps ; nous n'avons plus d'obligations morales individuelles ostensibles, nous avons des interdictions légales et des sanctions pénales ; nous ne glorifions plus les normes idéales des devoirs individuels, nous avons l'éthique minimale de la défense d'autrui et de la société, les réflexes de survie et d'urgence, la panique pure et la répression. Une nouvelle fois se vérifie le fait que l'effondrement de la culture des devoirs n'équivaut pas au laxisme débridé : le moment est à la guerre totale, non à la permissivité.

Dans le même temps, il est vrai, des économistes et des juristes plaident les thèses en faveur de la dépénalisation partielle ou totale de la drogue et envisagent des scénarios de légalisation tant en raison de l'échec des politiques actuelles que des effets pervers de la prohibition. Ici, on réclame la décriminalisation de l'usage de toutes les drogues ; là on défend la légalisation des stupéfiants, le principe de distribution contrôlée, le « commerce passif », en soulignant le fiasco des mesures répressives, les coûts physiques, moraux et financiers qu'elles engendrent en pure perte. Cette nouvelle approche du problème de la drogue n'est ni amorale ni immorale — le but est d'annihiler la narcocratie, réduire la corruption et la criminalité, garantir la « qualité de vie des intoxiqués » par des produits non trafiqués —, elle est postmoraliste. En lieu et place de la prohibition et de la répression, sont privilégiés pragmatiquement la sécurité collective, les droits subjectifs, l'assistance aux toxicomanes. Des pays, en petit nombre, ont adopté avec plus ou moins de succès des législations tolérantes (Pays-Bas, Espagne) en matière de toxicomanie, des expériences sont tentées à contre-courant du tabou de la drogue : le Conseil fédéral suisse a récemment approuvé la distribution médicale d'héroïne à certains toxicomanes avant de leur proposer un programme de sevrage ; à Hambourg comme à Amsterdam ont été mis en place des programmes de distribution gratuite de méthadone, substitut médical à l'héroïne. Autant d'expérimentations libérales qui illustrent l'une des voies, fût-elle ultraminoritaire, du rapport à la toxicomanie dans les sociétés contemporaines se dégageant de la religion du devoir, non de la foi répressive.

Nul n'ignore en effet que ces « expériences » restent très isolées. Tandis que les pressions et critiques de la communauté internationale conduisent à infléchir les politiques libérales, les opinions publiques sont massivement hostiles à l'approche tolérante des problèmes de drogue, qualifiée de laxiste voire de criminelle. À peu près partout la priorité est donnée à la prohibition et à la répression. Même si on assiste aux États-Unis à un regain d'intérêt en faveur des programmes de prévention, 75 % des quatre milliards de dollars consacrés en 1988 à la lutte antidrogue ont été affectés à la répression. Entre 1981 et 1988, la part dans le budget total de la drogue des dépenses allouées au traitement social du problème est tombée de 19 % à 14 %. Crainte d'apparaître permissif aux yeux de l'opinion, peur des effets de la dépénalisation, caractère médiatique des saisies de drogue contrastant avec l'aspect peu spectaculaire des actions de prévention, tout concourt à renforcer l'option répressive, à discréditer les thèses de la libéralisation, à reléguer au second plan la lutte contre la demande. À l'évidence, la culture néo-individualiste n'est pas synonyme de permissivité : l'« amour très désordonné pour l'ordre » dont parlait Tocqueville est plus que jamais d'actualité, la panique sociale accompagne l'époque délivrée des rhétoriques vertueuses. L'individualisme contemporain ne se reconnaît plus dans les injonctions sévères de la morale individuelle, mais il appelle de ses vœux l'interdiction globale de la drogue ; il est tolérant en matière de religion ou de politique, il ne l'est pas en matière de toxicomanie, perçue comme une menace absolue portant sur les vies et libertés. D'essence sécuritaire, l'exigence de sévérité envers la drogue exprime l'obsession individualiste de l'ordre public tout autant que le souci protecteur de l'enfance et de l'adolescence.

L'âge néo-individualiste présente deux faces : l'une libérale-expérimentale-pragmatique, l'autre prohibitionniste et ultra-répressive. Le moment actuel est engagé manifestement dans cette dernière voie, l'éthique « sur mesure » de l'après-devoir est encore loin d'avoir gagné toutes les sphères. Mais le défi de la drogue n'en est qu'à son commencement, le coût budgétaire du combat antidrogue augmente sans cesse, l'offre et la demande s'accroissent, les crimes et les délits liés à la drogue remplissent plus du tiers des prisons mondiales, la totalité des saisies ne concerne que 5 à 10 % du trafic. Rien n'empêche de penser qu'à l'avenir des alternatives à la voie répressive et prohibitionniste ne puissent prendre corps qui favoriseraient la lutte contre la demande, dérangeraient la classification traditionnelle des drogues, légaliseraient la vente du cannabis déjà consommé par de larges fractions de la population, mettraient en place des systèmes de réglementation plus divers, plus « personnalisés », plus audacieux. L'humanisme et le réalisme postmoralistes ont encore du chemin devant eux.

LE SPORT PASSIONNÉMENT

Au-delà même des pratiques hygiéniques de propreté, ce sont les exercices physiques qui, au XIXe siècle et dans la première partie du XXe, ont été annexés par le procès moraliste. Déjà chez Kant, la gymnastique est conçue comme un devoir de l'homme envers lui-même l'éloignant de la mollesse et perfectionnant ses facultés corporelles. Au XIXe siècle, le *Turnen* de Jahn ne se propose rien moins que régénérer la jeunesse et la patrie allemande, il se présente comme l'agent fondamental d'une éducation morale. En France, les buts assignés alors à l'éducation physique sont inséparables de préoccupations morales ; pour Clias et Amoros, la gymnastique a charge de développer les sentiments généreux, l'indépendance du caractère, l'amour de la liberté, elle porte en elle un devoir-être : tremper les volontés, se dépasser soi-même, édifier un monde moralement meilleur[1].

Même si le sport moderne s'est d'emblée situé sur le plan du jeu et de la joie en plein air, il ne s'est pas non plus développé sans visée explicite de formation morale. Certes, le sportif n'accomplit pas un devoir fastidieux, mais, dans la compétition, il apprend le courage, la loyauté, le dépassement de soi. Arnold puis les coubertiniens verront dans le sport une école de moralité cultivant le goût de la lutte, le sens de l'effort, la solidarité, le désintéressement. Jusqu'au milieu du siècle, la référence aux vertus sera centrale dans les représentations du sport : s'il faut le louer et l'encourager, c'est qu'il développe les plus hautes qualités morales. Les courants de pensée les plus adverses partageront l'idée du salut et de la renaissance morale par le sport, Bergson l'admire pour la confiance en soi qu'il favorise, Brasillach et Drieu l'exaltent comme instrument d'apprentissage du

1. Jacques Ulmann, *De la gymnastique aux sports modernes*, Paris, Vrin, 1977.

devoir, de l'esprit d'équipe, de la fierté du corps, toutes ces vertus écrasées par la société bourgeoise. Même le spectacle sportif a partie liée avec le principe moral, il doit suggérer une dimension idéale, ne pas se réduire au seul divertissement, servir à la « musculation morale de l'homme » selon l'éloquente formule de Coubertin. À l'âge moderne héroïque, le sport s'est présenté comme une pédagogie morale, un apprentissage des vertus.

Vers l'egobuilding

En quelques décennies, cet univers idéaliste s'est décomposé. Le sport s'est débarrassé du lyrisme des vertus, il s'est mis à l'heure de la logique postmoraliste, narcissique et spectaculaire. Aujourd'hui, le sport de masse est pour l'essentiel une activité dominée par la recherche du plaisir, du dynamisme énergétique, de l'expérience de soi : après le sport disciplinaire et moraliste, voici le sport-loisir, le sport-santé, le sport-défi. Nous n'attendons plus rien d'autre de la pratique sportive que sensations et équilibre intime, valorisation de soi et évasion, « ligne » et détente, ce n'est plus la vertu qui légitime le sport[1], c'est l'émotion corporelle, le plaisir, la forme physique et psychologique, il est devenu un des emblèmes les plus significatifs de la culture individualiste narcissique centrée sur l'extase du corps.

Certes, voit-on se multiplier les activités physiques à

1. Tous les liens entre moralité et sport ne sont pas néanmoins rompus. Ils réapparaissent de nos jours au moment où les jeunes des milieux défavorisés enflamment leurs quartiers. Si le sport n'est plus reconnu comme un véhicule de moralité supérieure, on y voit néanmoins un moyen de valorisation individuelle et d'insertion sociale permettant de juguler les violences collectives.

base d'endurance et d'effort (marathon, body-building, aérobic), d'émotions fortes, de risques et d'aventures (ski et kayak extrêmes, raids motorisés, expériences de survie, benji, parapente, rafting et autres canyoning). La discipline de l'effort, les pratiques qualifiées parfois de « puritaines » sont dans l'air du temps après la vague de l'hédonisme *cool* polysensualiste. Pour autant, cela ne signifie pas le recul de la logique narcissique. Nulle part, il n'est question de bonification morale et de transcendance vertueuse, les individus s'entraînent pour eux-mêmes, pour s'entretenir, pour se dépasser, y compris dans le risque et la « mortification » physique. Le principe de performance se démocratise, mais simultanément il se personnalise et se psychologise, finalisé qu'il est par la gestion utilitariste du capital-corps, par l'optimisation de la forme et de la santé, par l'émotion de l'extrême. À présent, l'esprit de performance allie la compétition interpersonnelle avec la compétition par rapport à soi-même, il se mesure avec autrui pour affirmer l'ego autoconstructeur triomphant de lui-même. La découverte de son propre potentiel, l'équilibre intime, le mieux-paraître individuel, la victoire sur soi sont devenus premiers, ce sont eux qui gouvernent les efforts d'endurance et de musculation, eux qui réorientent la demande vers des activités adaptées à l'âge et à la force : place au cardio-funk, au fitness, au « personnel training ». Dans l'effort sportif, l'individu s'autoconstruit à la carte sans autre but qu'être « plus » lui-même et valoriser son corps : l'*egobuilding* est un productivisme narcissique. Jamais dans les sociétés modernes on a aussi peu prescrit les devoirs de l'individu envers lui-même, jamais celui-ci n'a autant travaillé au perfectionnement fonctionnel de son propre corps.

Il serait naïf, pourtant, de croire que la performance,

même de type narcissique, ait remplacé purement et simplement les pratiques ludiques et hédonistes. Massivement, les activités restent tributaires du sport loisir, de curiosité et de détente. Le succès notamment du tennis, du « vélo tout-terrain », des sports en eaux vives (canoë-kayak, raft, hydrospeed) témoigne des limites de l'idéal performatif « ascétique ». Bien sûr, s'affirment de plus en plus les désirs de formation et de progression individuelles, stages et séjours sportifs se multiplient : en quelques années, le sport a réussi à entrer dans l'ère de l'enseignement de masse personnalisé. Mais, simultanément, les mêmes qui s'inscrivent dans des stages pour progresser sont fréquemment des pratiquants irréguliers, des vacanciers, qui recherchent moins des trophées que le jeu et les sensations physiques, moins l'excellence que l'expérience de la nature et la convivialité, la variété et la découverte : c'est ainsi que des organismes proposent maintenant des stages-séjours multi-activités et des stations de montagne, des cartes forfaits donnant accès aux sports d'eaux vives. À côté de l'exigence du progrès performatif se déploient les désirs distractifs et polymorphes de progrès-jeu : la demande d'initiation sportive de masse ne signifie ni frénésie professionnaliste généralisée, ni relégation des finalités ludiques, mais constructivisme hédoniste, nouvelle figure de l'individualisme sportif aspirant à un niveau *moyen* de performance, à des progrès valorisants sans la discipline austère des entraînements intensifs.

Sport, démocratie et volonté de puissance

L'âge moraliste du sport est terminé, c'est le *sport-mode* qui se déploie. Le sport vertuiste s'est métamorphosé en sphère recyclée par la logique de la marchandisation, de la différenciation marginale, du renouvellement accéléré. L'univers du sport ne cesse d'élargir ses gammes d'activités, de diversifier et décliner l'offre : parallèlement au ski, il y a maintenant le monoski et le surf des neiges ; à côté du canoë-kayak, on propose le raft, le hot-dog, l'hydrospeed ; la gymnastique se démultiplie en aérogym, stretching, gym tonic, gym harmonique ; même la natation se diversifie en aquabuilding et aquastretching. En une ou deux décennies, le sport est devenu une des manifestations les plus typiques du système de la « mode généralisée [1] » caractéristique de nos démocraties : après les objets « utilitaires », les produits de soins, les industries culturelles, c'est le sport lui-même qui est gagné par l'éphémère, l'hybridation marginale, la séduction du nouveau. Non plus le sport aristocratique des origines, mais le sport-mode à la carte, la promotion accélérée des « produits-sport », le marketing des versions optionnelles correspondant au culte narcissique du corps et de l'animation ; non plus la formation morale des jeunes gens de l'élite sociale, mais l'engouement de masse envers les pratiques et sensations inédites du corps.

Tout aussi significative est l'évolution des représentations sociales accolées au spectacle sportif. Sous la IIIe République, avec leurs allures disciplinaires et militaires, les parades et défilés de gymnastes n'étaient pas conçus comme de simples distractions populaires : la fête-concours de gymnastique se voulait une pédagogie du citoyen diffusant le culte de la patrie et de la république. Plus généralement, c'est l'ensemble des spectacles

1. Sur ce point, Gilles Lipovetsky, *L'empire de l'éphémère,* Paris, Gallimard, 1987.

sportifs qui a cherché à inspirer les valeurs nobles, à éduquer les masses, à favoriser la régénération morale et physique des citoyens [1]. À l'évidence, cette époque est révolue : d'école de moralité, le sport s'est transformé en spectacle de divertissement n'ayant d'autre but que de tenir en haleine le public le plus nombreux. Le sport s'est « démoralisé » : délesté de toute visée idéale ou transcendante, il n'est plus qu'une saga de l'excellence, un des plus grands suspenses de la culture de masse. Le spectacle pur fait la loi : déjà certaines voix n'hésitent pas à proposer de modifier les règles du football, de supprimer le « hors-jeu », d'agrandir le terrain et la surface des buts, afin d'améliorer le caractère spectaculaire des compétitions. L'apprentissage des valeurs n'est plus de saison, ce qui est donné à voir au travers du sport et de ses commentaires c'est le *show* des vedettes et la rivalité des clubs et nations. Après l'âge des pédagogies morales, voici le temps du sport à usage politique ; après l'âge héroïque désintéressé, voici le temps du sponsoring, des stars qui s'achètent et se vendent à prix d'or. Le moment postmoraliste du sport coïncide avec le culte hyperbolique du spectacle, avec les stratégies de communication des marques, avec la personnalisation et la professionnalisation des champions.

On a cherché, ces dernières années, à rendre compte de l'extraordinaire ferveur que manifestent nos contemporains pour le spectacle sportif en faisant de celui-ci l'idéal emblématique de la modernité démocratique et compétitive [2]. La popularité du sport tiendrait au fait

1. Pierre Chambat, « La gymnastique, sport de la République ? », et Georges Vigarello, « Un show quasi universel, les métamorphoses du spectacle sportif », *Esprit,* avril 1987.

2. Alain Ehrenberg, « Des stades sans dieux », *Le Débat,* n° 40, mai-sept. 1986.

qu'il permet de classer les individus les uns par rapport aux autres sur une base *juste,* strictement égalitaire et méritocratique : le vainqueur, en effet, doit sa place à ses propres efforts, non à sa naissance ou à sa fortune, il est un *self-made-man* réconciliant la contradiction moderne de l'égalité de principe et de l'inégalité de fait de nos sociétés. Avec le sport, la justice règne dans la compétition ; il est une épreuve de vérité où les champions, par-delà la race et la classe d'origine, s'affrontent à armes égales, où rien n'est acquis, où le meilleur est celui qui l'emporte par ses capacités. Un idéal éthique, une passion pour l'égalité démocratique seraient ainsi au principe de notre dévotion pour la compétition sportive.

La perspective théorique est juste qui refuse d'assimiler le spectacle sportif à une communion d'essence religieuse. Elle l'est doublement en rejetant les thèses éculées de l'aliénation et de la manipulation. Sur ce point aucun doute : l'amour immodéré du *show* sportif doit être pensé non comme l'expression d'un archaïsme ou d'une aliénation, mais comme une forme typique de la vie des sociétés modernes démocratiques. Reste que, dans le cas, l'analyse amplifie abusivement le rôle joué par les idéaux égalitaires et les passions morales démocratiques. Loin de rendre visible l'idéologie égalitaire dans des manifestations où « tout le monde peut se reconnaître [1] », le sport offre bien davantage le spectacle du hors-commun, de l'exploit, de la perfection gestuelle. Le sport ne nous enthousiasme pas en tant qu'expression de l'éthique égalitaire démocratique, mais en tant que spectacle livrant l'image de ce qui, précisément, *dépasse* nos capacités ordinaires : son ressort est la fascination de l'*exceptionnalité* corporelle rendue possible par la

1. *Ibid.*, p. 59.

voie de la compétition. Ce n'est pas la justice méritocratique et la passion égalitaire qui sont au cœur de la puissance de l'événement sportif, c'est la séduction de la performance athlétique et l'esthétique du défi corporel. Il nous montre moins un processus de classement juste entre égaux qu'un univers réconciliant style et force, tactique et puissance, affrontement et dépassement des limites.

On ne doit pas perdre de vue que tous les spectacles sportifs ne suscitent pas, ô combien, la même effervescence collective. Si l'enthousiasme pour le sport s'enracinait dans le fait qu'il « comble les aspirations égalitaires d'une société organisée hiérarchiquement », comment expliquer le peu d'audience dont bénéficient les niveaux inférieurs ou même moyens des compétitions pourtant d'*égale portée méritocratique* ? Ce qui transporte les masses, ce n'est pas le sport en tant que tel, c'est le sport de haut niveau, les grandes rencontres nationales et internationales, là où la prestation et la dramatisation sont au point culminant. On sait que l'audience télévisuelle pour le sport augmente régulièrement et ce, à la différence du public des stades. Le confort domestique ou le prix des places ne sont pas seuls en cause dans le phénomène : la raison essentielle est plus simple, elle tient en ce que les chaînes de télévision retransmettent principalement les superévénements sportifs, les seuls qui captivent intensément le public de masse. L'intérêt sportif se distribue de manière très inégalitaire : le public ne vibre pas parce qu'il se trouve en présence d'une « épopée de l'homme ordinaire », mais parce qu'il assiste, ravi et ébahi, au spectacle de la virtuosité, de l'inouï, de la prouesse extrême.

« Personne n'a jusqu'à présent déterminé ce que peut le corps », écrivait Spinoza : le spectateur sportif est précisément celui qui attend une réponse chaque fois renouvelée à cette question ontologique non formulée. Que peut le corps ? Faut-il s'étonner de cette curiosité particulièrement vive dans une civilisation où toutes les normes sont à instituer, où toute chose est appelée à être redéfinie, améliorée, maximisée ? Si l'époque moderne se définit par l'avènement d'une éthique humaniste, elle se caractérise tout autant par un travail exponentiel d'appropriation du monde, de transformation du donné, d'optimisation des forces : la culture individualiste est inséparable du dépassement des limites et de l'ambition herculéenne. Le spectacle des stades est un commentaire de cette passion moderne pour l'efficacité, de cet ethos du progrès hyperbolique qu'ignoraient les Anciens : ce qui enthousiasme c'est la mise en valeur optimale du capital physique, l'exploitation exceptionnelle du potentiel humain. Non l'égalité, mais l'« arraisonnement » performant des corps et énergies, les prouesses des athlètes et le monde de la technique rationnelle font partie du même monde. Si les stades se sont bien vidés de leurs dieux, ils n'en vibrent pas moins d'une sourde attente du surhumain à visage humain.

Le succès des grandes rencontres sportives est précisément à relier à l'acte de se surpasser soi-même, de s'élever sans cesse à un degré supérieur de discipline et de puissance. Dans tout exploit sportif, il y a quelque chose de la « volonté de puissance » telle que l'analysait Nietzsche, un acte de s'outrepasser soi-même qui « parle de soi en grand style » : l'athlète de haut niveau est celui qui réussit à marier la puissance et le style, la domination sur soi et la beauté gestuelle. Sans doute le sport réintroduit-il des classements incontestables et des écarts mesurables, mais plus que les résultats c'est le mouvement de la transcendance, l'acte de se surmonter soi-même, le style supérieur de la maîtrise et de la puissance gestuelle qui suscitent l'émotion du public. Plus les performances sont éclatantes, plus l'effort musculaire s'allie à la qualité formelle des jeux et gestes, la haute compétition tend à ressembler à un *art total*, un spectacle où le dépassement des limites s'accomplit dans la perfection esthétique des comportements : dans une époque glorifiant les produits zéro-défaut, les héros des stades participent de la culture de la qualité totale technique et formelle. L'enthousiasme qui saisit le public à l'occasion des grandes compétitions sportives n'est pas le signe de l'« abrutissement des masses », il est l'expression individualiste de la démocratisation du sens de l'esthétique performative des corps.

« Doper, c'est pas jouer »

Cette culture du record illimité n'exclut pourtant pas le surgissement d'une nouvelle croisade : la lutte antidopage. Depuis quelques années, la question du dopage a pris une ampleur exceptionnelle, les athlètes témoignent, les contrôles se multiplient, les crédits affectés à la lutte sont en hausse, les media rivalisent d'informations et d'enquêtes sur les anabolisants, les disqualifications et suspensions de champions défraient la chronique. « Course propre », badge antidoping, contrition d'athlète à la télévision : la morale sportive est à nouveau sur la sellette.

Cette revitalisation de l'éthique sportive ne contrecarre nullement la logique postmoraliste : elle l'exprime. Le but recherché n'est plus en effet une quelconque élévation morale des hommes, il n'est question que de contrôler scientifiquement les compétitions et entraînements, traquer les pratiques préjudiciables à la santé, empêcher la transformation des athlètes en machines sous perfusion. La comparaison avec le passé donne la mesure du phénomène : autrefois, le sport était perçu comme un véhicule de moralité, un moyen en vue d'une fin idéale supérieure. Aujourd'hui la fin poursuivie par l'antidopage n'est plus que la reproduction de la sphère sportive en tant que telle et la morale l'instrument adapté à cette perpétuation : point d'autre finalité que la préservation de la vie et du sport en tant que tel. Le changement est manifeste : le sport n'est plus identifié à une école de moralité, c'est lui au contraire qui a besoin d'être moralisé pour être lui-même. La mythologie du progrès moral est caduque, l'époque postmoraliste ne travaille qu'à la réaffirmation des règles du jeu, elle ne vise à rien d'autre qu'à des compétitions justes sans ombres de la mort. La logique de la superproduction sportive ne veut connaître que le *happy-end* : si elle glorifie le défi, elle exclut la mise à mort. Nous n'avons plus d'idéal de progrès moral, nous nous attachons à fixer des limites afin d'assurer la protection des athlètes et la crédibilité du sport.

Ici encore, toute idée de morale individuelle n'a pas disparu : le dopage est mensonge et déloyauté, il empêche l'égalité des chances des adversaires, « doper, c'est pas jouer ». Mais ces devoirs de droiture sont peu soulignés comparés à l'ampleur des cris d'alarme ayant trait aux effets nocifs ou mortifères des produits dopants. Dans la presse, les articles n'abordent qu'incidemment l'aspect « triche » du phénomène, en revanche on ne compte plus ceux faisant état des conséquences dévastatrices des anabolisants et autres corticoïdes sur l'organisme des champions. C'est un hygiénisme pur qui est au principe de la vague antidopage, les exhortations au sport sain ne campent que sur la ligne minimale du respect de la vie des athlètes. Nous ne croyons plus à la pédagogie vertueuse du sport, nous voulons un sport propre, une écologie du sport, les visions régénératrices ont cédé le pas aux peurs de l'« homme bionique ».

Il en va du dopage comme de la prostitution ou des mères porteuses : ce ne sont plus les commandements de la morale individuelle qui sont au principe du blâme social, ce sont les violations des préceptes de la morale interindividuelle. À l'âge du devoir édulcoré, les athlètes fautifs sont d'abord des victimes, l'indignité ne réside pas tant dans l'inobservation des devoirs envers soi-même (loyauté, conservation de soi) que dans les pressions exercées en vue des médailles et records, le calvaire des prises quotidiennes d'anabolisants, le système hypercompétitif et ses « usines à champions ». Dans ces conditions, la lutte antidopage ne peut se contenter d'appels vibrants à la raison morale, elle exige la multiplication des tests, contrôles et sanctions disciplinaires. L'éclipse de l'éthique sportive du désintéressement et la professionnalisation du sport ont ouvert la voie à deux mouvements antagonistes : d'un côté, l'escalade du doping, le franchissement des barrières, le surentraînement productiviste ; de l'autre, la réactivation de la déontologie sportive et l'intensification de la surveillance des corps. Le mouvement postmoraliste est simultanément désorganisateur et organisateur, ce qu'il libère hyperboliquement d'une main, il l'encadre de plus en plus près de l'autre. Plus que jamais, les devoirs vis-à-vis de soi-même sont étiolés, mais dans le même temps s'impose la légitimité sociale du contrôle scientifique des corps à fin de sécurité des personnes ; les idéalisations moralisantes n'ont plus de vigueur, mais l'exigence s'accroît d'inspecter et de réglementer minutieusement les activités athlétiques. L'extension des droits subjectifs et l'occultation des devoirs individuels ne mènent pas à la dissolution généralisée des valeurs, mais plus fondamentalement au consensus autour de la protection des sujets, au refus collectif du « mouroir de la dope », et ce, quelle que soit la passion suscitée par le spectacle des exploits et records vertigineux. Socialement, la dynamique individualiste ne va pas jusqu'au bout de sa trajectoire centripète indifférente au bien d'autrui, des légitimités, également d'essence individualiste, sont réaffirmées qui viennent contrecarrer les droits outranciers à disposer de soi : la période qui lamine le devoir transgresse sans cesse les limites mais autolimite dans la même foulée le mouvement de l'autonomie des sujets.

DU TRAVAILLEUR DISCIPLINÉ À L'HOMME FLEXIBLE

Dans la liste des devoirs envers soi-même, aucun n'a sans doute été autant encensé socialement que le travail. Notre premier devoir, c'est le travail, notre second c'est la bonté, pouvait-on lire dans les manuels de morale et d'éducation civique du tournant du siècle. Le travail s'est imposé non seulement comme un devoir social mais comme une fin en soi : l'homme a l'obligation morale d'augmenter sa perfection naturelle, de « ne point laisser inutiles et pour ainsi dire se rouillant les dispositions naturelles et les facultés dont sa raison peut avoir par la suite à faire usage[1] ». Pour être digne de l'huma-

1. Kant, *op. cit.*, p. 120.

nité en sa propre personne, l'homme doit travailler et se perfectionner, c'est par le travail qu'il apprend à respecter sa propre vie, qu'il progresse, qu'il se détourne du mal, qu'il acquiert les plus hautes qualités morales, qu'il fortifie sa santé, sa volonté, sa persévérance. Si le travail ennoblit l'homme, la fainéantise le dégrade et le déshonore : oisiveté rime avec vice, le paresseux est un « propre à rien », son intelligence s'appauvrit, nul ne peut compter sur lui, « il est insensiblement réduit à une vie animale : ni dignité, ni liberté, voilà le lot du paresseux [1] ». Les cours de morale laïque ont martelé en chœur la valeur moralisatrice du travail et stigmatisé l'ignominie de la paresse ; la morale individuelle s'est largement identifiée à une pédagogie du « travailleur infatigable », elle a glorifié l'obstacle et l'effort en soi pensés comme viatiques de la liberté et de la dignité humaine.

Cette époque est derrière nous : le travail a cessé, pour l'essentiel, d'être appréhendé comme un devoir envers soi-même. Si l'effort et le travail n'ont nullement perdu leur valeur sociale et individuelle, on ne les exhorte plus comme des fins morales en soi, la persévérance et la difficulté ne sont plus socialement magnifiées, le perfectionnement de ses difficultés n'est plus conçu comme une obligation absolue relative au respect de l'humanité en nous. Corrélativement, plus personne ne désigne les paresseux comme des ratés, « des aigris, des mécontents, bassement envieux et souvent méchants », plus personne n'écrit : « Tout paresseux devient nécessairement un menteur... Nul ne peut compter sur le paresseux ; nulle confiance n'est possible, il excite

1. Jules Payot, *Cours de Morale,* Paris, 1904, p. 84.

une légitime suspicion et on doit le surveiller de près [1]. » Le procès d'édulcoration du devoir poursuit sa course : certes, dans l'entreprise, le peu d'ardeur au travail est combattu, mais, dans l'opinion publique, il prête davantage au sourire qu'au mépris, la sévérité des jugements s'est estompée, il n'est plus indigne de reconnaître une faible inclination à l'effort et de préférer les loisirs au labeur. L'exigence de productivité s'accroît, mais dans le même temps le travail s'est délesté, au même titre que le rapport au corps, de l'idée d'obligation intérieure : ne pas se livrer corps et âme à son travail n'attente plus à la dignité de l'humanité en notre propre personne, les seules fautes impardonnables concernent les « fautes professionnelles » ayant trait à la sécurité des produits et des personnes. Le droit à disposer de sa vie l'a emporté sur le devoir inconditionné de bonifier ses dispositions naturelles, les devoirs dans le monde du travail sont désormais relatifs à l'entreprise et à autrui, non à sa propre personne.

On fustige encore, ici et là, la « France paresseuse », mais ce sont surtout les transformations de l'encadrement et les improductivités de l'organisation technocratique du travail qui sont à l'ordre du jour. À mesure que les impératifs de compétitivité et de flexibilité deviennent plus urgents, le discours du devoir individuel obligatoire fait figure d'archaïsme, remplacé qu'il est par une culture centrée sur la motivation et la responsabilisation, l'initiative et la participation. Il ne s'agit plus d'inculquer la grandeur du devoir personnel en soi, mais plus pragmatiquement de transformer le management des hommes, de trouver les « facteurs de motivation » de l'« entreprise intelligente ». Ce ne sont plus les pané-

1. *Ibid.*, pp. 84-85.

gyriques de l'obligation catégorique qui dominent notre époque, c'est le discours de la valorisation des ressources humaines, les « comportements désirés », l'auto-organisation des équipes, la réorganisation des conditions de travail, les plans d'incitation financière. Après un long cycle hybride de matérialisme taylorien et d'idéalisme du devoir, l'attention se porte sur l'exigence de remporter l'adhésion active des employés en rejetant les formes autoritaires du travail, en prenant en compte le « potentiel humain ». Plus que jamais l'effort et la motivation des hommes sont requis, mais, en vue de cette fin, l'entreprise doit s'engager dans des réformes de structures, changer ses modes de commandement et de rémunérations : le moralisme du travail a été relayé par le réformisme organisationnel et communicationnel. La réalité effective est certes loin de toujours correspondre adéquatement aux principes proclamés, et nul n'ignore que la gestion participative peut se résumer en une simple manipulation de symboles. Mais, vitrine ou transformation réelle, l'aggiornamento postmoraliste est en marche : l'implication des hommes passe par d'autres voies que celle du commandement autoritaire et idéaliste. Tandis que l'accent est mis sur les transformations à apporter aux organisations pyramidales, le travail dans l'entreprise se pense, au moins idéalement, en termes d'autonomie et de participation. C'est en revalorisant l'activité des hommes, en élargissant leurs responsabilités, en inventant des formules de coopération et de redistribution, que l'entreprise s'affirme capable de relever les défis de la flexibilité et de la concurrence : la nouvelle incantation à la « mobilisation des hommes » n'empêche nullement l'entreprise de l'« excellence » d'avoir opéré le virage postmoraliste.

Dans une ère hédoniste et hypercompétitive, la culture

du devoir de perfectionnement de soi n'est plus de saison. Nous ne croyons plus au catéchisme des obligations catégoriques, il faut la « passion du changement », le goût des initiatives, du risque et des expérimentations ultrarapides. Finie l'époque du devoir froid, impersonnel et distant, place à la passion de l'innovation, à l'émotion du dynamisme, à l'« enthousiasme » de la communication ouverte. L'entreprise du « troisième type » n'exige plus l'obéissance inconditionnelle à une loi rationnelle anonyme, elle recommande de « prendre plaisir à se surpasser », elle stimule les champions de l'innovation et l'investissement émotionnel. Selon les hérauts de l'excellence, tout acte doit devenir signe d'initiative et d'implication de soi, l'entreprise doit déclarer une guerre totale aux inerties et rigidités bureaucratiques : à l'obligation morale de se perfectionner s'est substituée l'obligation entrepreneuriale d'être innovateur et flexible, le discours du devoir envers soi-même a été remplacé par la passion hyperréaliste de gagner et la religion de la qualité totale. Dans ces conditions, ce n'est pas seulement le néo-management qui est « paradoxal[1] », mais toute l'époque s'articulant en dehors du devoir : ainsi, moins il y a de devoir envers soi-même, plus il y a de prescriptions performatives et d'impératifs de mobilisation ; moins on célèbre l'obligation intérieure de se perfectionner, plus l'entreprise exalte les gagnants et la volonté de toujours faire mieux ; plus il y a de droits à disposer de soi-même dans la sphère intime, plus l'activité professionnelle exige la disponibilité, l'adaptabilité et l'engagement complet de chacun. La liturgie de l'excellence accompagne l'effacement de la morale indivi-

1. Tom Peters, *Le chaos management,* Paris, InterÉditions, 1988, pp. 462-463.

duelle : telle est la ruse de la raison postmoraliste qui évacue le principe des obligations relatives à soi-même pour mieux dynamiser et impliquer les hommes dans l'entreprise, qui stimule les passions individualistes d'autonomie et d'accomplissement de soi pour mieux réaliser les objectifs de compétitivité des entreprises.

Après la volonté la mobilité

De même que la dissolution de la morale individuelle coïncide avec la seconde révolution individualiste, de même son apothéose historique a-t-elle accompagné le premier moment historique de l'individualisme démocratique, rigoriste et disciplinaire. Le culte des devoirs envers soi-même a exprimé le projet moderne de dégager l'homme de l'hétéronomie religieuse et traditionaliste, la volonté de fonder des règles morales impératives conformes à l'idéal d'une stricte autonomie humaine. Inséparable du processus historique de construction de l'autosuffisance terrestre, le sacre des devoirs individuels l'est tout autant de la valeur fondamentale attribuée, par les modernes, à la formation de la *volonté* dans une époque accusée de créer l'anarchie des tendances, l'éparpillement des esprits, l'affaiblissement des énergies. Libéraux et traditionalistes, progressistes et conservateurs ont en grande partie partagé le même diagnostic alarmiste sur le type de l'« homme actuel » dominé par l'« asthénie de la volonté », le laisser-aller, les conduites délétères. En revitalisant des buts et idéaux supérieurs, en magnifiant les devoirs absolus envers nous-mêmes (hygiène, travail, épargne), les modernes se sont employés à combattre l'aboulie et la dispersion improductive, à créer des âmes plus fortes, plus synthétiques et énergiques, à *éduquer la volonté.*

À coup sûr, l'entreprise morale de renforcer la maîtrise de soi et la lutte contre les faiblesses de l'individu ne sont pas des inventions modernes. Mais ce qui jusqu'alors était assujetti à un idéal religieux ou à des modèles singuliers proposés par des mouvements philosophiques plus ou moins marginaux est devenu exigence générale des sociétés modernes obsédées par la dégénérescence morale et physique des populations, par les dangers de la paresse, de la syphilis et de l'alcoolisme. L'apprentissage et le renforcement continuel de la volonté n'a plus visé, comme dans les morales grecques, à détacher l'homme de la vie sociale en vue d'un autosuffisance extramondaine, mais au contraire à l'intégrer fonctionnellement à l'ordre collectif, à assurer la marche illimitée du progrès humain. Le but essentiel est devenu la production d'un individu utile au monde, maximisant ses potentialités, adapté à la conquête rationnelle de l'avenir. Les odes aux devoirs individuels doivent être pensées comme une pièce spécifique de l'arraisonnement du monde, un dispositif caractéristique de l'orientation futuriste et constructiviste des sociétés individualistes modernes.

Développer les qualités d'énergie et de constance du vouloir, diffuser de nouveaux mécanismes d'autocontrainte, accroître la maîtrise de soi, il s'est agi, parallèlement au processus de programmation rationnelle et détaillée des corps, de produire « idéologiquement » des individus réguliers et disciplinés. Le monde de la discipline « microphysique » des corps analysé par Foucault et celui des devoirs individuels sont à replacer dans la même configuration sociale historique. Certes, dans un cas, la discipline s'effectue par une normalisation automatique ou inconsciente des corps, alors que, dans l'autre, le fondement de l'autocontrainte est la liberté des sujets. Mais, dans les deux cas, s'est mis en place le même schème de la toute-puissance humaine-sociale prétendant s'autodéfinir, s'autoconstruire, s'autodiriger de part en part, mais aussi le même rejet des dressages violents des comportements, le même combat méthodique et rationnel contre toutes les formes d'éparpillement, de confusion et d'anarchie, la même valorisation du contrôle permanent et régulier des individus, le même idéal d'optimisation des forces et énergies. Ainsi la célébration des devoirs d'épargne et d'hygiène quotidienne, les hymnes à l'effort et au travail étaient-ils sous-tendus par le projet de faire advenir des citoyens à la volonté trempée et persévérante, active et dirigée vers une même fin. Renforcer la volonté s'est imposé comme un objectif pédagogique de premier plan, le remède adapté au combat contre les maux du monde chaotique moderne. L'autorité dont a bénéficié la morale individuelle est un des symptômes de la foi moderne dans le vouloir [1], pièce constitutive de l'imaginaire démocratique d'une société autonome tout entière à édifier conformément à la seule volonté des hommes.

L'éclipse de la morale individuelle à laquelle nous assistons signifie précisément la sortie de l'âge sacralisant le vouloir pur. Non que la volonté ou l'effort n'aient plus de crédit social, mais on a cessé de croire à une éducation disciplinaire-rigoriste de la volonté. Ce n'est plus en professant les devoirs supérieurs envers soi-

1. Jules Payot écrit significativement : « N'est-ce pas l'énergie qui fait l'homme tout entier ? Est-ce que sans elle les dons les plus brillants de l'intelligence ne demeurent pas stériles ? Est-ce qu'elle n'est pas l'instrument par l'excellence de tout ce que les hommes ont fait de grand et de beau ? », *L'éducation de la volonté,* Paris, 1911, p. 14.

même que nous pensons pouvoir bonifier les énergies, c'est en changeant la nature du travail et les relations humaines dans l'entreprise ; ce n'est plus la volonté pure et la régularité des caractères que nous privilégions, c'est la flexibilité et l'autonomie créatrice. Les pédagogies austères de la volonté ont cédé le pas aux pédagogies communicationnelles de l'initiative, de l'autonomie, du « développement personnel » ; nous ne valorisons plus l'effort pénible, la permanence, l'obéissance catégorique, mais l'implication de soi et la capacité à se former. L'homme polyvalent apte à se recycler, s'adapter et innover a remplacé l'homme « introdéterminé » ; dans le monde de l'incertitude et de la complexité, il faut des individus multidimensionnels ouverts au changement et à la communication. L'inculcation des devoirs envers soi-même visant entre autres à promouvoir l'individu volontaire, régulier, discipliné a cessé de correspondre aux besoins de la société postindustrielle. Les valeurs d'autonomie individualiste, l'hédonisme de la consommation de masse, puis, plus récemment la concurrence économique et les nouvelles exigences de l'organisation du travail ont œuvré conjointement à créer une culture où la performance individuelle est partout et les devoirs envers soi-même nulle part.

CHAPITRE IV

Les métamorphoses de la vertu

Parallèlement à la dépréciation sociale des devoirs individuels, les sociétés postmodernes ont largement renoncé à professer l'impératif inconditionnel d'honorer les devoirs de la morale interindividuelle. Ils sont rares aujourd'hui les lieux et moments où vibre l'obligation de consacrer sa vie au prochain : tandis que les injonctions catégoriques à faire le Bien sont supplantées par les normes de l'amour de soi, les valeurs altruistes ont cessé d'être des évidences morales aux yeux des individus et des familles. Dans nos sociétés, les informations, les loisirs, les conseils du mieux-être sont plus présents que l'exigence d'accomplir nos devoirs « tout de suite ou jamais ». Les leçons intransigeantes de la morale ont déserté l'espace public et privé, l'impératif maximaliste du cœur pur, les appels au dévouement absolu, l'idéal hyperbolique de vivre pour l'autre, toutes ces exhortations n'ont plus de résonance collective ; c'est partout la dévitalisation de la forme-devoir, l'étiolement du commandement moral infini qui caractérisent les nouvelles démocraties.

Sans doute les actions humanitaires font-elles la une des journaux et les dons altruistes atteignent-ils des sommets inégalés. Notre époque redécouvre la charité et les frissons du cœur : les rockers offrent leurs décibels aux « damnés de la terre », les stars prennent leur bâton de pèlerin et s'engagent pour les bonnes causes, la télévision multiplie les émissions secouristes. Après un cycle dominé par la fièvre politique et la démystification des valeurs, l'esprit du temps fait déferler les bonnes intentions, et le petit écran les actions généreuses : la morale est à nouveau sur le devant de la scène.

Soit. Mais quelle morale ? Un peu partout l'idée de restauration de la morale fait florès sans qu'on s'interroge beaucoup sur la nature même de ce « retour ». Disons-le d'emblée : si aujourd'hui l'éthique bénéficie d'un regain de légitimité, cela ne signifie pas la réinscription au cœur de nos sociétés de la bonne vieille morale de nos pères, mais l'émergence d'une régulation éthique d'un genre inédit. À travers l'effervescence caritative et humanitariste, c'est encore et toujours l'éclipse du devoir qui est à l'œuvre ; sous les vieux habits de la morale s'agence en réalité le fonctionnement postmoraliste de nos sociétés. Ce qu'on appelle avec fort peu de précision le « retour de la morale » ne fait que précipiter la sortie de l'époque moraliste des démocraties en instituant une « morale sans obligation ni sanction » accordée aux aspirations de masse des démocraties individualistes-hédonistes.

L'ALTRUISME INDOLORE

Le recul de l'idéal altruiste

L'éthique peut être sous les feux de la rampe, l'opinion publique, elle, ne cache pas son pessimisme. Le sentiment qui domine sans conteste est celui de la décomposition morale : au début des années 1980, les deux tiers des Européens pensaient que l'entraide entre les personnes ne cessait de régresser, 60 % jugeaient qu'on ne doit pas faire confiance aux autres, une large majorité de Français estiment à présent que leur pays est en train de devenir raciste. Quelle que soit la place occupée par le thème du réveil de l'éthique, c'est bien davantage l'effondrement des idéaux et le déclin moral qui caractérisent, aux yeux de l'opinion publique, le moment contemporain.

En un sens, rien de nouveau sous le soleil. Depuis au moins deux siècles, chaque génération décline avec plus ou moins de virulence l'idée de dissolution des valeurs et de délabrement des mœurs. Aujourd'hui comme hier se fait entendre la même complainte au sujet du monde moderne livré à la violence, à l'égoïsme, aux conflits des intérêts. À peine les mots ont-ils changé : au XIXe siècle on parlait de nihilisme, à présent de « barbarie » et de permissivité ; dans l'entre-deux-guerres, Thierry Maulnier stigmatisait la France « corrompue jusqu'aux os » d'être « une nation d'escrocs, d'eunuques et de voyous », de nos jours, on fustige l'Occident opulent contaminé par l'« esprit munichois », une forte majorité de Français jugent les hommes politiques corrompus. Tout se passe comme si les sociétés modernes ne pouvaient se représenter elles-mêmes qu'à travers le tragique de la décrépitude morale, cet éternel retour de l'idéologie démocratique.

Cette continuité séculaire du sentiment de décadence ne doit pourtant pas oblitérer les changements qui se sont opérés. Jusqu'alors l'angoisse de la crise des valeurs allait de pair avec le projet volontariste de réarmement moral des individus, avec le culte du devoir et la foi dans les pédagogies vertueuses. Une page est tournée : l'époque postmoraliste est celle où l'on ne croit plus à l'exigence d'une éducation morale élevée, où l'inculcation des principes moraux supérieurs n'est plus qu'un but marginal de l'éducation donnée aux enfants. Interrogés en 1989 sur les deux choses que leurs parents leur ont vraiment apprises, les 13-17 ans plaçaient en tête la nécessité de bien travailler pour avoir un bon métier (75 %) et la capacité à se débrouiller tout seul dans la vie (45 %) : le respect des principes moraux n'était cité qu'une fois sur quatre. Plus que tout autre, l'impératif altruiste a perdu son pouvoir d'obligation morale et son statut suréminent dans la hiérarchie des valeurs : lorsqu'on demande de choisir, dans une liste de 17 qualités morales, 5 vertus que l'on souhaiterait voir inculquer en priorité aux enfants, seuls 15 % des Européens songent à mentionner l'altruisme. L'obligation d'aider et de secourir autrui n'occupe que le 14e rang sur 17, loin derrière l'honnêteté, la tolérance ou les bonnes manières, elle ne se situe plus qu'au niveau de la « patience ». En Angleterre, elle est citée par 4 personnes sur 10, mais par moins de 5 % en Espagne, en Italie, en R.F.A. ; en France, 2 personnes seulement sur 10 la mentionnent[1]. « Vivre pour autrui », qui constituait la plus haute vertu, est devenu une maxime subalterne qu'on ne juge plus nécessaire, au fond, d'être proposée en idéal aux enfants. Tandis qu'au début de notre décennie 4 Américains sur 10 se définissaient comme des cyniques, en France seuls 17 % des étudiants considéraient l'égoïsme comme étant ce qu'il y a de plus insupportable, loin derrière l'intolérance (38 %), la solitude

1. Jean Stoetzel, *op. cit.*, pp. 27-29 et 40.

(25 %), la pauvreté (19 %). L'âge de l'après-devoir ne se contente pas de faire silence sur les commandements maximalistes de l'obligation morale, il en sape la légitimité suprême.

Alors même que de tous côtés monte l'angoisse de la dégénérescence morale, notre époque n'a plus foi dans l'impératif de vivre pour l'autre, dans l'idéal prépondérant du prochain. L'individu contemporain n'est pas plus égoïste qu'autrefois, il dit sans honte la priorité individualiste de ses choix. Le nouveau, le voici : il n'est plus vraiment immoral de ne songer qu'à soi-même, le référentiel du moi a gagné droit de cité, quel que soit l'enthousiasme suscité par les *shows* de la bonté cathodique. Certes, nombreux sont les parents qui souhaitent que les enseignants puissent refaire de l'instruction morale et civique. Mais quelle signification faut-il donner à cette attente quand on constate l'affaissement de la morale dans les valeurs transmises par les parents et le peu d'autorité dont est doté aujourd'hui le devoir de se consacrer aux autres ? Quelle est cette morale que l'on souhaite voir enseigner aux enfants ? L'honnêteté, la politesse, le respect des parents : sans aucun doute. L'obligation de se donner ? Le sacrifice de sa personne ? Sûrement pas. Dans nos sociétés, l'altruisme érigé en *principe* permanent de vie est une valeur disqualifiée, assimilée qu'elle est à une vaine mutilation de soi : le nouvel âge individualiste a réussi l'exploit d'atrophier dans les consciences elles-mêmes l'autorité de l'idéal altruiste, il a déculpabilisé l'égocentrisme et légitimé le droit de vivre pour soi-même. On sait qu'au regard de la morale idéale le moi n'a pas de droit, il n'a que des devoirs : la culture postmoraliste travaille manifestement dans le sens contraire, elle accroît la légitimité des droits subjectifs et mine corrélativement celle du devoir hyperbolique de dévouement. L'esprit de sacrifice, l'idéal de préférabilité d'autrui sont décrédibilisés : plus de droits à exister pour nous-mêmes, pas d'obligation à se vouer aux autres, telle est en termes abrupts, la formule même de l'individualisme achevé.

Une éthique minimale

Les donations effectuées au bénéfice de la solidarité-charité s'inscrivent dans ce mouvement postmoraliste. En 1987, plus de 1 Français sur 2 n'avait fait aucun don à des causes humanitaires dans les douze derniers mois. Toutes catégories confondues, les Français donnent pour venir en aide à autrui 7 milliards, soit six fois moins que les mises au Loto et au P.M.U., deux fois moins que les dépenses consacrées aux fleurs et aux plantes vertes, quatre fois moins que les dépenses pour les animaux domestiques. La générosité est principalement nationale : 1 Français sur 3 affirme avoir fait un don à une organisation d'aide au tiers monde au cours de l'année écoulée mais sur les 7 milliards de la charité-solidarité, 1,3 seulement a été donné au bénéfice du tiers monde ; sur les 85 milliards de dollars récoltés par l'ensemble des œuvres charitables américaines en 1985, 2 sont allés vers le tiers monde. Certes, seule une très faible minorité de Français (4 %) estime que l'aide au tiers monde devrait être diminuée, pourtant l'aide privée semble stagner voire régresser : en 1985, chaque Français a donné 10,6 F de façon volontaire pour son « prochain lointain », les dons privés sont 45 fois moins importants que l'aide publique, la France se situe au 15e rang sur 18 en ce qui concerne les dons privés, au 6e rang pour l'aide publique [1].

Dire que l'idéal a perdu de son lustre ne signifie pas que règne l'« état de nature » et l'indifférence totale à l'autre. Ne pas venir en aide à quelqu'un en danger apparaît comme une faute grave pour l'écrasante majorité des personnes, les viols de jeunes femmes dans le métro et non secourues par les témoins suscitent une large indignation. Chaque année en France il y a près de 4 millions de prélèvements bénévoles de sang, 2 Français sur 3 considèrent qu'il faudrait augmenter l'aide au tiers monde, 1 sur 5 se déclare prêt à donner de l'argent régulièrement pour les pays en voie de développement. Ce qui est délégitimé, ce n'est pas le principe de l'action secourable, c'est celui de vivre pour autrui. L'individualisme contemporain n'est pas antinomique avec le souci de bienfaisance, il l'est avec l'idéal du don de sa personne : on veut bien aider les autres mais sans trop s'engager, sans trop donner de soi-même. La générosité oui, à condition qu'elle soit facile et distante, qu'elle ne s'accompagne d'aucun renoncement majeur. Nous sommes favorables à l'idée de solidarité si celle-ci ne pèse pas trop directement sur nous : 2 Français sur 3 ont pu ainsi soutenir l'instauration d'un « revenu minimum » pour les sans-emploi, et, au cœur des années Reagan, 3 Américains sur 5 déclaraient qu'il fallait développer les crédits affectés aux programmes fédéraux pour aider les pauvres. Individualisme n'est pas synonyme d'égoïsme :

1. Cette tendance est très inégale selon les pays : à s'en tenir à la seule aide privée, les Norvégiens sont 10 fois plus généreux que les Français, les Suédois 8 fois, les Allemands 6 fois. Les Norvégiens donnent 100 fois plus que les Italiens. Sur ces données, Charles Condamines, *L'aide humanitaire entre la politique et les affaires,* Paris, L'Harmattan, 1989, pp. 49-54.

bien qu'ayant pour pente lourde la rétraction sur le moi, l'individualisme ne détruit pas le souci éthique, il génère au plus profond un altruisme *indolore* de masse. Si la moitié des Français soutient de temps à autre par des dons une cause humanitaire, on ne compte en revanche que 2 millions de bénévoles. Sur les 47 % de Français ayant effectué des dons pour des causes humanitaires en 1987, 4,7 % ont donné plus de 500 F et 20 % moins de 100 F. L'individualisme postmoraliste a dissous l'idéal de renoncement complet et régulier, il ne reconnaît que le dévouement limité, principalement en situation d'urgence, dans les situations exceptionnelles de vie et de mort. Nous avons cessé d'encenser l'exigence permanente de nous consacrer à autrui, « toujours à tout moment », disait Jankélévitch : le moment de l'impératif catégorique a fait place à une éthique minimale et intermittente de la solidarité compatible avec la primauté de l'ego.

LA BIENFAISANCE MÉDIATIQUE

Le cœur et le show

Alors même que l'altruisme n'est plus assimilé à un devoir obligatoire, nous sommes témoins d'un déferlement caritatif et secouriste sans précédent orchestré par les media. Band Aid, Restaurants du cœur, Téléthon, *reality-shows* (« La nuit des héros », « Perdu de vue », etc.) : après les objets, les loisirs et le sexe, les bons sentiments ont fait leur entrée dans l'arène médiatique, les « entrepreneurs moraux » ne sont plus seulement les associations caritatives et humanitaires, mais les chaînes de télévision et les stars. Plus la religion du devoir s'amenuise, plus nous consommons de la générosité ; plus les valeurs individualistes progressent, plus les mises en scène médiatique des bonnes causes se multiplient et font de l'audience. L'âge postmoraliste ne signifie pas expulsion du référentiel éthique mais surexposition médiatique des valeurs, recyclage de celles-ci dans les lois du spectacle de la communication de masse. L'incantation au devoir rigoriste s'achève, commence le règne enchanté du mediashow interactif de masse. Une nouvelle ère se dessine, qui brouille les couples d'oppositions traditionnelles en combinant générosité et marketing, éthique et séduction, idéal et personnalisation.

Dans l'aggiornamento des techniques de la charité, les années 1980 marquent un moment charnière. Au milieu de la décennie, Bob Geldof a l'idée de mettre le rock au service du tiers monde en proie à la famine : un disque est enregistré bénévolement par une quarantaine de rock-stars anglaises qui sera vendu à cinq millions et demi d'exemplaires et rapportera plus de 8 millions de dollars. En France est enregistre *Éthiopie, chanteurs sans frontières,* vendu à deux millions d'exemplaires ; *We are the world* aura un écho mondial. Dans le même temps sont organisés d'immenses concerts, des mégashows et marathons télévisés. En juillet 1985, les concerts organisés par Band Aid à Wembley et à Philadelphie en faveur de l'Éthiopie sont diffusés en mondovision auprès d'un milliard et demi de téléspectateurs. « Feed the world » : en 17 heures de concert-télévision, l'opération humanitaire s'est transformée en « juke-box global », en événement médiatique intercontinental non-stop. Comme pour le lancement d'un film, le concert en duplex s'accompagne du livre *Live Aid* et de produits dérivés (tee-shirts, programmes, posters), comme au Festival de Cannes, cameramen, journalistes et fans se mobilisent ; désormais la charité s'associe aux décibels, l'humanitarisme au show-biz ; il n'est plus de nobles causes sans stars, il n'est plus de grande collecte sans sono.

L'âge moraliste était disjonctif, l'âge postmoraliste est conjonctif, il réconcilie le strass et le cœur, les décibels et l'idéal, le plaisir et la bonne intention. Il ne s'agit plus d'inspirer le sens austère et exigeant du devoir, mais de sensibiliser, distraire, mobiliser ponctuellement le public *via* le rock et les stars. Plus rien ne doit gâcher le bonheur consommatif du citoyen-téléspectateur, la détresse elle-même est devenue occasion d'*entertainment*. Au travers de la reviviscence caritative, c'est encore la culture hédoniste de masse qui s'affirme, la charité-business n'exprime pas la réhabilitation de la bonne vieille morale mais sa dissolution postmoraliste. Nous avons gagné le droit individualiste à vivre sans subir l'ennui des prêchi-prêcha, pleins feux sur le spectacle des variétés et des déshérités, du rire et des larmes, même la morale doit être une *fête*.

Finie la sévérité de l'obligation morale, place aux feux d'artifice des gestes généreux transformés en ingrédient du spectacle. La télé-charité est inséparable de l'excitation procurée par l'envolée des bons sentiments et le suspense des scores. À l'occasion du Téléthon, les promesses affluent en rafales, elles sont collectées et comptabilisées, le standard est saturé, les records battus sont affichés et martelés de quart d'heure en quart d'heure : la charité est devenue l'un des plus grands, des plus médiatiques spectacles contemporains s'arc-boutant sur la logique de l'*exploit* : exploit des montants recueillis, exploit de la mobilisation générale. « Olympiade de la bienfaisance », « marathon du cœur » : il y a quelque chose de la *compétition* dans ces nouveaux *shows* philanthropiques vibrant de l'attente des records, de la curiosité des performances humanitaires, de l'effervescence des actions non-stop. Au maximalisme du devoir s'est substitué l'hyperbolisme des mobilisations et records chiffrés ; le public des *charity-shows* n'est pas captivé par la moralité en elle-même mais par la spirale des gestes du cœur, le spectacle du challenge des dons, l'exceptionnelle diversité et condensation des personnalités généreuses d'elles-mêmes, l'« athlétisme » de l'engagement de tous.

La morale rigoriste culpabilisait les consciences, la nouvelle charité les déculpabilise dans le divertissement. Hier la morale était sous-tendue par l'« esprit de discipline » uniforme et autoritaire, aujourd'hui par une générosité circonstancielle ne se manifestant qu'à l'occasion des grandes détresses humaines. Les stars ont remplacé les prédicateurs, les *shows* les psalmodies vertueuses ; en lieu et place du « tu dois » régulier, monotone, inconditionnel, nous avons des concerts, des « coups de cœur », des sollicitations humanitaires non directives et non contraignantes. Loin de reconduire la « morale de papa » et l'esprit messianique-prophétique de l'homme blanc [1], la bienfaisance médiatique est postmoraliste, elle fonctionne comme nouvelle modalité de la *consommation* de masse, frisson de la bonté *live*, « petite joie » participative, sans illusions ni effort. À travers la charité rock, il n'y a nul réarmement idéologique de l'Occident, nul renforcement de ses valeurs et de

1. Fabienne Messica, *Les bonnes affaires de la charité*, Paris, Plon, 1989, pp. 119-125.

ses racines, mais spectacularisation des valeurs, gadgétisation de l'engagement éthique. L'extase de la solidarité n'a rien d'ethnocentrique, elle est *épidermique* ; elle n'est pas un « supplément d'âme », elle est spectacle interactif ; elle ne réactive pas des référentiels lourds, elle les fait entrer dans l'orbite de l'*engouement* individualiste de masse. C'est manquer l'originalité du phénomène que de l'identifier à un outil anticrise au service de la libre entreprise [1]. La télé-charité ne crée pas de la fausse conscience, elle légitime et stimule une conscience éthique de « troisième type », légère et ponctuelle, temporaire et indolore. L'âge hiératique de la morale a été relayé par son moment *mode* : « Tout ce que j'ai fait est de transformer la famine en événement à la mode », déclarait avec lucidité Bob Geldof.

Ce qu'on appelle maintenant les *reality-shows* participe de la même logique postmoraliste. Ni reflux des valeurs individualistes, ni même désir d'une télévision plus proche de nous, le succès du phénomène doit être relié d'une part à la crise du spectacle de variétés traditionnelles, lisse et artificiel, d'autre part à de nouvelles aspirations consommatives, plus émotionnelles et participatives. Nous sommes devenus rétifs aux leçons de morale péremptoire mais friands d'actions de générosité, d'*aventures* courageuses et autres happy-ends. Et ce, parce que là le réel est plus captivant, plus imprévu, plus spectaculaire que les programmes du show-business lui-même, parce que nulle part le transport, l'authenticité, l'impact n'y sont aussi grands. Victoire de la consommation individualiste émotionnelle, beaucoup plus que revitalisation des vertus. Les *reality-shows* illustrent certes la désaffection des grands projets politiques et le re-

1. *Ibid.*, pp. 9-24.

centrage sur l'action individuelle, mais surtout la diversification de la production et de la consommation télévisuelles : nous ne sommes plus seulement spectateurs de fictions, mais spectateurs d'actes fraternels réels, d'exploits de l'homme ordinaire, de drames quotidiens. Triomphe du super-show tactile et tremblant, personnalisé et en relief : dans l'après-devoir, même la vie morale réelle est « reconstituée » et mise en scène, même les valeurs supérieures réactivent le bien-être du chez-soi. Il y a rendez-vous des media avec l'atmosphère éthique du moment, non avec l'impératif déchirant de l'obligation morale, le culte du devoir s'est métamorphosé en vertu-minute, en engouement éthique et consumériste. L'heure est aux larmes aux yeux, à la dramatisation du vécu, aux élans spontanés et libres du cœur : non plus le devoir-faire impérieux, mais la théâtralité du Bien ; l'émotion hyperréaliste du public cathodique a succédé à l'idéalisme de l'obligation catégorique.

Morale du sentiment et media

Par un de ces contresens sociologiques dont notre époque est coutumière, on se plaît à souligner la nouvelle autorité de la morale quand le plus significatif est la montée en puissance des media. Ce qui relevait jusqu'alors des prédications ou des principes de l'éducation morale dépend à présent de *coups* médiatiques ; dans nos sociétés, ce sont les media qui fixent les causes prioritaires, eux qui stimulent et orientent la générosité, eux qui éveillent la sensibilité du public ; 1 Français sur 4 effectue régulièrement des dons pour des causes humanitaires, mais 1 Français sur 2 donne de l'argent à l'occasion d'un événement donnant lieu à une opération médiatique exceptionnelle. Les media sont-ils donc en passe de s'ériger en nouvelles puissances moralisatrices des individus ? Il serait plus exact de parler d'un pouvoir de mobilisation altruiste aussi puissant que ponctuel, aussi large qu'éphémère, les campagnes médiatiques n'étant efficaces qu'à la condition de n'être ni trop nombreuses ni trop rapprochées. Désormais, les opérations philanthropiques doivent intégrer dans leur logique le facteur saturation et lassitude du public, elles ne prescrivent plus le bien inconditionnel, elles gèrent des images, des motivations, des périodicités programmées. Les media n'ont pas la même fonction que les instances traditionnelles de la morale : ils ne créent pas une conscience régulière, intériorisée des devoirs, ils « managent » l'opinion par intermittence et mettent en scène sélectivement des « produits » porteurs. Cela non sans quelques problèmes éthiques épineux. Pourquoi telle focalisation sur telle cause et non sur telle autre tout aussi digne d'intérêt ? Est-il moralement juste qu'une cause, si noble soit-elle, recueille par une exceptionnelle couverture médiatique des fonds considérables quand d'autres en manquent cruellement ? Les media déclenchent de grands élans de solidarité mais corrélativement désengagent les individus : déjà des associations voient leurs courriers retournés par des destinataires, au motif de participation à une campagne d'ampleur nationale. Le procès d'érosion des devoirs se poursuit autrement : tandis que les media éveillent épisodiquement les cœurs, ils déculpabilisent les consciences et travaillent peut-être souterrainement à détourner les individus des obligations permanentes d'entraide et de bienfaisance. L'altruisme de l'après-devoir se complaît dans la distance : nous sommes devenus plus sensibles à la misère exposée par le petit écran qu'à celle immédiatement tangible, il y a plus de commisération pour l'autre distant que pour notre prochain quotidien.

La media-charité ne culpabilise pas, ne donne pas de leçon morale, elle *émeut* en mêlant la bonne humeur et les sanglots contenus, les variétés et les témoignages intimes, les exploits sportifs et les enfants infirmes. Non plus une morale de l'obligation, mais une morale *sentimentalo-médiatique,* partout l'émotion l'emporte sur la loi, le cœur sur le devoir, il s'agit principalement d'éveiller la sympathie émotionnelle du public pour les déshérités. La culture médiatique et hédoniste a permis de dépasser aussi bien la culture de l'impératif catégorique que celle de l'intérêt bien compris : la morale calculatrice de l'intérêt personnel ne correspond pas à ces nouvelles kermesses électroniques où les dons affluent sans contrepartie, où la générosité est certes comptée mais finalement *désintéressée,* ce qui culmine c'est la *morale du sentiment,* la seule à être compatible avec le développement des mœurs individualistes. Tout ce qui est directif, tout ce qui connote un esprit d'ingérence recule au bénéfice d'interventions de type communicationnel et émotionnel respectant le principe de la liberté de choix des sujets autant que la « spontanéité » des sentiments personnels : l'éthique du devoir était obligatoire, celle du sentiment est apparemment libre, ne contraignant plus l'individu par une norme extérieure, impersonnelle et autoritaire. D'où les paradoxes des démocraties débarrassées de l'incandescence du devoir : moins il y a de normes prescriptives et de méthodes intimidatrices, plus le pouvoir de pénétration médiatique s'accroît ; plus il y a d'appels à la responsabilité et à l'initiative des personnes, plus il y a d'extro-détermination des comportements individuels ; plus est exaltée l'autonomie du sentiment, plus il y a de programmation hétéronome de la générosité [1].

Cette « institutionnalisation » de la morale du sentiment ne tient pas seulement à l'intelligence tactique des communicants, elle s'enracine au plus profond dans le développement de l'univers du bien-être individualiste. Loin de conduire tout uniment à l'égoïsme ou au cynisme, le nouvel âge individualiste va de pair avec ce que Nietzsche appelait « la morale de la pitié universelle ». À force de vivre sans privation majeure, la souffrance de l'autre — dès lors qu'elle est mise en scène — devient intolérable, elle fonctionne comme une pollution ou une agression à la qualité de vie. Si le néo-individualisme signifie déculpabilisation de l'égoïsme, il s'accompagne, dans le même temps, d'une plus grande participation imaginaire et ponctuelle aux malheurs de l'autre, sans que cet apitoiement débouche pour autant sur des actes exemplaires. Comme l'écrivait déjà Tocqueville en 1840, « dans les siècles démocratiques, les hommes se dévouent rarement les uns pour les autres, mais ils montrent une compassion générale pour tous les membres de l'espèce humaine [2] » : les nouvelles conditions de vie consommative et psychologiste n'ont fait qu'accentuer cette tendance à l'identification épidermi-

1. Ajoutons encore : moins il y a d'esprit sacrificiel, plus il y a de capacité à recueillir des fonds. Le « concert du siècle » organisé par Band Aid en 1985 a rapporté quelque 700 millions de francs ; en quatre ans, le Téléthon a recueilli près de 1 milliard de francs ; entre 1981 et 1987, le budget de la charité-solidarité en France est passé de 1 milliard à 7 milliards : sur cette somme, les collectes sur la voie publique ne rapportent plus que 100 millions de francs. L'âge du marketing humanitaire et caritatif (mailings, affichages, télé-charité) est peu exigeant pour les individus mais plus efficace, peu rigoriste mais plus « mobilisateur » des masses, fût-ce ponctuellement.

2. Alexis de Tocqueville, *De la démocratie en Amérique,* Paris, Gallimard, t. I, vol. II, p. 174.

que à l'autre, à la répugnance du spectacle de la souffrance. C'est cette révolution démocratique du rapport interhumain qui a permis en profondeur l'apothéose de la morale du sentiment : les individus se sentent de moins en moins tenus de remplir des devoirs obligatoires mais ils sont davantage touchés par le spectacle du malheur d'autrui.

LE BÉNÉVOLAT DE MASSE

Le volontariat : une idée qui fait son chemin

Paradoxe supplémentaire : tandis que l'idéal altruiste est socialement érodé, on assiste à l'extension et à une nouvelle légitimation du bénévolat ; la culture néo-individualiste n'est pas antinomique avec le don de son temps et les actes d'entraide et de solidarité, elle est plutôt ce qui tend à les favoriser. S'il est vrai que dans tous les pays le volontariat n'a pas la même surface sociale, il est impossible de l'assimiler à une forme archaïque du lien social : il est désormais une figure typique du nouvel âge de la morale.

En France, le chiffre global des associations en activité est estimé aux alentours de 600 000. De quelque 5 000 par an dans les années 1900, le nombre de créations annuelles d'associations a dépassé le chiffre de 10 000 dans les années 1960 puis a augmenté de manière quasi constante pour atteindre 50 000 actuellement. L'enquête réalisée par le C.R.E.D.O.C. en 1986 chiffre à 1 sur 2 le nombre de Français participant à au moins une association et, selon l'I.N.S.E.E., pour

20 millions d'adhérents recensés, il y a près de 34 millions d'adhésions. Dans cet ensemble, les clubs sportifs comptaient à eux seuls, en 1983, 9,3 millions d'adhérents, contre 2,2 millions dans les associations humanitaires. Mais associationnisme ne signifie pas action bénévole : on estime, en France, qu'une fois sur deux le membre d'une association est un simple adhérent, une fois sur trois il s'agit d'un participant actif n'exerçant pas de responsabilité, et une fois sur six d'un responsable[1]. 2 à 4 millions de Français assument un engagement continu et des responsabilités bénévoles dans des associations : leur travail ferait l'équivalent de 500 000 plein-temps.

On sait que les associations n'ont pas l'obligation de comptabiliser le travail bénévole, c'est la raison pour laquelle celui-ci reste assez mal connu scientifiquement. Cela étant, tout indique, à l'échelle historique, l'ampleur grandissante du volontariat parallèlement à l'extension du secteur associatif : davantage d'associations exigeant, en effet, mécaniquement, plus de responsables et de bénévoles pour les faire vivre. En 1975, le Secours catholique comptait 25 000 bénévoles, en 1984 52 000, en 1989 66 000. Le Secours populaire s'appuie sur près de 50 000 « collecteurs-animateurs », la Croix-Rouge emploie 100 000 bénévoles. Près de 10 000 volontaires européens travaillent dans les pays en voie de développement, chaque année Médecins sans frontières enregistre plus de 8 000 offres de service, 30 000 militants animent en France les quelque 3 000 groupes s'inscrivant dans le domaine de la coopération bénévole Nord-Sud[2]. Le sec-

1. François Heran, « Au cœur du réseau associatif : les multi-adhérents », *Économie et statistique*, n° 208, mars 1988.
2. Ch. Condamines, *op. cit.*, p. 10 et 85.

teur sportif représente à lui seul 1 million de bénévoles. En 1983, plus de 16 % des Français déclaraient « faire partie de ces gens qui consacrent une part importante de leur temps à des engagements bénévoles ». Les enquêtes d'opinion indiquent également le désir social d'actions bénévoles : un tiers des Français n'ayant pas d'activité bénévole souhaiterait en avoir une ; en 1989, 18 % des Français déclaraient être disposés à participer comme volontaires en France à une organisation d'aide au tiers monde, 12 % à participer à des actions de développement dans un pays du tiers monde. La glorification de l'ego n'étouffe pas l'intention de servir ; nos sociétés n'exaltent plus l'altruisme comme un idéal obligatoire, mais le bénévolat bénéficie de la faveur de l'opinion.

Encore faut-il ajouter que le bénévolat est nettement moins développé en France que dans les pays anglo-saxons. Dans une enquête de 1981 réalisé par le Comité national du volontariat britannique, 44 % des adultes ont déclaré avoir consacré une partie de leur temps à des actions bénévoles au cours de l'année écoulée ; la collecte de fonds représentait l'essentiel du temps bénévole. Au Canada, en 1987, plus de 5 millions d'adultes ont consacré bénévolement leur temps à des associations, soit 27 % de la population âgée de 15 ans et plus. Aux États-Unis, près de 8 personnes sur 10 sont d'accord pour affirmer que chacun devrait donner de son temps ; en 1985, près de 50 % de la population âgée de plus de 14 ans s'est engagé, au moins occasionnellement, comme volontaire dans une action collective.

Bénévoles du « troisième type »

La perception sociale du phénomène a elle-même changé. Longtemps associé, en France, aux dames patronnesses, le bénévolat était une activité peu valorisée, soupçonnée qu'elle était d'être une occupation des classes bourgeoises se donnant bonne conscience tout en renforçant la défense de l'ordre social. Plus près de nous, le développement du travail social n'a pas réussi à modifier en profondeur la méfiance à l'égard des bénévoles accusés par les professionnels d'amateurisme et de concurrence déloyale lourde de conséquence pour l'emploi : dans les années 1970, bénévoles et professionnels apparaissent encore comme des pôles antagonistes dans le secteur de l'action sociale ; le militantisme politique ou syndical a ses lettres de noblesse, le bénévolat reste dévalué à l'exception du domaine socioculturel et sportif[1]. Les années 1980 ont opéré un virement de cap : la crise de l'État-providence, la valorisation de la société civile, l'apparition de la grande pauvreté ont enclenché un processus de dignification de l'activité volontaire, les Restaurants du cœur, les associations caritatives, les O.N.G. ont été mis en vedette par les media, l'abbé Pierre est élu superstar. L'incapacité des politiques publiques à faire face aux problèmes de la très grande pauvreté a révélé la nécessité d'une coopération entre partenaires publics et privés, l'idée a reculé que la solidarité était du seul domaine de l'État.

1. Dan Ferrand-Bechmann, « Concurrence ou cohabitation entre les bénévoles et les travailleurs sociaux ? », *Revue de l'économie sociale*, avril 1988.

Dans le contexte de la société duale, le bénévolat a pu s'affirmer comme une nouvelle exigence sociétale, un moyen indispensable pour combler les carences des dépenses sociales de l'État.

Il y a plus. À la racine du procès de légitimation du bénévolat en France, il y a l'effondrement des grands projets politiques et paradoxalement la diffusion de l'ethos néo-individualiste. Dès lors que les mégadiscours politiques et idéologiques se sont dissipés, les valeurs morales ont occupé le vide du politique ; l'entraide, la solidarité immédiate, la bienfaisance ont été à nouveau magnifiées. Le nouveau statut du bénévolat est à la croisée de l'érosion de la foi dans le « tout politique » et de la spirale des idéaux d'autonomie individuelle. Même si le volontariat est aux antipodes du repli narcissique, ce sont les valeurs consacrant l'individu et sa liberté qui ont permis de rehausser son prestige. Au principe de redistribution administrative distante et anonyme s'est juxtaposé celui de l'engagement bénévole dans des collectifs issus de la société civile : attitude entérinant la nouvelle place symbolique de l'initiative individuelle dans nos sociétés libérales.

Aussi bien, le bénévolat de masse n'est-il nullement incompatible avec les aspirations et goûts individualistes contemporains. Apparemment le volontariat s'inscrit à contre-courant des valeurs dominantes de notre temps : à l'autoabsorption narcissique, il oppose l'entraide et le dévouement, à la logique marchande le don et la gratuité, à l'affrontement concurrentiel l'engagement en faveur d'autrui. À coup sûr, la majorité des personnes consacrant du temps à des activités bénévoles déclarent agir au nom de grands idéaux humanistes : l'amour du prochain, rendre la vie plus humaine et plus solidaire. Mais, par-delà ces référentiels, ce sont surtout le plaisir de rencontrer autrui, le désir de valorisation sociale, l'occupation du temps libre qui constituent les motivations essentielles du bénévolat. En France, 1 bénévole sur 2 intervient dans le secteur sportif, là où, précisément, la satisfaction personnelle et le plaisir l'emportent sur la dimension altruiste ; 1 bénévole sur 3 voit dans son engagement le moyen d'occuper son temps, 6 sur 10 l'occasion de rencontrer des gens [1]. La société qui isole les êtres et dissout les réseaux traditionnels de solidarité génère l'exigence de retrouver des liens de sociabilité et de nouvelles formes d'appartenance sociale : l'emploi volontaire vient précisément en réponse à ce besoin de participation et d'intégration à une communauté, il fonctionne comme un instrument d'identification individuelle et sociale dans un âge de déqualification, d'érosion des repères de l'identité sociale, de quête de gratifications symboliques. De surcroît, le service bénévole permet de rester actif, de se sentir utile, de remplir un temps vide et angoissant pour nombre de retraités ou préretraités, et ce, au moment où les progrès de la médecine et l'avancement de l'âge de la retraite marquent l'entrée dans un troisième temps de la vie. L'entraide bénévole choisie est un des visages de l'individualisme postmoraliste, il exprime moins la reconduction des devoirs traditionnels que la recherche de la convivialité et de l'épanouissement personnel à tout âge, moins une contrainte impérative qu'un *style de vie* et une option personnalisée. La montée des aspirations néo-individualistes n'est pas le tombeau du volontariat, elle en est le stimulant.

L'affirmation de soi prend une forme exemplaire dans

1. Dan Ferrand-Bechmann, « Deux millions de bénévoles : pour quoi faire ? », *Revue française des affaires sociales*, n° 2, 1987, p. 168.

les nouveaux groupes d'aide mutuelle dits de *self-help*. Ici, les « défavorisés » deviennent eux-mêmes bénévoles, des aveugles se prennent en charge en refusant l'aide des voyants, des alcooliques aident d'autres alcooliques, des homosexuels s'occupent de vieux homosexuels handicapés, des prostituées d'autres prostituées. Le volontariat n'échappe pas au processus d'émiettement individualiste du social : les individus s'engagent dans des groupes à objectifs circonscrits et personnalisés concernant leur être intime, l'assistance est tout à la fois autoassistance, découverte de soi-même, affirmation d'un particularisme identitaire. À l'heure de l'après-devoir, l'attitude d'entraide cesse de pouvoir être analysée en termes de « normalisation bourgeoise », elle se combine avec les passions narcissiques d'expression, d'autoformation, de revendication particulariste. L'action bienveillante ne s'arc-boute plus sur un impératif universaliste rigoriste, elle est *thérapeutique* et *identitaire* ; le nouvel individualisme n'éradique pas la compassion et le désir d'aider ses semblables, il les marie avec la quête de soi.

Le monde contemporain voit cohabiter la désaffection envers les vastes odyssées idéologico-politiques et le désir croissant d'engagements libres, ponctuels dans des actions en direction d'autrui. Nouvelle ruse de la raison : avec la promotion de l'ego et l'éclipse du devoir, le bénévolat accède à l'ère des masses, désormais c'est du temps libre et du désir individualiste de faire quelque chose de sa vie que surgissent en grand nombre les nouvelles formes d'entraide et de solidarité. Par-delà tout ce qui les différencie, bénévolat de masse et charité-business font partie de la même culture postmoraliste, ensemble ils témoignent de la puissance nouvelle de ce que Jean-Marie Guyau nommait « la morale sans obligation ni sanction ». À présent, le désir de bienfaisance ne trouve plus son sol dans la culture de l'impératif obligatoire, il se nourrit principalement de l'attente d'un supplément existentiel, d'un « excès de vie ».

QUELLE TOLÉRANCE ?

L'après-nihilisme

La tentation est grande d'assimiler la culture de l'après-devoir au degré zéro des valeurs, à l'apothéose du nihilisme moderne. Dès les années 1960, Castoriadis considérait que les croyances communes portant sur le bien et le mal avaient disparu, « l'idée générale est que vous pouvez faire n'importe quoi et que rien n'est mal pourvu que vous puissiez vous en sortir [1] ». Un peu plus tard, Baudrillard analysait la société contemporaine comme un système sans repères où toutes les valeurs commutent, où tout s'échange dans une circularité sans fin. Plus récemment encore, Allan Bloom écrivait qu'« on n'est plus capable de parler avec la moindre conviction du bien et du mal », plus personne ne croit vraiment à quoi que ce soit, « il y a une crise des valeurs, une crise aux proportions inouïes [2] ». Les milieux intellectuels sont restés largement fascinés par le scénario nihiliste, c'est toujours le naufrage et le catastro-

1. Cornélius Castoriadis, *Capitalisme moderne et révolution,* Paris, U.G.E., 10/18, t. II, 1979, p. 296.
2. Allan Bloom, *L'âme désarmée,* Paris, Julliard, 1987, p. 159 et 170.

phisme du « tout fout le camp » qui dominent les lectures des nouvelles démocraties.

Pourtant la réalité sociale ne ressemble que de loin à ce tableau apocalyptique. Il est faux d'assimiler le crépuscule du devoir au cynisme et au vide des valeurs : par-delà l'érosion ou la déstabilisation incontestable d'un certain nombre de référentiels, nos sociétés réaffirment un noyau stable de valeurs partagées, elles s'établissent autour d'un consensus de valeurs éthiques de base. Sans doute, le conflit éthique est-il manifeste au sujet de l'avortement, sans doute, nombre de questions bioéthiques ouvrent-elles une polémique de fond, et seul 1 Européen sur 4 considère disposer de principes clairs pour distinguer le bien et le mal. Mais cela ne justifie pas le constat de dépréciation généralisée des valeurs. Sondages après sondages, les droits de l'homme, l'honnêteté, la tolérance, le rejet de la violence sont plébiscités. Nous sommes loin du flottement intégral des valeurs ; « Dieu est mort », mais les critères du bien et du mal n'ont pas été éradiqués de l'âme individualiste, les idéologies globalisantes ont perdu leur crédit, pas les exigences morales minimales indispensables à la vie sociale et démocratique. Les crimes de sang, l'esclavage, la cruauté, la spoliation, l'humiliation, les mutilations sexuelles, le viol, les sévices psychologiques et physiques, autant de crimes qui suscitent plus que jamais l'*indignation* collective : 9 Français sur 10 dénonceraient un voisin martyrisant son enfant ou quelqu'un allumant volontairement un incendie, 8 sur 10, un revendeur de drogue ou des enfants qui rackettent leurs camarades. L'idéal d'abnégation a perdu son ancienne légitimité, mais ce qui porte atteinte à la sécurité et à la dignité des personnes révulse nos consciences, le public aime consommer la violence dans les media, mais il la condamne avec une extrême sévérité dans le réel. Nos démocraties ne sont pas vouées au nihilisme, la dérégulation postmoraliste est contenue dans des limites strictes : quel que soit l'ébranlement historique de la « fin du devoir », la longue continuité de la tradition morale l'emporte sur la discontinuité, le sens de l'indignation morale n'est pas mort. La disparition du fondement métaphysique de la morale n'a nullement précipité son discrédit, désormais on ne la stigmatise plus comme mensonge et duperie, on ne songe plus à la dépasser dans la « transvaluation des valeurs » ou la révolution : on absolutise les droits de l'homme. Moins est exhortée l'obligation suprême, plus se renforce l'œcuménisme de l'éthique démocratique ; plus l'éthique est en question, plus se muscle la légitimité sociale du tronc commun des valeurs humanistes.

Sans doute est-il vrai que nombre de fins éthiques voient leur réalité efficiente se liquéfier. Avec l'éclatement des encadrements traditionnels familiaux et religieux, avec la misère des ghettos, la propagation de la drogue et la progression des normes libérales, les devoirs autrefois intériorisés perdent leur force d'obligation. Déjà, ceux ayant trait à la sexualité, à la mort volontaire, au mariage, à l'altruisme, à la nation se sont épuisés. Le respect du bien d'autrui n'a pas, non plus, été épargné par l'onde postmoraliste. En Europe, l'honnêteté est placée au premier rang des vertus à inculquer aux enfants, mais nombre d'individus n'hésitent pas à déclarer qu'ils commettraient des délits (vols, fraudes) s'ils étaient assurés de l'impunité. Seul 1 Français sur 5 dénoncerait un voleur dans un grand magasin. Partout, les statistiques des vols et autres agressions contre les biens s'envolent ; progressivement l'interdit du vol perd de son pouvoir efficient, sapé qu'il est par le déchirement du tissu social, la culture de stimulation des besoins et des droits subjectifs. Simultanément, nombre d'études s'alarment des progrès de la corruption et de la fraude fiscale. En 1979, la fraude équivalait à 17 % des recettes fiscales françaises ; aux États-Unis, 1 contribuable sur 5 fraude l'impôt sur le revenu, l'administration estime à 20 % la part des impôts fédéraux qui ne sont pas acquittés, soit, pour 1989, environ 100 milliards de dollars. Dans les sociétés ultracompétitives dominées par les motivations individualistes, dégagées de la tutelle de l'Église et des traditions, les individus sont plus livrés à eux seuls, la recherche de l'intérêt personnel et l'obsession de l'argent minent tendanciellement l'autorité des devoirs.

Cependant, si la corruption, les fraudes et délinquances contre les biens s'amplifient, la criminalité contre les personnes — au moins en Europe de l'Ouest — est relativement stationnaire. Certaines règles ont perdu massivement le pouvoir de contrôler les comportements : il n'en va pas de même des normes relatives aux conduites de sang. Le respect du bien d'autrui recule, mais le procès de pacification des comportements interindividuels, propre aux sociétés modernes, se poursuit, l'hostilité aux violences de sang contre les personnes est globalement plus forte, plus large, plus intériorisée qu'autrefois[1]. Il faut se défaire de l'idée caricaturale d'un monde où tous les critères s'en vont à vau-l'eau, où les hommes ne seraient plus retenus par aucune croyance ou disposition de nature morale. La socialisation de l'après-devoir évacue l'obligation de se consacrer aux autres, mais renforce ce que Rousseau appelait la « pitié », la répu-

1. Sur cette question, Gilles Lipovetsky, *L'ère du vide,* Paris, Gallimard, 1983, pp. 208-240.

gnance à voir et faire souffrir son semblable. Cela, non par éducation morale intensive mais paradoxalement par l'autoabsorption individualiste et les normes du mieux-vivre. Par-delà les statistiques de la criminalité, la « moralité des mœurs » progresse en ce qui concerne le respect de la vie : société postmoraliste ne signifie pas disparition de toutes les inhibitions, mais poursuite de la moralisation des individus par répulsion « sentimentale », vécue, envers les brutalités, cruautés et inhumanités.

Tolérance et extrémisme

Le procès postmoraliste a dévalorisé l'impératif de dévouement personnel mais, dans le même temps, il a hissé la tolérance au rang de valeur cardinale. Dans les pays européens, la tolérance vient en seconde place dans les vertus que l'on souhaite voir inculquer aux enfants, 1 personne sur 2 la mentionne dans les cinq vertus considérées comme primordiales[1]. L'émotion suscitée, il y a peu, par l'appel au meurtre de Salman Rushdie tout comme le rejet massif des prises de position de la hiérarchie catholique vis-à-vis du film de Scorcese sont autant de manifestations ponctuelles témoignant de l'attachement collectif à l'idée de tolérance. En 1990, près de 4 étudiants français sur 10 affirmaient que l'intolérance était ce qui était le plus insupportable pour eux ; 60 % des catholiques pratiquants pensent, en France, que l'Église n'a pas à imposer d'obligations précises en matière de sexualité, d'avortement ou de contraception. Parallèlement, le principe de laïcité de l'État n'est plus

1. Jean Stoetzel, *op. cit.*, pp. 27-29.

sérieusement combattu : tout au plus a-t-on vu, à l'occasion du problème des foulards islamiques, s'affronter deux modèles de laïcité : l'un, intransigeant ou rigoriste, exigeant une stricte neutralité des signes vestimentaires ; l'autre, ouvert et pluraliste, reconnaissant le droit à certaines différences à l'intérieur des établissements scolaires. Célébrée au siècle des Lumières par les philosophes, la tolérance fonctionne aujourd'hui comme une valeur de masse s'attachant aussi bien aux attitudes sexuelles que politiques, religieuses qu'éducatives. Consensus autour du principe du respect des différences, qui ne signifie pas pour autant unanimité quant à sa traduction sociale et institutionnelle.

Si la tolérance est une vertu éthique, dans la réalité sociale contemporaine, elle est moins sous-tendue par une idée d'obligation pure que par une large désaffection envers les systèmes lourds de sens. Ce n'est pas par conscience accrue des devoirs vis-à-vis d'autrui que la tolérance gagne en légitimité sociale, c'est par une culture disqualifiant les grands projets collectifs, évacuant le moralisme autoritaire, vidant les querelles idéologiques, politiques et religieuses de tout caractère absolu, tournant de plus en plus les individus vers leur propre réalisation personnelle. La tolérance de masse est une vertu indolore, son crédit s'alimente du reflux des idéologies héroïques, de l'éclipse des devoirs d'éclairer, de pénétrer et de convertir les âmes. Dans des sociétés où la priorité est au moi, chacun peut penser et agir à sa guise dès lors qu'il ne nuit pas aux autres, notre tolérance est postmoraliste, elle traduit moins un commandement de la raison qu'une indifférence à l'autre, moins un idéal dirigé vers autrui qu'un mouvement d'autoabsorption individualiste, moins un devoir catégorique qu'un droit subjectif. Enregistrons à nouveau le paradoxe : c'est lorsque règne le culte de l'ego que l'emportent les valeurs de tolérance, c'est lorsque disparaît l'école du devoir qu'est consacré l'idéal du respect des différences. La marche de la morale a ses raisons que la raison morale ne connaît pas.

La tolérance revendiquée de nos jours n'est pas assimilable au relativisme ou au scepticisme complet comme aiment à le ressasser les pourfendeurs de l'« âme désarmée ». La culture néo-individualiste coïncide avec un attachement de plus en plus sensible aux valeurs de liberté privée, tout ce qui fait injure à ce principe se trouve massivement repoussé. Ainsi n'accepte-t-on pas l'attitude des Témoins de Jéhovah refusant de faire vacciner leurs enfants ; ainsi sont jugés intolérables les excisions rituelles et les mariages contraints. La tolérance postmoraliste ne signifie pas effondrement des valeurs et substituabilité de toutes les croyances, elle ne correspond pas à l'« inaptitude au non et au oui » stigmatisée autrefois par Nietzsche et à l'absence de volonté dénoncée aujourd'hui par les croisés de la République. Le « différentialisme » postmoderne a des limites, tout ne se vaut pas, il n'y a pas que des « interprétations » équivalentes : la conscience individualiste est un mixte d'indifférence et de répugnance à la violence, de relativisme et d'universalisme, d'incertitude et d'absoluité des droits de l'homme, d'ouverture aux différences « respectables » et de rejet des différences « inadmissibles ». Le relativisme intégral n'est qu'une position d'école défendue dans les pamphlets et dissertations philosophiques : dans le réel social, le flottement des convictions marque le pas là où le noyau minimal de l'éthique démocratique se trouve battu en brèche.

La tolérance s'accroît en matière de sexualité et de vie familiale, de religion et d'opinions politiques. Elle s'arrête là où les biens, les personnes et les libertés sont menacés. Ainsi les opinions publiques sont-elles largement favorables au maintien ou au rétablissement de la peine de mort ; ainsi le meurtre en légitime défense est-il l'acte qui suscite le jugement le plus indulgent des Européens : seul 1 Français sur 4 condamne absolument les personnes ayant tué un cambrioleur en train de voler leurs biens ; pour les jeunes, blesser un cambrioleur qui s'est introduit chez soi est moins grave que voler une voiture. Autant d'attitudes qui illustrent la primauté des droits subjectifs sur les devoirs supérieurs de la morale et le développement d'une culture morale *dissociée* juxtaposant permissivité et intransigeance punitive, indulgence libérale et dureté répressive. Il n'y a nul glissement vers le nivellement des valeurs, mais redistribution sociale du permis et de l'interdit, assouplissement des jugements moraux ayant trait au suicide ou à la vie sexuelle, à l'avortement ou à la prostitution, mais persistance de la sévérité envers les différentes formes de violences et délinquances. Nous n'assistons ni à l'effondrement de la volonté ni au laxisme de l'opinion, mais à l'édification d'une conscience simultanément tolérante et dure.

Si le respect des différences figure au hit-parade des valeurs, rien n'empêche pourtant la xénophobie de se banaliser dans les mentalités et comportements de la vie quotidienne. En 1990, 4 Français sur 10 reconnaissaient éprouver souvent ou occasionnellement des sentiments racistes, 8 sur 10 considéraient que les comportements de certains peuvent parfois justifier qu'on ait à leur égard des réactions racistes. Tandis que l'extrême droite s'installe durablement dans le paysage politique français, la notion de « seuil de tolérance » fait florès, les propos antisémites reviennent sur la scène publique, des tombes juives sont profanées, nombre de Français se déclarent hostiles à la construction de mosquée dans leur agglomération. Le plus significatif dans le phénomène n'est pas tant la montée de la xénophobie que l'érosion de l'interdit raciste ayant bénéficié d'une forte légitimité depuis la fin de la Seconde Guerre mondiale. Une barrière est tombée, le discours social exhibe désormais un droit supplémentaire : après le tabou du sexe, le tabou raciste s'est délité, la marche individualiste se poursuit qui revendique le droit de « tout dire », tout mépriser, tout « nier », fût-ce la vérité historique des faits. Si la délégitimation partielle de l'interdit raciste marque un coup d'arrêt à la logique libérale émancipatrice et universaliste, elle n'en est pas moins une des manifestations radicales, dures, du néo-individualisme se délivrant d'anciennes contraintes idéologiques et morales. De nos jours, la revendication individualiste travaille à l'extension des droits de chacun comme à la négation partielle des idéaux humanistes.

Quelle que soit la réalité de la xénophobie actuelle, celle-ci ne saurait justifier les discours apocalyptiques brandissant le spectre de l'entre-deux-guerres. Des changements majeurs se sont opérés dans le rapport social à l'autre de « race » ou de religion : aujourd'hui, près de 9 Français sur 10 déclarent que l'appartenance à la communauté juive d'un candidat à l'Élysée ne changerait rien à leur vote, les Français soutenant l'idée que les juifs ne sont pas des citoyens comme les autres sont nettement moins nombreux qu'au lendemain de la guerre, l'affaire Carpentras et la condamnation unanime qui l'a suivie ont au moins montré les limites de l'antisémitisme en France. Les succès électoraux du national-populisme ne doivent pas occulter le fait que les violences antisémites et xénophobes ne montent que rarement aux extrêmes, elles sont plus ponctuelles que générales, plus rentrées qu'agressives, plus symboliques que dirigées contre les personnes. Là est le nouveau : tandis qu'on assiste à une recrudescence des menaces, graffitis, insultes, tracts, profanations de tombes, les actions ouvertement violentes à caractère xénophobe ou raciste restent minoritaires. La haine sociale de l'autre s'en prend moins aux personnes qu'aux symboles, moins aux vivants qu'aux morts. L'interdit portant sur l'intolérance verbale a été partiellement levé, pas celui du sang, tout se passe comme si l'antisémitisme et la xénophobie avaient été gagnés, eux aussi, par le procès de « pacification » des mœurs et de délégitimation de la violence physique coextensif au règne du néo-individualisme.

Simultanément, le « racisme » contemporain s'est délesté de la thématique de la supériorité de la race, il ne s'enracine plus dans une vision inégalitaire et dominatrice des hommes. À l'échelle de l'histoire, le changement idéologique est décisif, l'autre de religion ou de race a perdu son caractère substantiellement dissemblable ; la dynamique de l'égalité démocratique a fait son œuvre, l'autre, désormais, a une « identité culturelle », il n'est plus un être ontologiquement inférieur. Même s'il est vrai qu'on assiste à des manifestations croissantes d'allergie aux teints basanés, ce n'est pas le racisme classique qui resurgit : l'hostilité témoignée ne s'accompagne plus d'appels aux pogromes, de visées exterminatrices, de négation de l'humanité de l'autre, c'est moins la différence raciale, culturelle ou religieuse en tant que telle qui est en question que les problèmes sociaux engendrés par les nouvelles vagues d'immigration. L'avenir de nos démocraties n'est pas à la résurrection de l'idéologie raciste triomphante, il n'est pas davantage à la montée d'une tolérance universelle et radieuse : il est à l'inscription de nouvelles formes de divisions et de ségrégations, d'ignorance et d'indifférence interraciales sans que soit remis en cause le principe démocratique de l'égalité des droits des citoyens et de l'égale dignité des hommes. Les démocraties inventent de nouvelles exclusions détachées de tout système de légitimation, les ghettos se referment sur eux-mêmes alors que la société est « ouverte », les discriminations raciales ou ethniques se reproduisent même si les droits de l'homme sont à leur apogée. À l'excommunication raciale ostentatoire s'est substituée la *distance* des groupes les uns vis-à-vis des autres ; à la détestation raciale hystérique, une *indifférence* individualiste plus ou moins teintée d'hostilité et parfois de violence. La dynamique de ségrégation sociale poursuit son cours, créant moins un état de guerre incandescent qu'un état de délinquance et d'*étrangers de même citoyenneté.* Si le rapport à l'autre n'a plus l'inhumanité criante de jadis, il a peu avancé dans la voie humaniste du « rien de ce qui est humain ne m'est étranger ».

Le « retour du religieux » est souvent analysé comme un autre signe de la pente intolérante de nos démocraties. La poussée de l'intégrisme chrétien a donné lieu à des attentats contre les cliniques pratiquant l'avortement, à une croisade contre le R.U. 486, à des incendies de salles projetant des films jugés blasphématoires pour la religion. Les autres grandes religions monothéistes ne sont pas restées, ô combien, à l'écart de cette réactivation des traditions sacrales : fondamentalisme musulman ne reconnaissant d'autre référent pour organiser la cité des hommes que le Coran, intégrisme juif interdisant notamment les mariages mixtes ou refusant la circoncision de garçons dont la mère n'est pas juive. À quoi s'ajoute la prolifération des sectes religieuses détentrices d'une vérité absolue, exigeant la soumission intégrale des disciples, pratiquant une colonisation spirituelle de type totalitaire. À l'évidence, toutes les manifestations de cette nébuleuse « revivaliste » ou sectaire ne sont pas équivalentes et n'ont pas le même impact dans toutes les parties de la planète. Malgré tout, un ensemble hétéroclite de croyances et de pratiques redonne, à l'intérieur même de nos démocraties, la priorité à la tradition contre la liberté individuelle, exige la soumission radicale à la Loi, redéfinit l'identité religieuse en termes de sang et de communauté fermée, d'ultra-orthodoxie et d'excommunication, à contre-courant des valeurs individualistes, laïques et tolérantes.

Pourtant, la tendance lourde des démocraties va manifestement à rebours de cette réaffirmation fondamentaliste, elle est à l'émancipation des esprits vis-à-vis des pratiques, appartenances et dogmes religieux. Il n'y a plus que 1 % des catholiques qui se confesse une fois par mois, moins de 10 % assistent régulièrement à la messe dominicale. Reviviscence de l'orthodoxie religieuse ? Seul 1 jeune croyant sur 4 considère qu'il faut accepter la religion dans son intégralité, 70 % d'entre eux affirment que certains points de la religion chrétienne les gênent, 3 catholiques pratiquants réguliers sur 5 pensent qu'on peut se considérer comme catholique et accepter le principe d'un désaccord avec les déclarations du pape. En s'émancipant des autorités officielles, les visions religieuses se destructurent, deviennent plus fluides, elles s'alignent sur la logique individualiste du *self-service* et du pluralisme des appartenances. Simultanément, les croyances s'organisent davantage en fonction d'une quête de soi personnalisée mêlant, ici et là, traditions d'Orient et d'Occident, spiritualité et ésotérisme, absolu et santé holistique, méditation et relaxation, mystères et thérapies du corps. La recherche d'une vérité personnelle et syncrétique s'est substituée aux dogmes reçus, l'« expansion de la conscience » au dirigisme des âmes, l'authenticité à la règle. Voici l'âge des religions en *kit* finalisées par le moi, nous éloignant autant du monde de l'intolérance religieuse que d'un univers rationnel délivré du sens de l'au-delà.

Reste que la dynamique sociale des valeurs libérales n'a pas empêché l'apparition de mouvements se définissant par l'esprit sectaire et intolérant. Là est le plus étonnant : au moment où le principe de liberté individuelle annexe largement les sphères de la vie privée et publique, des individus en refusent explicitement la valeur pour eux-mêmes et parfois les autres. À l'âge hyper-individualiste, l'autonomie subjective se manifeste pour le plus grand nombre par la dévaluation des autorités extérieures à la volonté propre, mais, pour des minorités, par le renoncement volontaire à la liberté de conscience. Qu'on ne s'y trompe pas, ce néofondamentalisme ne reconstitue en rien l'univers ancien de la tradition, il est encore une figure de la liberté individualiste, une quête identitaire, une *option* dont la caractéristique est d'épouser l'autorité des dogmes et la soumission à la communauté. De nos jours, la construction de soi passe aussi par le déni de l'autonomie et le refus de l'hédonisme libéral. L'hypermarché individualiste ne fait que se doter d'un rayon supplémentaire de « produits » : à travers le réveil des divers intégrismes, c'est la logique individualiste qui l'emporte, ouvrant davantage la gamme des choix et lignes de vie, permettant d'adopter les valeurs et styles de vie les plus antinomiques. Même ce qui s'oppose frontalement à l'esprit de liberté a sa place dans nos sociétés, même la « servitude volontaire » fait partie de l'offre globale : par-delà cette dénégation manifeste du principe individualiste générée par le malaise de l'état social postmoderne, il y a, au plus profond, expansion de sa logique polymorphe, création d'une aire de *surchoix* jusque dans la sphère du sens.

Dans les démocraties ouvertes, des mouvements religieux « durs » resurgissent, mais sur le mode minoritaire. Tolérance des masses réfractaires aux manifestations violentes et autoritaires, extrémisme dogmatique des marges : ce qui est le plus significatif c'est la forte étanchéité existant entre ces deux pôles, l'imperméabilité des majorités silencieuses aux poussées ultra. Désormais, les mouvements radicaux se révèlent incapables d'embraser le tout collectif, d'entraîner sur leurs traces les masses attachées aux valeurs d'autonomie et de prudence. Les marges jusqu'au-boutistes agitent les démocraties en surface, peu en profondeur, plus aucun courant mystique n'est apte à détourner la société civile de sa pente lourde, partout les extrémismes mettent en émoi l'opinion mais échouent à subvertir l'ethos de l'individualisme tranquille, largement tolérant du plus grand nombre.

CHAPITRE V

L'ordre moral ou Comment s'en débarrasser ?

Qui ne voit que nos sociétés sont aujourd'hui à mille lieues de l'époque insouciante, romantique, échevelée de la contre-culture et de l'utopie anticapitaliste ? On voulait « changer la vie », nous célébrons l'entreprise et l'excellence professionnelle ; on vouait aux gémonies la famille bourgeoise, nous l'érigeons au sommet des valeurs ; on identifiait progrès humain et droit des femmes à disposer de leur corps, les législations libérales sur l'avortement sont remises en cause ; on chantait l'*Internationale* et rêvait de communautés en rupture, nous avons l'« identité nationale » et les appels au « droit du sang ». À n'en point douter, nous sommes témoins d'un large virage culturel, d'une réaffirmation de référentiels à ce point marqués au sceau du conservatisme que d'aucuns n'hésitent pas à lâcher le nom du péril qu'ils voient poindre : le retour de l'ordre moral.

C'est au début de la IIIe République qu'un régime explicitement d'« ordre moral » fait sa première apparition. Son but est de restaurer le principe monarchique et de rétablir les valeurs catholiques traditionnelles : la commémoration du 14-Juillet est interdite, les enterrements civils prohibés, les bustes de la République chassés des mairies du midi de la France. Plus tard, la « révolution nationale » du gouvernement de Vichy reprend le flambeau en fustigeant le « relâchement moral » des Français, la vieille devise de la République est remplacée par « Travail, famille, patrie ». Dans sa logique profonde, l'ordre moral s'est constitué en réaction contre la culture individualiste, démocratique et matérialiste héritée de la Révolution française, accusée qu'elle est d'être à la racine de la décadence, de la défaite, du régime d'irresponsabilité du pays. Seule une grande révolution des valeurs barrant la route à l'« esprit de jouissance » et redonnant une pleine dignité à l'esprit de sacrifice et de discipline est censée pouvoir sauver la patrie du naufrage. Toute la rhétorique de l'ordre moral s'est arc-boutée sur la condamnation rédhibitoire de l'individualisme « dissolvant » des droits de l'homme et l'exaltation concomitante de la primauté des devoirs vis-à-vis des communautés organiques, qu'elles soient familiales, nationales ou professionnelles. Travail, famille, patrie : la trilogie affirmait solennellement le primat des obligations sur les droits individuels, la priorité de l'effort sur les valeurs de jouissance et de l'obéissance sur les revendications.

Cette offensive contre les principes modernes libéraux et démocratiques ne doit pas cacher la continuité historique dans laquelle, paradoxalement, s'est inscrite l'entreprise de régénération morale par le travail, la famille et la patrie. Au cours du XIXe siècle et jusqu'à la Seconde Guerre mondiale, tous ces référentiels ont été largement mis à l'honneur par les courants de pensée les plus divers, les devoirs du travailleur, du père, du citoyen ont bénéficié d'une suréminence sans pareille, partout les droits individualistes ont été contrebalancés et le plus souvent dominés par les obligations morales et collectives. Sous cet angle d'analyse, l'ordre moral désigne plus que des périodes et des régimes politiques spécifiques, il n'a cessé d'accompagner le premier moment historique de l'individualisme moderne soucieux de redresser la moralité publique et individuelle par l'affirmation des devoirs premiers de l'individu vis-à-vis de la collectivité.

Peut-on encore, dans ces conditions, parler d'ordre moral au sujet de nos sociétés quand précisément celles-ci tendent à dissoudre l'idée de dette envers l'englobant collectif, quand la valeur du renoncement à soi est caduque, quand les plaisirs, loisirs et droits subjectifs sont quotidiennement stimulés et magnifiés ? Même nuancée par l'adjectif « nouveau », l'idée d'ordre moral obscurcit plus la compréhension du présent qu'elle ne l'éclaire. Nul doute que des signes d'ordre moral n'existent — les menaces contre le droit à l'avortement en sont une illustration exemplaire : cela ne suffit pas pour évoquer un retour de l'ordre moral, tant il est vrai que nos sociétés sont désormais emportées par un procès systématique d'anémisation et de délégitimation de l'esprit de devoir. Nul doute que l'attention aux questions morales ne se renforce : encore faut-il préciser que ce réveil éthique signifie essor d'une morale individualiste indolore et nullement rétablissement d'une morale sacrificielle. Faire don de sa personne ? Qui ne voit la dévaluation subie par cet idéal ? Se sacrifier pour une cause supérieure collective ? Qui même le demande ? Nous avons à comprendre la fortune actuelle de l'éthique sans la rabattre sur le modèle traditionnel du primat des obligations suprêmes envers ce qui nous dépasse. Vous avez dit « ordre moral » ? En 1987, seuls 14 % des Français déclaraient être favorables à la devise « Travail, famille, patrie ».

FAMILLE CHÉRIE

La famille à la carte

Il y a peu, la famille faisait l'objet d'accusations véhémentes, une jeunesse avide de liberté l'assimilait à une instance aliénante, une mouvance rebelle à une structure reproduisant des rapports de propriété et de domination répressive. Virage à 180 degrés : aujourd'hui au hit-parade des valeurs, la famille a cessé d'être cette sphère dont on cherchait à s'échapper le plus tôt possible, les jeunes cohabitent de plus en plus longtemps avec leurs parents, le « cocooning » est en vedette, les adolescents en grande majorité déclarent s'entendre correctement avec leurs parents.

La famille est la seule institution pour laquelle une grande majorité des Européens déclarent être prêts à tout sacrifier, y compris leur propre vie[1] ; en 1987, 7 Français sur 10 affirmaient que la famille est le seul endroit où l'on se sente bien et détendu[2], plus de 8 jeunes Français sur 10 considéraient que leurs parents remplissaient très bien ou plutôt bien leurs rôles ; à l'affirmation « on ne devrait plus se marier », seul 1 Français sur 10 donne son accord ; au début de notre décennie, 6 étudiants sur 10 déclaraient qu'ils aimeraient que leurs enfants vivent la même expérience familiale qu'eux. « Familles, je vous hais » n'aura été qu'un cri provisoire, une parenthèse protestataire déjà refermée.

1. Jean Stoetzel, *op. cit.*, p. 123.
2. Ce qui n'empêche pas 10 % des couples d'être concernés par la violence : 2 millions de Françaises ont été battues, à un moment ou à un autre de leur vie, par leur conjoint

Encore faut-il préciser que cette « réhabilitation » de la famille ne signifie en rien reconduction des traditionnels devoirs prescrits par la morale bourgeoise et religieuse : dans les sociétés contemporaines, nous célébrons la famille, les obligations inconditionnelles en moins. On sait en effet qu'après un cycle de forte régression, le nombre de mariages en France est à nouveau en légère hausse [1], mais, dans le même temps, les divorces, unions libres et naissances hors mariage progressent ; davantage encore, aucun de ces comportements n'est plus désormais mis au ban de la société. Le culte de la famille s'est vidé de ses anciennes prescriptions obligatoires au bénéfice de l'accomplissement intime et des droits du sujet libre : droit au concubinage, droit à la séparation des conjoints — seuls 4 % des Français se déclarent hostiles au principe du divorce —, droit à la contraception, droit à la maternité en dehors du mariage, droit à la famille peu nombreuse, il n'y a plus de devoir strict dominant les désirs individuels. Qui s'exposerait de nos jours au ridicule de déclarer à l'instar de la propagande de Vichy : « Craignez un jour d'avoir à rougir devant vos propres enfants si vous n'en avez qu'un ou deux » ? Au moment où le nombre de familles nombreuses décroît, où le droit à la contraception n'est plus remis en cause que par une minorité de croyants, une nouvelle morale domestique a fait son apparition : se marier, rester unis, mettre au monde des enfants, tout cela s'est délesté de toute idée d'obligation

1. Remontée toute relative : le nombre de mariages contractés en France est de 4,8 pour 1000 habitants aujourd'hui, contre 7 en 1965. La tendance lourde est au recul de l'institution du mariage : entre 1972 et 1988, le nombre de mariages en Europe occidentale a chuté de 20 %. Si la tendance actuelle se poursuit, en 2010, 28 % des Françaises de 50 ans et 45 % des Suédoises ne seront pas mariées.

impérieuse, le seul mariage légitime est celui qui dispense le bonheur. Pour être à nouveau cotée à la bourse des valeurs, la famille n'en est pas moins devenue une institution postmoraliste, recyclée par la logique de l'autonomie individualiste.

Que reste-t-il de la morale familiale traditionnelle à l'âge des banques de gamètes, des embryons congelés, de l'insémination artificielle et de la fécondation *in vitro* ? En très peu de temps, ces méthodes ont littéralement bouleversé les concepts traditionnels de filiation, de paternité et de maternité : une femme peut être fécondée par un géniteur anonyme ou un homme décédé, la femme génitrice et la femme gestatrice peuvent être dissociées, la mère d'une femme peut mettre au monde l'enfant de sa propre fille. Avec les nouvelles techniques de reproduction, la procréation d'un enfant sans père, la maternité et la paternité sans relation sexuelle sont devenues possibles. Nous n'assistons pas à la résurgence de l'ordre familialiste mais à sa dissolution postmoraliste, ce n'est plus le devoir de procréer et de se marier qui nous caractérise, c'est le droit individualiste à l'enfant, fût-ce en dehors des liens conjugaux. En 1985, 1 Français sur 2 considérait que les couples vivant en union libre devaient pouvoir bénéficier des nouvelles techniques de procréation, 4 sur 10 estimaient qu'elles étaient légitimes appliquées aux veuves ou aux femmes seules ; en Espagne, les femmes célibataires peuvent avoir accès à la procréation médicalement assistée ; aux Pays-Bas, les femmes vierges ou homosexuelles ont droit aux techniques d'insémination artificielle. La procréatique fait éclater les normes stables de l'ordre familialiste, elle précipite le règne individualiste de l'enfant et de la famille en libre-service.

Déjà 30 000 enfants sont nés en France de géniteur

inconnaissable par insémination artificielle avec donneur, 1 enfant sur 200 est désormais conçu hors du corps de la mère. Dissolution de l'éthique familiale traditionnelle, exacerbée encore par le diagnostic prénatal permettant aux futurs parents de connaître et de choisir le sexe de l'enfant par avortement sélectif. De plus en plus de médecins et de généticiens répondent maintenant favorablement aux demandes des parents désireux de connaître le sexe du fœtus et ce, au nom du principe de la liberté individuelle dans le domaine de la reproduction [1]. L'ordre moral proclamait la primauté des droits de la famille sur ceux de l'individu ; c'est manifestement l'inverse qu'accomplit l'ordre postmoraliste coïncidant avec la famille consumériste, l'enfant sur mesure, l'« équilibre » volontaire de la famille en fonction du sexe de l'enfant et peut-être bientôt d'autres caractéristiques.

Loin d'être une fin en soi, la famille est devenue une prothèse individualiste, une institution où les droits et désirs subjectifs l'emportent sur les obligations catégoriques. Longtemps les valeurs d'autonomie individuelle ont été assujetties à l'ordre de l'institution familiale. Cette époque est révolue : la puissance décuplée des droits individualistes a dévalorisé tant l'obligation morale du mariage que celle de procréer en grand nombre. Les parents se reconnaissent certes des devoirs envers leurs enfants : pas au point toutefois de rester unis toute leur vie et de sacrifier leur existence personnelle. Telle est la famille postmoraliste que l'on construit et reconstruit librement, le temps que l'on veut, comme l'on veut. On ne respecte plus la famille en soi, mais la famille

1. Dorothy C. Wertz et John C. Fletcher, « Le choix du sexe : une connaissance fatale », *Esprit*, nov. 1989.

comme instrument d'accomplissement des personnes, l'institution « obligatoire » s'est métamorphosée en institution émotionnelle et flexible.

Les divers maux accompagnant l'essor de la famille « consumériste » ont été largement soulignés : drame du divorce, « déshumanisation » des nouvelles techniques de procréation, effacement de la figure du père, crise des repères d'identité de l'enfant. À quoi s'ajoute, à un tout autre niveau, démographique cette fois, les périls collectifs liés à la chute prétendument catastrophique des taux de fécondité observable depuis le début des années 1970 : non-remplacement des générations, perte de l'identité nationale et carrément, pour certains, « autogénocide », « suicide collectif » des nations. Mais les données démographiques sont-elles réellement conformes à ce sombre tableau ? On peut en douter. D'une part, la population française connaît depuis un demi-siècle la plus forte croissance démographique de son histoire, la population depuis la fin de la guerre a augmenté de 40 %, il naît actuellement plus de 750 000 enfants par an ; même sans aucune migration, la population française, depuis 1945, aurait été augmentée de 11 millions de personnes au lieu de 17 millions [1]. D'autre part, depuis environ cinq ans, la « descendance finale » s'est stabilisée en France autour de 2,1 enfants par femme, taux assurant à lui seul le renouvellement des générations. Sans doute y a-t-il moins de familles nombreuses qu'autrefois, mais simultanément il y a davantage de couples qui ont plus d'un enfant et ce, à la différence de la période de l'entre-deux-guerres. Sans doute, les taux de fécondité baissent chez les jeunes femmes, mais

1. Sur ces données, Hervé Le Bras, *Marianne et les lapins*, Paris, Olivier Orban, 1991.

ils augmentent chez les femmes plus âgées qui tendanciellement retardent les naissances d'enfants souhaités [1]. Il n'y a nulle tendance lourde et irrépressible à une fécondité à la baisse : la dynamique néo-individualiste ne signifie pas refus de l'enfant, mais l'enfant quand on veut, le nombre que l'on veut. Même si l'on observe, dans un certain nombre de pays européens, une décroissance de l'« indice conjoncturel », rien n'indique qu'il s'agit là d'un processus de longue durée, inévitable et irréversible : dès que, notamment, le retard de maternité se stabilisera, l'indice a toutes les chances de remonter, à l'instar de la Suède où il a déjà pu repasser au-dessus de 2. Il en va, au fond, de la natalité comme de la sexualité, l'univers de l'autonomie individualiste ne court-circuite pas toutes les régulations, il fonctionne bien davantage comme un « désordre homéostatique » capable en l'occurrence d'assurer le renouvellement de la population en dehors de toute morale nataliste.

C'est une vue très réductrice que d'assimiler l'individualisme de l'après-devoir à la monade narcissique sans autre désir que le moi pur. Quelle que soit l'ampleur du culte de l'autonomie, de la santé, de la jeunesse, les couples désirent et font statistiquement entre 2 et 3 enfants : les passions narcissiques ne contredisent nullement le désir d'avoir des enfants, de fait en nombre « moyen ». Ni 1 enfant, ni 4 ou 5 : ce choix illustre typiquement l'individualisme postmoraliste en ce qu'il ne s'agit plus de « sacrifier » sa vie intime ou professionnelle par des naissances démultipliées, mais il n'est pas question pour autant de se priver des joies variées d'avoir des enfants. Gagner sur « tous les plans », « réussir » sa vie professionnelle en même temps que familiale, la culture néo-

1. Ce point est fortement souligné par Hervé Le Bras, *op. cit.*

individualiste peut faire osciller les indices de fécondité, elle n'est pas assimilable à une machine de guerre tournée contre la natalité, dans une époque où précisément on ne veut renoncer à rien et où l'enfant fait partie intégrante de la qualité totale de l'existence. Les désirs individualistes livrés à eux seuls sont synonymes de « chaos organisateur », non de « *baby krach* ».

Droits des enfants, devoirs des parents

Le processus historique assurant la suprématie des droits individuels sur les devoirs affecte jusqu'à l'idée de respect et de dévouement filial. Certes, le cinquième commandement bénéfice toujours d'une large autorité : plus de 6 Européens sur 10 pensent que les enfants doivent amour et respect à leurs parents, quels que soient leurs qualités et défauts. Mais ici encore, c'est l'écart entre les idéaux affichés et la réalité sociale effective qui est le plus significatif. De nos jours, l'éducation de type libéral-psychologique et les valeurs de liberté individuelle travaillent à réduire, voire à détruire le sens des devoirs filiaux : on n'élève plus les enfants pour qu'ils honorent leurs parents mais pour qu'ils soient heureux, qu'ils deviennent des individus autonomes, maîtres de leur vie et de leurs attachements. Quel sens accorder à la notion de devoir d'obéissance filiale dès lors qu'en matière de profession, de mariage, de résidence, d'éducation des enfants, nous ne reconnaissons plus que le principe de la liberté individuelle ? Dans une société fondée sur l'expression et l'affirmation de la personnalité individuelle, le culte immémorial des parents perd irrémédiablement de sa force, chacun est reconnu libre et vit d'abord pour lui-même. Le sacrifice de soi au bénéfice des désirs des parents n'a plus de légitimité sociale, le sens de la piété filiale inéluctablement régresse, faisant place, au mieux, au « chacun chez soi », au pire à la violence : tandis qu'aux États-Unis se sont constituées des associations de parents battus, en Norvège, au Canada, aux États-Unis encore, 1 personne âgée sur 5 serait victime de sévices psychologiques et d'exploitation financière au sein de sa famille, 2 à 5 % subiraient des violences physiques. Sans doute est-ce là une tendance extrême : il reste qu'aujourd'hui les parents âgés vivent seuls, ils s'éteignent dans les « mouroirs » ou les maisons du quatrième âge. Comme dans *Les nouveaux monstres* de Dino Risi, ils vont attendre la mort en maison de retraite.

Pour autant, le procès d'érosion des devoirs n'est pas sans limites. Rien de plus scandaleux, de nos jours, que de ne pas chérir ses enfants, ne pas se soucier de leur bonheur et de leur avenir. L'individualisme narcissique est ici stoppé dans sa course : le droit à l'autoabsorption subjective ne va pas jusqu'à discréditer le principe des obligations parentales : plus les valeurs individualistes gagnent du terrain, plus se renforce le sentiment des devoirs envers les enfants ; plus l'esprit d'obligation envers la « grande société » périclite, plus la notion de responsabilité envers les « petits » gagne en autorité. Aucune autre obligation morale « positive » ne bénéficie sans doute d'une légitimité aussi forte : l'âge postmoraliste anémie globalement les devoirs, mais élargit l'esprit de responsabilité envers les enfants. C'est pourquoi les griefs contre les parents ne cessent de se multiplier : ils sont coupables de ne pas suivre d'assez près les études de leurs progénitures, de ne pas participer aux associations de parents d'élèves, de préférer le sacro-saint week-end aux rythmes scolaires harmonieux. La liste est longue qui énonce les fautes des parents : ils se déchargent de leur responsabilité sur les enseignants, ils laissent les enfants s'abrutir devant la télévision, ils ne savent plus se faire respecter. À mesure que l'enfant triomphe, les failles de l'éducation familiale sont plus systématiquement relevées et dénoncées. Il n'y a plus de mauvais enfants. Rien que des mauvais parents.

Il serait inexact d'interpréter ce concert de critiques comme le signe du déclin massif des vertus parentales : plus exactement, il traduit une culture centrée sur l'enfant et travaillant plus que jamais à responsabiliser les familles sur des dimensions de plus en plus larges, de plus en plus complexes de la vie. Non plus certes par injonctions morales mais par le biais, autrement plus efficace, de l'information, de la vulgarisation scientifique, de la sensibilisation médiatique. Les livres et guides pratiques sur l'enfant fleurissent, les bébés font la une des magazines, les conseils sur l'alimentation, l'hygiène, la psychologie, les jeux et maladies ne suffisent plus, on explique maintenant les potentialités du fœtus et les compétences du nouveau-né. Voici le temps du « bébé citoyen » conscient et communicant, individualisé et sensible qui demande conversation et éveil constants. L'époque du « dressage » des bébés assimilés à un « tube digestif » est révolue, la responsabilité des parents est désormais totale, elle commence avant même la naissance s'il est vrai que le fœtus est déjà une personne. L'heure n'est plus à la prescription des devoirs stricts, priorité est donnée à la chaleur humaine, à l'émotion, à l'écoute. Dès lors que les premiers mois de la vie sont reconnus décisifs pour le futur de l'enfant, que les découvertes scientifiques et conseils pratiques se multiplient, que l'éducation se fixe pour but l'épanouissement global de la personnalité, il est inévitable que le sentiment de responsabilité des parents s'intensifie : à présent, toute décision est, en un sens, problématique, tout est devenu important dans le rapport aux enfants. D'où le paradoxe postmoraliste déjà énoncé à travers la question hygiénique : moins il y a d'hommages solennels aux devoirs, plus l'attention aux enfants apparaît comme une exigence indépassable.

Depuis des siècles, les sociétés modernes ont célébré l'idée de devoirs envers les enfants. Mais, dans le même temps, elles ont continué, fidèles à une tradition immémoriale, à privilégier les devoirs des enfants vis-à-vis des parents. Avec le moment postmoraliste, un basculement s'est opéré : ce sont les devoirs des parents qui sont maintenant davantage prégnants que ceux des enfants, quelle que soit l'avancée du « droit à l'enfant » rendu possible par les nouvelles techniques de procréation. L'ingratitude des enfants fait moins scandale que l'indifférence des parents envers leurs progénitures. La violence exercée contre les enfants est devenue, aux yeux de l'opinion publique, l'une des fautes les plus inexcusables, les plus intolérables : 96 % des Français pensent qu'ils dénonceraient à la police un voisin martyrisant son enfant. De plus en plus, les media, les pouvoirs publics, les associations de protection de l'enfance cherchent à lever le tabou entourant les abus sexuels sur les enfants. C'est partout la protection, la santé, le développement psychologique des enfants qui sont premiers : déjà, dans certains États américains, les mères sont condamnées par la justice pour s'être droguées pendant leur grossesse, des tribunaux viennent de créer le crime de « fœticide », les enfants pourront maintenant poursuivre leur mère pour mauvais traitements *in utero*[1]. En Suède, la loi considère que tout enfant a droit à connaître ses origines génétiques, de savoir de qui il est issu ; dans ces conditions, contrairement à la pratique française, l'insémination avec sperme de donneur ne peut être anonyme : le droit de savoir à qui l'enfant doit la vie l'emporte sur le droit à la vie privée des donneurs et l'autonomie des familles. En France, l'utilisation des tests d'empreinte génétique dans les recherches de paternité est désormais prévue par la loi : le droit de l'enfant à une double filiation est reconnu légalement à contre-pied de l'ancien droit des hommes à ne pas reconnaître leur enfant. Socialement, la reconnaissance du « droit à l'enfant » s'arrête précisément là où les devoirs d'éducation semblent ne pas pouvoir être assurés convenablement : une forte majorité de Français est ainsi opposée à ce que les couples d'homosexuels, les couples après la ménopause et les hommes seuls puissent bénéficier des nouvelles techniques de procréation. Aux yeux du plus grand nombre, avoir un enfant n'est un droit légitime que lorsque les parents sont à même de l'élever dans des conditions reconnues, à tort ou à raison, « satisfaisantes ». Certes, il n'existe pas de consensus sur ce que l'on entend par éducation « normale » et sur les personnes pouvant bénéficier des techniques procréatiques : ainsi les Français sont-ils fortement divisés au sujet des veuves désirant une insémination *post-mortem* et des femmes seules souhaitant un enfant ; en Espagne et en Grande-Bretagne, la loi autorise l'insémination *post-*

1. En Australie, une fille de 18 ans a intenté et gagné un procès contre sa mère accusée de ne pas avoir attaché sa ceinture de sécurité lorsqu'elle était enceinte de cinq mois : cette négligence avait occasionné, lors d'un accident de circulation, des paralysies et lésions irréversibles de l'enfant.

mortem et la procréation artificielle pour les femmes seules. Mais quelle que soit l'érosion de l'idée de famille « traditionnelle » et l'extension du « droit à l'enfant », notamment pour les femmes seules, celui-ci reste contenu dans des limites strictes : le droit d'être parent en France n'est pas socialement sans bornes, on le refuse aux hommes seuls, aux homosexuels, aux couples après la ménopause [1], c'est le droit au bonheur et au développement psychologique de l'enfant qui commande notre rapport à la procréation artificielle et oriente notre éthique domestique.

C'est de plus en plus autour de l'enfant qu'achoppe la spirale libérale. S'il faut mettre la télé-hécatombe au pilori, c'est en grande partie au nom de l'enfant ; si le porno est « insupportable », c'est qu'il faut respecter la sensibilité des mineurs ; s'il faut interdire la publicité pour le tabac, c'est, entre autres, pour ne pas donner de mauvais exemples aux jeunes. La dynamique postmoraliste qui privilégie les droits subjectifs renforce néanmoins le sentiment d'obligation parentale dans le droit fil du mouvement séculaire de la « découverte » moderne de l'enfant. Dans nos sociétés individualistes, l'enfant est devenu le principe-responsabilité des adultes, un vecteur primordial de réaffirmation des devoirs.

Nul doute que cette accentuation des devoirs ne signifie un coup d'arrêt à l'inflation individualiste : l'enfant est roi, son bonheur légitime un ensemble de contraintes contrecarrant les droits à l'autonomie des individus. Pourtant, le phénomène ne s'inscrit nullement en contradiction avec la logique postmoraliste. Car s'il y a bien

1. Sur l'opinion des Français, voir Olivier Duhamel, « La procréation artificielle », in *Sofres, Opinion publique 1986*, Paris, Gallimard, 1986.

suréminence d'un type d'obligations, celles-ci se rapportent à la sphère privée, là où les relations sont principalement affectives : le « devoir » peut rebondir parce qu'il se détache de toute dimension impersonnelle, autoritaire, doctrinaire pour se réconcilier avec l'inclination « naturelle » à la tendresse, aux sentiments. L'obligation dont il s'agit fonctionne moins comme impératif catégorique et inflexible impliquant résistance et effort que comme lien émotionnel, impulsion « spontanée », sentimentale, vers la « petite société » à fin de développement de l'enfant et de notre être relationnel. À bien des égards, le « devoir » des parents ressemble à ce que Guyau appelait la « fécondité morale », cette « générosité inséparable de l'existence sans laquelle on meurt, on se dessèche intérieurement[1] », ce principe d'expansion vers autrui qui n'est pas une perte pour l'individu mais son enrichissement, la condition d'une véritable existence, d'un degré supérieur de vie.

Dans la reconnaissance des « obligations » parentales, il n'y a plus aucune idée de commandement tyrannique contre soi-même, aucune notion obligatoire de mutilation de soi, seulement la « condition même de la vraie vie[2] ». Réussir sa vie, c'est aussi partager des joies, construire une famille, *donner* aux enfants pour être plus soi-même, gagner le challenge que constitue leur éducation, leur équilibre, leur bonheur. Si la famille est devenue espace hyperémotionnel, elle s'est transformée en même temps en entreprise à gérer optimalement dans toutes ses dimensions ; plus rien ne doit être négligé, la santé des enfants, les études, les vacances, les program-

1. Jean-Marie Guyau, *Esquisse d'une morale sans obligation ni sanction*, rééd. Fayard, p. 91.
2. *Ibid.*, p. 217.

mes de télévision, la musique, les langues, jeux et sports, tout est devenu matière à éveiller, bonifier, progresser, les parents ressemblent de plus en plus à des managers « jeunes et dynamiques » amoureux de leur entreprise interminable. C'est moins en termes d'abnégation que se pose la question de l'éthique parentale qu'en termes de management généralisé : le dévouement des parents ne se conçoit plus comme négation de soi, mais comme instrument d'accomplissement intégral de soi, besoin d'être utile, d'aimer et d'être aimé, besoin d'une sphère d'action et de construction intime, d'une vie plus intensive et plus extensive. La morale des parents, au même titre que la fidélité contemporaine, participe de l'exigence de qualité totale propre aux sociétés néo-individualistes ; à travers la légitimité supérieure des devoirs parentaux, c'est encore l'éthique postmoraliste, choisie, émotionnelle, sans renoncement à soi qui se déploie.

La consécration des devoirs vis-à-vis des enfants trouve une expression ultime, bien que très controversée, dans la question brûlante de l'avortement. Nous sommes témoins en effet, depuis plus d'une décennie, d'une véritable croisade néo-conservatrice qui, assimilant l'avortement à un crime, s'est engagée à faire abolir les législations libérales des années 1970. Aux États-Unis, après des campagnes virulentes et des actions parfois musclées contre l'« holocauste des enfants », les mouvements *pro-life* ont déjà remporté une demi-victoire : on sait que la Cour suprême, en 1989, a limité la décision de *Roe versus Wade* prise seize plus tôt reconnaissant le droit à l'avortement. Non seulement un État peut désormais refuser toute forme d'aide publique aux hôpitaux pratiquant l'I.V.G., mais ceux-ci n'ont plus le droit de dispenser à leurs clientes des conseils sur l'avortement. Dans la même foulée, les lobbies antiavortement ont menacé de boycotter l'ensemble des produits pharmaceutiques de la firme ayant mis au point la pilule abortive R.U. 486 si sa production n'était pas arrêtée. Même si le combat contre l'avortement n'a pris nulle part ailleurs une forme aussi radicale, aussi passionnelle, les valeurs libérationnistes sont désormais sur la défensive, partout le problème clive les opinions publiques. Au nom du respect de la vie, le droit de choisir des femmes est à nouveau, de fait, violemment contesté.

Il est indéniable qu'à travers la question de l'avortement l'esprit moraliste intransigeant rebondit, donnant la priorité aux devoirs catégoriques. Mais est-ce à dire qu'il y ait revirement de tendance tournant le dos aux valeurs individualistes libérales ? La réalité est autrement plus complexe. Quel que soit le regain de vitalité de l'interrogation éthique, quel que soit le souci contemporain de l'enfant, 3 Français sur 4 entre 15 et 49 ans ne jugent pas, de nos jours, l'avortement condamnable. Même les catholiques pratiquants s'engagent de plus en plus dans la voie tolérante, contre les anathèmes du Vatican : en 1990, 38 % d'entre eux se déclaraient favorables au principe du libre choix, ils n'étaient que 25 % en 1986. Simultanément, la pilule abortive est remboursée par la Sécurité sociale, la Grande-Bretagne, les Pays-Bas, les pays scandinaves en autoriseront bientôt l'utilisation. Certes la « *moral majority* » a réussi aux États-Unis à limiter le droit à l'avortement, mais plus de 60 % des Américains se déclarent toujours hostiles à cette restriction. Le droit peut adopter un profil d'ordre moral, la société civile n'y adhère pas qui légitime en grande majorité le droit des femmes à disposer librement de leur corps. Déjà, aux États-Unis, des leaders politiques changent leur fusil d'épaule vis-à-vis de l'avortement, échéance électorale oblige, et la plus importante association de médecins américains accorde son soutien à la diffusion du R.U. 486. En Irlande, le consensus antiavortement a été brisé à l'occasion du drame d'une jeune fille violée et empêchée, par décision de la Haute Cour, d'aller avorter en Grande-Bretagne. N'enterrons pas trop vite, au vu de l'oriflamme de la défense des bébés, la dynamique de l'autonomie individualiste ; en dépit de l'essoufflement manifeste du grand courant émancipateur antérieur, la culture qui nous régit poursuit sa course postmoraliste, les législations drastiques contre l'I.V.G. sont assimilées à des « extrémismes inhumains », ce sont les régulations modérées et libérales qui sont socialement légitimes dans le droit fil du triomphe des droits subjectifs sur les obligations inconditionnelles.

Droit à la vie contre droit de choisir : à travers la question actuelle de l'avortement, deux légitimités morales fondamentales s'affrontent sur la scène publique. Ce n'est pas le renforcement du courant *pro-life* qui caractérise en profondeur notre époque, c'est l'élargissement social du dissensus éthique, expression même de l'âge démocratique déconnecté du culte du devoir. Crise sociale des légitimités morales qui ne doit pas cacher, encore une fois, à l'échelle de l'histoire longue, la marche progressive des valeurs libérales et ce, quelles que soient les victoires ponctuelles des néo-rigoristes. Désormais, seule une minorité d'esprits religieux soutient le principe d'une interdiction rédhibitoire de l'avortement ou de la pilule abortive. Même la récente décision de la Cour suprême des États-Unis n'a pas prononcé l'interdiction légale de l'avortement, les juges ont confirmé la loi restrictive du Missouri, ils ont estimé constitutionnel d'interdire les aides publiques des États aux I.V.G. : ils ne les ont pas criminalisées. Ce n'est pas dire que le droit à l'avortement soit définitif et intangible : il n'est pas exclu, à mesure que la sensibilité éthique à la vie et aux enfants s'accentue, qu'on voie se multiplier les mesures destinées à restreindre ou à encadrer de plus en plus près le droit à l'avortement. Il est peu probable qu'il puisse, dans une période dominée par les droits individuels, être remis en cause absolument.

TRAVAILLER POUR SOI

De la morale du travail au management de l'excellence

Parallèlement à la famille, les sociétés industrielles modernes ont donné un éclat exemplaire à la valeur travail. Au cours du XIXe siècle, bourgeois puritains et esprits laïques, socialistes et libéraux ont partagé la même religion du travail, tous ont entonné le même chant « en l'honneur du dieu Progrès, le fils aîné du travail », comme l'écrivait Paul Lafargue. Les puritains protestants ont vu dans la besogne professionnelle un devoir assigné par Dieu à l'homme, une activité exaltant la gloire de Dieu, le moyen le plus approprié pour donner la certitude de la grâce. Les courants républicains ont magnifié le travail, expression quotidienne de la solidarité de chacun envers tous, nécessaire à la réalisation du progrès indéfini de l'humanité. Tandis que les Anglais se glorifiaient d'être les « abeilles travailleuses de la ruche mondiale », l'école de la République en France s'affirmait comme « l'école du travail ». La morale républicaine a enseigné l'effort, la valeur du travail bien fait, la honte de l'oisiveté, le devoir d'être utile à la société ; les livres de morale ont encensé le mot de Rousseau : « Tout citoyen oisif est un fripon », ils ont mis sur un piédestal les préceptes de Franklin : « Ne perds pas ton temps. Fais toujours quelque chose d'utile. Retranche toute occupation qui ne sert à rien. » La foi dans le travail civilisateur et libérateur est au centre du discours social, la paresse est un « crime social » créant un péril pour celui qui s'y adonne et pour la collectivité dont il est membre, chacun doit payer sa dette sociale et contribuer au développement de l'espèce humaine et de la nation.

Tous les régimes, qu'ils soient libéraux, totalitaires ou d'ordre moral, ont célébré en grand les messes de la production. En Union soviétique, le parti communiste a béatifié les performances des travailleurs modèles, les « samedis communistes », l'intérêt enthousiaste des travailleurs socialistes pour l'édification de la société sans classes. Dans l'Allemagne nazie, la propagande a sacralisé la productivité et la joie dans le travail intensif. Aux heures sombres de la collaboration avec l'Allemagne hitlérienne, l'ordre moral de Vichy aura pour ambition déclaré de « faire de tous les Français des hommes ayant le goût du travail et l'amour de l'effort ». Partout le travail s'est imposé comme un idéal supérieur, une loi morale impérative de l'homme et du citoyen.

On sait pourtant que les sociétés qui ont professé la morale du travail sont les mêmes qui se sont employées à le délester systématiquement de toute dimension humaine. Tandis que le principe du devoir moral sous-tendait les panégyriques du travail, il était scientifiquement expulsé de son organisation moderne. Depuis les premières décennies du XXᵉ siècle, la gestion taylorienne du travail, préoccupée par le problème de la « flânerie » et des chutes de cadence, s'est attachée à transformer l'ouvrier en automate sans pensée, exécutant strict de tâches parcellarisées préparées par les bureaux de méthodes, « réduit humain » mû par la seule motivation du salaire au rendement : point d'autres principes organisateurs que le chronomètre, l'obéissance aveugle, le salaire basé sur le travail aux pièces. Le management scientifique du travail a voulu éliminer le « facteur humain », le progrès dans la productivité n'ayant besoin que de séparation radicale du travail intellectuel et du travail manuel, de simplification des tâches, d'exécution mécanique privée de toute adhésion à la finalité de l'entreprise. En dépit des travaux de l'école de l'*human engineering*, des quelques recommandations d'« esthétiser les lieux de travail », de développer l'« esprit de corps » au sein de l'entreprise, le contrôle « scientifique » des corps l'a emporté sur le gouvernement des âmes, la discipline mécanique sur l'intériorisation des valeurs, les stimulants matériels sur les diverses motivations psychologiques. La morale prescrivait les obligations supérieures du devoir, mais le « moral » des hommes restait une dimension largement extérieure au management ; plus la religion du travail a clamé haut ses impératifs, moins la production s'est organisée en fonction des principes d'initiative, de responsabilité, d'engagement volontaire des hommes.

Où en sommes-nous à présent ? Un changement considérable s'est opéré qui a bouleversé cette configuration bipolaire du travail, simultanément moraliste et matérialiste, rigoriste et scientiste, idéaliste et rationalisatrice. L'essor des valeurs individualistes-hédonistes-consommatives d'un côté, les nouveaux paradigmes du management de l'autre, ont été les fers de lance de l'avènement d'une nouvelle « signification imaginaire » du travail, d'une culture postmoraliste et post-technocratique du travail.

Plus que jamais l'inquiétude collective porte sur la vitalité économique, mais simultanément l'idéologie moraliste du travail s'est dévitalisée : le travail est de moins en moins associé à l'idée de devoir individuel et collectif, les grandes homélies sur l'obligation de travailler n'ont plus cours. On n'exalte plus les vertus de patience et de persévérance, on n'enseigne plus guère le courage régulier, l'impératif moral d'être utile à la collectivité, l'obligation sociale d'accomplir « sa petite besogne microscopique », si infime que soit le résultat obtenu. L'avènement de la société de consommation de masse et ses normes de bonheur individualiste ont joué un rôle essentiel : l'évangile du travail a été détrôné par la valorisation sociale du bien-être, des loisirs et du temps libre, les aspirations collectives se sont massivement orientées vers les biens matériels, les vacances, la réduction du temps de travail. La boutade de Tristan Bernard, « L'homme n'est pas fait pour travailler, la preuve c'est que ça le fatigue », est devenue, en un sens, un credo de masse de l'ère postmoraliste. À l'impératif de progrès et de solidarité par le travail, a succédé le culte individualiste du présent, la légitimité de la recherche du bonheur et de la liberté, d'une *fun morality*.

Au cours des années utopiques de la contestation, *via* la diffusion sociale du thème de l'aliénation et de la « vraie vie », la remise en cause du travail comme valeur essentielle s'est encore largement accentuée. À la formule chère au XIXe siècle : « Le travail fut sa vie », s'est substitué : « La vie commence après le travail ». Dans le prolongement de cette quête sociale du temps hors-travail, se sont développés les horaires flexibles, l'aménagement et l'individualisation du temps de travail, le travail à temps partiel, la journée continue, la légitimité croissante des « ponts ». Autant de nouvelles dispositions culturelles et organisationnelles traduisant au plus profond, non la fin de la dignité du travail, mais la disparition du catéchisme du labeur et la consécration corrélative des droits subjectifs à une vie plus libre, plus orientée vers les désirs et le temps libre.

Non sans un relatif « retard » historique, comparé à l'impact de la culture consommative sur les valeurs, les pratiques de gestion des entreprises ont également participé à la métamorphose de la définition sociale du travail. L'intensification de la concurrence, la mondialisation de l'économie, les performances japonaises, l'exigence de qualité ont contraint les entreprises à remettre en cause l'idéologie techniciste des ingénieurs, les méthodes rationalisatrices du travail prônées inauguralement par Taylor, Ford et Fayol puis très largement diffusées dans le monde industriel. Quelque trente ou quarante ans après les travaux d'Elton Mayo, le management par la culture redécouvre la relation existant entre productivité et « facteur humain ». De nos jours, le succès n'est plus attendu d'un perfectionnement disciplinaire et pyramidal mais de mesures de débureaucratisation capables seules d'assurer la participation et la responsabilisation du personnel ; le maître-mot est devenu : mobiliser les hommes en les impliquant dans l'entreprise. Le prestige du modèle taylorien s'est effacé au profit de la culture d'entreprise, d'une incantation nouvelle au développement des potentiels d'autonomie individuelle, aux valeurs partagées de la communauté, à la valorisation des « ressources humaines » célébrées maintenant comme premier « gisement de productivité » de l'entreprise. Une gestion performante ne peut plus seulement faire appel à l'intérêt et à la raison technicienne, elle doit s'employer à créer une inspiration commune forte, un consensus autour de projets et de valeurs. Renversement majeur de tendance : pendant trois quarts de siècle, le management s'est voulu hiérarchique et technocratique, l'objectif étant de contrôler de bout en bout les corps productifs, de les planifier dans leurs moindres détails en dehors d'eux-mêmes. Aujourd'hui, la gestion par la culture cherche à produire systématiquement l'adhésion et la motivation des hommes par l'intériorisation des objectifs de l'entreprise : au contrôle mécanique des corps tend à se substituer un « contrôle des âmes » souple et communicationnel, participatif et symbolique (codes, rites, projets, credo), destiné à rassembler toutes les énergies au service d'une même communauté d'appartenance. Alors que les grands discours idéologiques perdent de leur emprise sur la société, l'entreprise, elle, fonctionne de plus en plus « à l'idéologie », à la croyance, aux convictions partagées ; alors que les valeurs individualistes culminent, l'entreprise travaille à créer de l'identification à l'organisation, à souder les hommes autour de valeurs communes.

Le processus d'intégration ou de normalisation sociale par l'« action idéologique » n'a évidemment aucun caractère original. Le nouveau, avec la vogue de la « culture d'entreprise », est que l'emprise sur les désirs et motivations ne passe plus par la voie traditionnelle de la morale de l'obéissance, du devoir autoritaire, régulier, uniforme, mais par celle de l'autonomie individuelle et de la participation, du *feed-back* communicationnel et de l'implication psychologique. La lutte contre les improductivités de l'« entreprise fantôme » requiert l'abandon du fameux *one best way* taylorien au bénéfice non seulement des valeurs partagées mais aussi, en principe, de l'écoute systématique des employés, de formes d'autorité interactive, du raccourcissement des échelles hiérarchiques, de l'auto-organisation des équipes. Là est le pari de la nouvelle pensée managériale : c'est en renonçant à la volonté de maîtrise dirigiste et absolue des hommes que l'entreprise optimise son efficacité ; il faut intégrer une part d'« impouvoir », d'indétermination, de liberté des acteurs pour passer à un palier supérieur de compétitivité ; il faut prendre en compte l'« irrationalité » des motivations humaines pour obtenir des gains de productivité et plus de coopération à l'œuvre commune. D'un côté la valorisation des processus d'adhésion, de participation, d'initiative personnelle rompt avec le modèle rationalisateur du management scientifique inaugural ; de l'autre, le néo-management poursuit néanmoins, par des moyens moins directifs, plus communicationnels, la même volonté rationnelle d'optimiser l'activité de travail. Reste qu'une nouvelle philosophie de l'entreprise, aux conséquences considérables, peut se dégager de ces nouvelles orientations : la réelle puissance va de pair avec la capacité à accepter des initiatives individuelles et collectives, non intégralement programmées ; la puissance performante n'est pas dans la résorption mécaniciste de la complexité humaine et l'élimination de toute auto-organisation, mais dans la reconnaissance de zones nécessaires d'autonomie, la vraie puissance intègre le « désordre créatif [1] » des hommes, elle se dégage des dispositifs illusoirement tout-puissants de la domination « totalitaire », « militariste », scientifique exercée sur les hommes.

1. Ce management correspond à ce que Hubert Landier appelle l'« entreprise en réseau », *Vers l'entreprise intelligente*, Paris, Calmann-Lévy, 1991, pp. 107-156.

Tout l'effort du management participatif est tourné, pourrait-on dire, vers l'objectif de « dépasser » ce que Castoriadis appelait « la contradiction fondamentale du capitalisme », à savoir un système bureaucratique ne pouvant fonctionner que dans la mesure où sa tendance profonde — la réduction des salariés en purs exécutants — ne se réalise pas. Contradiction radicale en effet s'il est vrai que le système a besoin de la participation des salariés alors qu'il s'emploie dans le même temps à la rendre impossible, notamment dans l'organisation taylorienne du travail[1]. Sous la pression de la concurrence, cette contradiction a été « comprise » : désormais l'entreprise reconnaît explicitement la nécessité de l'initiative des salariés, l'objectif n'est plus d'exclure la participation des hommes par les voies de la rationalisation et de la hiérarchisation de la production, mais bien au contraire de *produire* l'initiative et la créativité des hommes : l'« idéologie » s'est accordée avec les exigences même du procès de travail. Mais, en s'efforçant de surmonter les contradictions de l'organisation disciplinaire, la gestion par la culture, au moins lorsqu'elle se réduit à elle seule, ne manque pas d'en reproduire de nouvelles. Comment ne pas constater le déphasage voire l'incohérence existant entre les nouveaux discours (respect et autonomie des hommes, transparence, valeurs partagées) et les pratiques managériales reconduisant fréquemment le secret, l'autoritarisme, la non-reconnaissance des conflits légitimes, s'accordant des privilèges exclusifs et des salaires mirifiques, sacrifiant le long terme au profit du court terme ? Contradictions encore d'un management qui valorise l'autonomie individuelle mais qui célèbre

1. Cornélius Castoriadis, *Capitalisme moderne et révolution,* t. II, Paris, U.G.E., coll. 10/18, 1979, pp. 105-108.

en même temps la fusion communautaire, qui stimule la compétition entre les hommes et simultanément l'esprit d'équipe et l'idéal de consensus, qui exalte l'adhésion volontaire des individus mais qui la prescrit comme « obligatoire », qui prône tout à la fois l'épanouissement de l'individu et la captation de toutes les énergies au service de l'entreprise[1]. Misère de l'idéologie *soft* de l'entreprise : le passage effectif et maintenant nécessaire du travailleur-objet au salarié-sujet exige autre chose que des credo et autres proclamations symboliques, il exige de réelles politiques de négociation et de transparence, de partages du pouvoir et de redistribution des profits, de formation du personnel et de gestion interactive des conditions de travail. L'implication des hommes ne peut se décréter d'en haut et sans eux à coup d'injonctions mobilisatrices et de valeurs communes : la gestion par l'« idéologie » n'a quelque chance de dynamiser l'entreprise que si elle s'accompagne de restructurations adéquates de l'« infrastructure », que si un nouveau « pacte social » permet l'implication des salariés dans les processus concrets de décision.

Avec la vogue actuelle de la culture d'entreprise magnifiant la mobilisation des hommes, la loyauté, l'adhésion à la communauté, le travail semble avoir reconquis une dimension morale, le voici à nouveau objet de discours explicitement centrés sur les devoirs. En particulier aux États-Unis où le référentiel moral, l'attachement aux valeurs éthiques d'honnêteté et de bonne foi s'enracinent dans une longue tradition, on voit se multiplier des codes d'entreprise fortement imprégnés d'esprit moralisateur. Chez Digital Equipment, le code éthique in-

1. Sur ces injonctions paradoxales, Nicole Aubert et Vincent de Gaulejac, *Le coût de l'excellence,* Paris, Seuil, 1991.

siste sur la conscience morale de chacun, sur les valeurs d'intégrité et de simplicité, sur le devoir de « travailler dur » : « Les gens paresseux ne peuvent pas survivre ici » ; Compaq prêche « diligence, patience, travail d'équipe et humilité » ; I.B.M. souligne les devoirs d'honnêteté et d'équité dans la conduite des affaires. L'idéologie morale du travail est-elle de retour ?

S'il est indéniable que nous assistons à l'accentuation des références morales dans nombre de discours managériaux, encore faut-il ne pas perdre de vue le déplacement qui s'est opéré dans l'idéologie dominante du travail. Celui-ci ne trouve plus en effet sa légitimité profonde dans un idéal collectif supérieur (nation, progrès indéfini de l'humanité, solidarité, socialisme) mais dans la puissance de l'entreprise elle-même ; ce n'est plus la rhétorique idéaliste du travail qui prédomine, c'est celle de la compétitivité, de la concurrence, du défi de la « qualité totale ». Que reste-t-il de la notion de devoir social du travail quand tout le discours managérial s'arc-boute sur l'ambition de conquérir des parts de marché, d'« être les premiers », de générer du profit ? Le travail n'est plus glorifié comme un devoir envers Dieu ni même comme un devoir envers les autres, il est devenu une action performative pure au service de la productivité totale de l'entreprise. Nous avons troqué la morale « solidariste » du travail contre l'éthique postmoraliste de l'excellence, du challenge permanent, de l'efficience indéfinie, du toujours plus, toujours mieux commandé par l'état de guerre économique et l'exigence strictement opérationnelle de gagner, d'« être les meilleurs ». Vaincre est devenu le but suprême, il faut gagner pour gagner, changer pour dominer le chaos environnant, innover ou périr, se mobiliser pour l'emporter dans la compétition internationale. Sous le masque des valeurs s'impose la logique postmoraliste de la puissance pour la puissance, de la « volonté de volonté » disait Heidegger, tendue non plus vers des fins supérieures mais vers le calcul de l'efficacité des moyens, de la maximalisation des moyens, fussent-ils des idéaux éthiques. L'âge des grands idéaux collectifs s'est éclipsé au bénéfice des « champions et héros de l'innovation », du culte postmoraliste des *winners,* de la passion individualiste de l'excellence, du plaisir de vaincre et de réussir en soi. Avec l'éthique de l'excellence, le processus de « démoralisation » du travail se poursuit : métamorphosé en « défi, jeu et sport » (projet Accor), le travail n'est plus au service d'une finalité supérieure mais de l'entreprise et des passions néo-individualistes sans but ni sens transcendant.

Entreprise, travail, vie privée

De même que le travail s'est détaché de l'idée de devoir envers soi-même, de même s'est-il dégagé massivement de celle d'obligation morale à l'égard de la collectivité : en 1989, seuls 20 % des salariés français reconnaissaient dans le travail un devoir de l'individu vis-à-vis de la société. L'indulgence sociale dont bénéficient le travail au noir et la fraude fiscale illustre d'une autre manière l'affranchissement du travail de la notion de devoir civique : en 1988, seuls 13 % des Français considéraient le fait de travailler au noir comme tout à fait condamnable moralement, 58 % le jugeaient non condamnable ; 44 % des Français estimaient non blâmable la fraude fiscale. Autant d'opinions d'essence individualiste révélant que le travail est perçu comme une activité source de revenus dont il est légitime de préserver le plus possible l'intégrité, fût-ce au détriment de la collectivité, une activité essentiellement au service de l'individu.

Même l'élite des grandes écoles tend à ne plus adhérer au principe de la dette de chacun envers tous. En 1991, environ 1 cadre sur 2 issus des grandes écoles de commerce et d'ingénieurs ne se reconnaissait aucune obligation supérieure aux autres citoyens, aucune obligation de servir l'intérêt général et de contribuer à la prospérité collective. Dans l'hypothèse d'un héritage important leur permettant d'arrêter de travailler, seule une minorité d'entre eux envisageait d'utiliser ces fonds pour créer une entreprise ou exercer un métier plus intéressant, moins de 5 % seulement invoquaient l'impératif de continuer à travailler en tant que devoir envers la collectivité, près de 50 % considéraient qu'« il vaut mieux ne rien faire que de travailler si l'on dispose d'un capital suffisant[1] ». Le travail, pour l'essentiel, s'est délesté de toute signification de dette ou de solidarité envers la société : désormais on travaille pour soi.

Cette montée du sens individualiste du travail s'accompagne d'un ensemble de phénomènes disparates d'ampleur plus ou moins variable : *turn over* des cadres, dissolution du sentiment d'appartenance collective à l'entreprise, recul du syndicalisme, montée des revendications catégorielles et du social-corporatisme, grèves dans les services publics transformant l'usager en otage, inexorablement la logique individualiste transforme le rapport au travail et à l'entreprise en accentuant le sens des droits et des intérêts subjectifs. Nous ne sommes pas, à l'évidence, dans des sociétés où, à l'instar du

1. Enquête réalisée en juillet-août 1991 pour *Le Monde* et *Media-P.A.*

Japon, le sens du devoir et de la loyauté envers l'entreprise sont premiers, où les licenciements chez les concurrents donnent lieu à des scènes d'euphorie collective, où l'on aime se qualifier de « drogués du travail ». Dans les sociétés individualistes, le dévouement à l'égard de l'entreprise, l'effort constant, le travail sans relâche ne sont plus des valeurs en soi, nous n'avons plus que des « contrats » individuels et des moyens adaptés à la poursuite de fins personnelles.

Si le travail a perdu son sens d'obligation morale vis-à-vis de la collectivité, il est loin d'avoir cessé d'être un pôle de motivation dans l'existence et ce, quelle que soit la force croissante des aspirations au bonheur privé. Nous sommes témoins, à cet égard, d'un revirement de tendance fortement significatif du nouveau cours de l'individualisme et sans doute d'une grande importance pour l'avenir de nos démocraties. Au fil des années 1970, le slogan « Métro, boulot, dodo » s'est popularisé, les concepts de travail et de réussite professionnelle ont été largement remis en question, la désaffection envers l'activité même du travail s'est amplifiée. Fuite devant les tâches de responsabilité, d'initiative et de commandement, accroissement de l'absentéisme, revendication prioritaire du temps libre, l'esprit de l'époque s'est d'abord investi dans la vie privée. Au début de la décennie, moins de 10 % des Français voyaient dans l'amour de leur métier un facteur de bonheur ; en 1977, 54 % des salariés se déclaraient en faveur d'une réduction du temps de travail contre 41 % en faveur d'une augmentation de salaire. Ce cycle a touché ses limites : nombre de signes indiquent maintenant l'essor de nouvelles attentes et de nouvelles motivations qui, pour être individualistes, se sont dégagées de la culture dominée par l'attitude antitravail.

L'esprit du temps n'est plus à l'indifférence au travail, il s'est largement réconcilié, fût-ce sous un mode inédit, avec l'activité professionnelle et l'« esprit de carrière ». En 1989, 41 % des salariés français voyaient dans leur travail, en dehors du salaire, l'occasion d'entreprendre quelque chose d'intéressant ou de passionnant : ils n'étaient que 25 % en 1986. 8 Françaises sur 10 considéraient en 1990 qu'une femme ne peut réussir sa vie sans avoir un métier. Même les ouvriers et employés valorisent de plus en plus l'implication personnelle et recherchent un investissement accentué dans le travail ; seuls restent en retrait de ce mouvement de réappropriation individuelle du sens du travail les salariés de plus de 50 ans. Si dans les années 1970 l'opinion dominante était que le travail dévore la vie de famille, les activités personnelles et le temps de repos, aujourd'hui la majorité considère que le travail leur laisse suffisamment de temps pour la vie privée[1] ; en 1992, 4 Français sur 10 déclaraient être d'accord pour travailler le dimanche. Dès 1985, 61 % des travailleurs européens faisaient le choix d'une augmentation de salaire plutôt que d'une réduction du temps de travail. Le phénomène se confirme : tandis qu'en 1989, 63 % des salariés se déclaraient prêts à consentir des sacrifices dans leur vie privée pour mieux réussir leur vie professionnelle, la réduction du temps de travail et les horaires pas trop contraignants n'étaient plus désignés comme des revendications prioritaires ; les attentes se cristallisent d'abord sur les niveaux de salaires et la participation aux bénéfices de l'entreprise mais aussi sur la reconnaissance du travail et du mérite individuel, sur l'initiative

1. Jean-Marc Lachaud, « Salariés . vers de nouveaux partages », in *L'état de l'opinion 1990*, Paris, Seuil, 1990.

dans le travail, sur les possibilités de formation. La thématique de l'« allergie au travail » a pris des rides : aujourd'hui on veut surtout gagner de l'argent et être reconnu dans son job. L'individualisme s'est normalisé un peu plus, l'autonomie, l'affirmation et l'accomplissement de soi ne se cherchent plus en dehors des règles sociales et économiques mais dans l'intégration professionnelle.

Les paradoxes de l'au-delà du devoir se retrouvent dans les sphères les plus diverses, que ce soit la sexualité, l'hygiène, la démographie ou le travail. De même que la dissolution des grands tabous sexuels et l'éviction des injonctions hygiénistes n'ont engendré ni licence des mœurs ni recul des soins du corps, de même l'éclipse du travail-devoir n'a nullement entraîné l'effondrement social des motivations au travail et des désirs d'implication professionnelle. Le travail fait maintenant partie des valeurs en lesquelles les individus ont le plus confiance, juste après la famille et les études ; en 1988, seuls 14 % des Français approuvaient l'idée qu'il faut chercher à travailler le moins possible, seule une minorité (15 %) pense qu'ils s'arrêteraient de travailler s'ils « en avaient les moyens ». La civilisation de l'après-devoir dévitalise les grandes prédications du travail mais reconstitue la valeur du travail et de la conscience professionnelle sur des bases utilitaristes, postreligieuses, postmoralistes. « Je ressens le besoin instinctif de faire de mon mieux, indépendamment du salaire » : les salariés américains, apprend-on non sans surprise, seraient même plus nombreux que les salariés japonais à se reconnaître dans cette affirmation[1]. C'est qu'il ne s'agit plus de l'obliga-

1. Tom Peters, *Le chaos management,* Paris, InterÉditions, 1988, p. 397.

tion morale abstraite de travailler « de tout son cœur » mais du désir personnel de réussir ce que l'on entreprend, de se sentir fier et responsable de sa tâche, de progresser, de trouver un sens à ce que l'on fait. Avant de désigner les nouveaux standards de la production, la qualité totale signifie l'idéal ultime de l'individu se prenant lui-même pour fin, soucieux de ne rien sacrifier, d'affirmer son identité intégrale, de *s'exprimer* en toute chose, culture, corps, sexe, famille et aujourd'hui travail. Le rejet du principe de renoncement à soi-même et l'exigence d'accomplissement personnel ont conduit, après une phase de désaffection, à la revalorisation de l'activité professionnelle elle-même : c'est maintenant la vie dans son ensemble et non plus seulement la vie privée qui doit participer du « zéro défaut ». La nouvelle frontière de l'individualisme, c'est la qualité intrinsèque du travail, la reconnaissance du mérite individuel, la stimulation de soi-même jusque dans l'enceinte de l'entreprise. L'aspiration à l'« homme total », à la « vie passionnante » s'est vidée de son contenu révolutionnaire mais elle n'a pas entièrement disparu : dans le réinvestissement contemporain du travail, c'est toujours la quête de la réalisation de soi qui est à l'œuvre, la dynamique de l'autoabsorption individualiste n'involue pas, elle s'est élargie de la sphère privée à la sphère professionnelle. Au moins partiellement, l'âge individualiste postmoraliste se révèle auto-organisateur : l'ego est premier mais les désirs d'autonomie et d'affirmation de soi se conjuguent pour relégitimer l'activité de travail, pour réinsuffler de la motivation en dehors de tout panégyrique du devoir social.

Si le mouvement de réinvestissement de l'activité professionnelle ne fait guère de doute, il convient d'être plus sceptique sur l'idée selon laquelle l'entreprise deviendrait un lieu central et « stable d'investissement vers lequel chacun se retourne parce qu'elle est pourvoyeuse de signes, de repères, de croyances, de projets [1] ». Certes, dans une société caractérisée par la liquéfaction des repères sociaux et la faillite des grands projets messianiques, l'entreprise peut s'imposer, ici et là, comme un « foyer de production identitaire », une organisation source d'identifications, de projections, de mobilisations émotionnelles, une institution porteuse d'un « potentiel de reconnaissance et de redéfinition des identités collectives [2] ». À condition, toutefois, de ne pas perdre de vue les limites strictes dans lesquelles cet « attachement » à l'entreprise s'effectue. Le réel social et individuel ne peut se lire comme le reflet des visées explicites de l'entreprise managériale s'employant à canaliser toutes les énergies sur ses propres objectifs. Quel que soit l'impact des méthodes du management participatif et motivationnel, elles ne parviennent que très imparfaitement à créer en grand cet « homme managérial » décrit comme voué corps et âme à l'entreprise, s'identifiant totalement à elle [3]. Que des cadres ou dirigeants — dans quelle proportion ? — soient incapables, après licenciement, de se détacher affectivement de leur entreprise au point parfois d'y retourner travailler gratuitement ne suffit pas à accréditer l'hypothèse de la réussite des stratégies managériales d'implication totale des hommes dans l'entreprise. Que des entreprises « prestigieuses » par leur image de marque, leur technologie de pointe, leur politique sociale, leur leadership moral, leur fondateur, réus-

1. Nicole Aubert et Vincent de Gaulejac, *op. cit.,* p. 158.
2. Renaud Sainsaulieu et Denis Segrestin, « Vers une théorie sociologique de l'entreprise », *Sociologie du travail,* n° 3, 1986, p. 341.
3. Nicole Aubert et Vincent de Gaulejac, *op. cit.*, pp. 160-164.

sissent effectivement à procurer un sentiment d'appartenance à la communauté et fonctionnent comme des foyers de sens et d'identité ne doit pas faire oublier le phénomène opposé, sans doute beaucoup plus large, plus structurel, qui est la distanciation des salariés à l'égard de l'entreprise, la dissolution des identités collectives et sociabilités issues du travail. C'est notamment contre ces mouvements centrifuges propres aux sociétés individualistes occidentales que s'est développé le courant des « cultures d'entreprises » avec pour objectif explicite de produire de l'adhésion, de l'enthousiasme, de la fusion communautaire. Mais quelles chances ont-elles de parvenir durablement à leur but lorsque la compétition économique conduit à des vagues brutales de compression du personnel ? Comment imaginer la reconstitution de sentiments forts d'appartenance à une communauté, d'attachements viscéraux, de dévouements à la production, lorsque les actionnaires deviennent rois, lorsque la recherche du profit immédiat enclenche en cascade des opérations de fusions, d'acquisitions et de restructurations industrielles ? Dans les économies néolibérales, quel investissement passionnel de l'entreprise peut-on attendre lorsque, comme aux États-Unis, les deux tiers des emplois créés depuis 1979 sont des « petits boulots » déqualifiés et sans statut, lorsque les deux tiers des personnes ayant perdu un emploi entre 1980 et 1986 n'en ont retrouvé un qu'avec une perte de salaire supérieure à 20 % et 50 % pour les salariés des secteurs traditionnels, lorsque, en 1991, les salaires des très hauts dirigeants représentaient en moyenne 110 fois ceux des employés de base — contre 23 fois en R.F.A. et 17 fois au Japon[1] ? Fidélité à l'entreprise ? Aujourd'hui un ou-

1. En 1991, vingt P.-D.G. américains se partageaient, en salaires, un milliard de dollars.

vrier américain ne passe en moyenne que trois ans dans une même entreprise, contre sept en 1973. Les P.M.E., qui créent maintenant la grande masse des emplois, ont-elles davantage de capacité à produire une communauté affective et de la solidarité au sein de l'entreprise ? On peut en douter, au moins dans le cas américain où 70 % des salariés issus des petites entreprises ne bénéficient pas de cotisations patronales de retraite et où le délai moyen de licenciement ne dépasse pas deux jours. La montée en puissance du court terme financier, la maximisation de l'intérêt individuel, la logique du marché pur et dur, tous ces phénomènes ne peuvent que fixer d'étroites limites aux « projets mobilisateurs » et mouvements d'adhésion émotionnelle aux organisations.

Il est illusoire de croire que l'entreprise, dans une époque marquée par la prééminence des comportements individualistes, puisse capter la quête d'absolu et les mouvements passionnels autrefois massivement drainés par l'Église ou la politique. L'« emprise de l'organisation » peut sans doute réussir, dans les firmes à « forte culture », à créer de l'enthousiasme collectif et individuel : des individus à l'affût de sens, de « raison de vivre », d'enracinement institutionnel peuvent y trouver l'occasion de réaliser leur désir de symbiose avec ce qui les dépasse, de surmonter leur angoisse existentielle. On a peine toutefois à imaginer l'extension de ce « fanatisme d'entreprise » tant il va manifestement à rebours des tendances lourdes de nos sociétés à la distance et désappartenance individualiste, à l'affirmation des buts personnels, à la volonté d'ajustement de la vie de travail et de la vie hors travail. Les entreprises procurant un sentiment de fusion communautaire, si elles existent, sont peu nombreuses ; les pratiques du « management extrême » (vaudou, saut dans le vide, marche sur les braises, etc.) sont spectaculaires mais circonscrites, plus marginales que significatives d'un courant général ; l'intériorisation des valeurs managériales peut être réelle, elle va rarement jusqu'à l'investissement passionnel. Partout, avec la poussée des valeurs individualistes, avec la diversification des conditions et temps de travail, les sentiments de « communion séculaire » reculent au bénéfice des stratégies personnalisées et distanciées, c'est d'abord vers eux-mêmes que sont tournés les hommes, en quête qu'ils sont de reconnaissance de leur mérite individuel, de promotion, de salaires, de « plan de carrière ».

Les entreprises, comme les autres institutions, voient se développer les relations *contractuelles* à « durée déterminée » et les investissements éphémères, mobiles, utilitaristes ; c'est l'engagement nomade et partiel, modéré et distancié qui donne la meilleure représentation du rapport à l'entreprise, non la symbiose fusionnelle [1]. On ne doit pas assimiler l'implication de soi dans l'activité professionnelle avec une mythique religion de l'entreprise : le but poursuivi par les individus n'est pas l'immersion dans l'entreprise mais la reconnaissance de leurs droits et de leurs mérites, l'équilibre entre temps libre et temps de travail, la conciliation entre épanouissement intime et épanouissement professionnel. En 1991, 50 % des anciens élèves des grandes écoles de commerce, en situation professionnelle, estimaient que la réussite professionnelle consistait non dans l'exercice des plus hautes responsabilités mais dans le fait de

1. Même au Japon, la mobilité de la main-d'œuvre, notamment dans l'élite des salariés, s'accroît, révélant de nouvelles aspirations individualistes : un quart des jeunes salariés quittent désormais leur premier employeur dans les trois ans après l'embauche.

« pouvoir travailler quand on le désire et de consacrer plus de temps aux activités personnelles ». Pour la majorité de l'élite des grandes écoles, la semaine idéale devrait se partager en quatre jours de travail et trois jours de congés. Les supercadres incapables de se détendre, angoissés par l'idée des vacances et des loisirs, n'illustrent pas vraiment la tendance dominante d'aujourd'hui ou de demain. C'est la coexistence entre travail et détente, réussite professionnelle et réussite intime qui définit le néo-individualisme postmoraliste. Selon les moments, les priorités peuvent se déplacer, la dualité de nos idéaux, elle, est permanente.

Faut-il, face aux menaces de la concurrence internationale, en être accablé ? N'est-il pas plus raisonnable de prendre acte des réalités sociales de l'univers individualiste, si l'on veut éviter les faux pas et faux espoirs des recettes miracles des prophètes de la culture d'entreprise rêvant d'osmose des salariés avec leur société ? Quelle réalité ? « Le modèle de travail dans les grandes entreprises risque de devenir bientôt Hollywood où les producteurs vont d'un studio à un autre, loyaux à eux-mêmes et à leur profession[1] » : le mouvement de nos sociétés conduit moins à l'investissement de l'entreprise qu'à l'investissement de la profession elle-même. Les transformations du capitalisme et les visées individualistes se sont conjuguées pour faire advenir une éthique postmoraliste du travail : « on travaille pour une industrie, non pour une entreprise », les devoirs ont pour objet la conscience professionnelle, le travail exemplaire, l'efficience en tant que telle expurgée de tout idéal trans-

1. « The end of corporate loyalty ? », *Business Week,* 4 août 1986, cité par Philippe d'Iribarne, *La logique de l'honneur,* Paris, Seuil, 1989, p. 197.

cendant ou collectif. Dans nos sociétés, il n'y a pas de religion de l'entreprise, il y a une éthique du travail : on ne peut guère miser sur les projets activistes de symbiose individu-organisation, on peut tabler, en revanche, sur une éthique de la responsabilité individuelle. C'est de ce constat que doit partir un management soucieux de perfectionnement réaliste des organisations et non d'idéaux inaccessibles importés d'une tradition étrangère à la nôtre. La culture néo-individualiste a ses faiblesses, elle n'est pas catastrophique : l'individu ne s'identifiant que partiellement à l'entreprise peut néanmoins s'impliquer dans la tâche qui est la sienne ; il ne montre pas un attachement fanatique à la communauté globale mais il est capable de se mobiliser pour des projets précis le concernant ; l'enthousiasme communautaire est faible, mais l'esprit d'équipe dans des groupes restreints fondés sur l'autorégulation interne, le « *feeling* », le respect mutuel peut être réel. L'« entreprise intelligente » est moins celle qui cherche à créer à tout prix de l'adhésion passionnelle que celle qui sait exploiter les atouts que représentent les désirs individualistes de promotion et d'initiative, de créativité et de responsabilité. La mutation de l'entreprise pyramidale en « entreprise en réseau » ne signifie pas substitution brutale de la logique du groupe à la logique individualiste mais mise en phase de la réalité même de l'entreprise, constituée de connexions de groupes, avec les aspirations nouvelles à l'autonomie et à l'implication de soi-même, lesquelles sont parfaitement compatibles avec l'esprit d'équipe et de coopération — l'équipe sportive en est l'illustration type —, dès lors que les réseaux sont fondés sur des relations interpersonnelles fortes échappant aux régulations hiérarchiques et autoritaires. L'individualisme postmoraliste n'est pas antinomique avec l'esprit d'équipe, d'entraide et de confiance, il l'est avec un management mécaniciste et disciplinaire brisant les désirs d'initiative et de reconnaissance individuelle. En mettant en place des « réseaux ouverts » fonctionnant au-delà du seul respect des procédures et ordres hiérarchiques, l'entreprise concilie l'exigence collective de mobiliser les hommes travaillant en équipe avec les aspirations des individus à la responsabilité.

Ce n'est pas en tournant le dos aux valeurs du monde néo-individualiste que le management résoudra les problèmes de la « motivation des troupes », c'est en travaillant à répondre aux nouveaux besoins de respect et de formation, de promotion et de responsabilité des salariés. S'il n'y a pas de règles absolues pour bien gérer une entreprise, au moins faut-il qu'elle s'attache à ne pas être en contradiction manifeste avec les valeurs et aspirations dominantes de son époque, à l'heure où la participation intelligente à l'entreprise est une nécessité impérieuse dictée par les nouvelles conditions de la production et du marché. Sous cet angle l'« excellence » est moins à attendre d'un management faisant vibrer l'esprit unanimiste de la communauté que du souci quotidien de respecter et de valoriser les hommes, de promouvoir un véritable partenariat social, d'assurer le pluralisme des points de vue dans l'entreprise, d'instaurer la négociation systématique avec les représentants du personnel. L'impératif du management dans une société individualiste où prédominent les droits, c'est d'abord de traduire en acte le principe de respect : la mobilisation des hommes reste un slogan creux sans une gestion tournée vers la reconnaissance du principe de responsabilité individuelle, sans ambition d'équité et de participation aux fruits de la croissance, sans écoute de la différence des hommes au travail.

Individualisme contre individualisme

Il faudrait être aveugle pour ne pas voir, dans le même temps, les effets désorganisateurs qu'induisent la logique du bien-être et l'essor de la culture postmoraliste. Si une tendance pousse au rétablissement de la valeur-travail, une autre lamine l'ardeur au travail et mine l'esprit de responsabilité. En 1986, plus de 4 Français sur 10 considéraient que tricher sur ses heures de travail n'était pas grave ; en Suède, où, il est vrai, les journées d'absence sont intégralement payées, le taux d'absentéisme était de 13 % en 1985 : il atteint 20 % de nos jours. Si, en France, le taux d'absentéisme baisse depuis le début des années 1980, il était encore en 1985 de 9,2 % contre 4,5 % en Grande-Bretagne, 4 % en R.F.A. et aux États-Unis, 0,05 % au Japon. Selon une étude de la Sécurité sociale, un quart des arrêts maladie, en 1982, n'étaient pas justifiés ; la société Delta France avance que 7 % des arrêts maladie sont trop longs, 14 % totalement injustifiés [1]. Certes, ce sont toujours les mêmes qui s'absentent : 50 % des salariés ne s'arrêtent jamais, les autres interrompent leur travail plusieurs fois dans l'année. N'empêche qu'une tendance lourde existe qui dévalue le devoir du travail et déculpabilise l'esprit du moindre effort. Plus de droits subjectifs, moins de devoirs, la sphère professionnelle enregistre frontalement les effets de la culture néo-individualiste.

Les comportements des salariés n'illustrent pas seuls le procès postmoraliste du travail. La dissolution de la

1. Victor Scherrer, *La France paresseuse*, Paris, Seuil, 1987, p. 184.

morale du travail est tout aussi manifeste dans la montée en puissance de la sphère financière, dans la fascination exercée par la Bourse et ses profits miracles. Depuis les années 1980, les économies anglo-saxonnes se caractérisent en effet par l'explosion de la spéculation boursière, par le triomphe de la finance sur l'industrie permettant de réaliser de prodigieux bénéfices sans avoir à emprunter la voie laborieuse et lente de la production industrielle. O.P.A., *junk bonds,* opérations de fusions-acquisitions, démembrement de sociétés acquises à fin de plus-values immédiates, à l'heure de la « révolution conservatrice », l'esprit d'entreprise a reculé devant l'esprit de finance et son appât du gain à court terme. Que devient le respect du travail et l'esprit de responsabilité dans des économies plus soucieuses de bénéfices faciles que de stratégie industrielle, plus avides de spéculer que de produire ? Le culte des entrepreneurs a été supplanté par les stars de la finance, la construction difficile et austère du futur s'est essoufflée devant les promesses du profit tout de suite. Une pente forte oriente nos démocraties capitalistes vers la primauté individualiste du *présent,* aux antipodes de la morale traditionnelle de l'effort et du mérite. Consécration culturelle de l'« argent facile » qui n'est pas propre aux États-Unis et aux *golden boys,* désormais les jeunes Français également éprouvent plus d'admiration (53 %) que de suspicion (37 %) à l'égard de ceux qui ont fait fortune en quelques années.

Dans ces conditions, l'individualisme postmoraliste peut se caractériser par deux tendances contradictoires. L'une réoriente l'individu vers l'activité professionnelle, l'autre l'en détourne ; l'une motive l'individu au travail, l'autre le désengage (absentéisme, recul de la conscience professionnelle, désintérêt, travail bâclé) ; l'une réévalue la valeur du travail, l'autre exalte les profits faciles ; l'une pousse à la réaffirmation des valeurs éthiques, l'autre incline à leur transgression (corruption, transactions illicites et rémunérations occultes, délits d'initiés, fraude fiscale). Il y a deux pentes de l'individualisme contemporain comme il y a deux modèles antagonistes du capitalisme [1] : d'un côté un individualisme *responsable* et organisateur, de l'autre un individualisme autosuffisant, sans règle, désorganisateur : dit brutalement, *irresponsable* [2]. Ne rêvons pas, il n'y aura pas d'issue finale dans le combat que se livrent ces deux logiques de l'individu, elles vont continuer, selon des voies diverses, à cohabiter et se heurter du fait même d'une culture réduisant les devoirs et consacrant les droits, expressions et intérêts des subjectivités. Il est naïf de croire que, dans nos sociétés, les individus puissent devenir des forcenés du travail et renoncer à la recherche de leurs intérêts privés, mais l'individualisme délivré des morales péremptoires n'est pas non plus, en soi, on l'a vu, synonyme de turpitude, de perte de toute conscience professionnelle, de toute volonté d'être juste et de bien faire. Le sens de la responsabilité se reconstitue sur de nouvelles bases conformes à la réalisation de l'ego. Il est absurde et inutile de jeter l'anathème sur la culture hors-devoir qui porte en elle le meilleur et le pire : le vrai problème qui se pose de nos jours est de faire en sorte que, dans l'antagonisme entre les deux individualismes, ce soit l'individualisme responsable (conscience professionnelle, souci de l'autre, sens de l'intérêt géné-

1. Michel Albert oppose ainsi le modèle « néo-américain » au modèle « rhénan », *Capitalisme contre capitalisme,* Paris, Seuil, 1991.

2. À certains égards, cette opposition rejoint celle que souligne Alain Renaut entre « autonomie » et « indépendance », *L'ère de l'individu,* Paris, Gallimard, 1989.

ral et du futur...) qui prenne le pas sur la liberté sans règle. Le néo-individualisme n'est pas une malédiction, il est un *défi* à relever tant par l'action publique que par les entreprises elles-mêmes.

Avec un même arrière-fond postmoraliste, les entreprises peuvent réaliser des performances, des formes d'implication et de mobilisation extrêmement inégales. Dans telle entreprise l'absentéisme prend des proportions lourdes de conséquences, dans telle autre il est faible : l'individualisme n'est pas en cause, seuls le sont la gestion des hommes, l'organisation du travail, le climat social dans l'entreprise. Plus le niveau de qualification est faible, plus l'absentéisme est important ; plus un salarié a de responsabilité, moins il s'absente : les cadres ne sont pas « moins » individualistes que les ouvriers, ils peuvent davantage s'investir et s'identifier à leur tâche. C'est lorsque la culture du devoir catégorique est caduque qu'il y a nécessité, précisément, de promouvoir par des transformations organisationnelles et managériales l'esprit de responsabilité dans l'entreprise. L'éthique du business se réduit à de pieuses formules si elle n'est pas l'occasion d'inventer un nouveau contrat social dans l'entreprise, si elle ne contribue pas à élargir la responsabilité réelle des hommes à tous les niveaux de la vie de l'entreprise. Le devoir avec son sens d'abnégation est mort, vive la responsabilité, une responsabilité qui ne doit pas être objet d'incantation, mais occasion d'un aggiornamento dans le management des entreprises, d'une revalorisation du rôle des hommes dans la production et les décisions de l'entreprise. Faire reculer les comportements irresponsables, faire progresser l'individualisme responsable, ainsi pourrait-on définir la plus haute tâche d'un management postmoderne réconciliant de la sorte éthique et efficacité.

L'entreprise à elle seule ne réussira pas, de toute évidence, à assurer la prépondérance de l'individualisme responsable sur les tendances à l'indépendance absolue du moi. Comment le pourrait-elle quand on connaît les effets dévastateurs des politiques ultralibérales sur la société globale : l'écart entre riches et pauvres se creuse, les systèmes de protection sociale reculent, toute une partie de la population se marginalise, les systèmes éducatifs se dégradent, la criminalité augmente, la focalisation sur les profits immédiats s'intensifie, l'économie spéculative prend le pas sur l'industrie. Les mesures de déréglementation, le désengagement de l'État, le culte du laisser-faire accélèrent la promotion d'un individualisme sans frein, ils justifient, au nom de la « main invisible », la réduction des mesures sociales, l'enrichissement sans vergogne, la maximisation de l'intérêt individuel, la spéculation à horizon limité, le « chacun pour soi », non seulement chez les privilégiés mais aussi chez les plus démunis : en 1989, 43 % de la population américaine pouvait se définir comme des cyniques. Comment imaginer le renforcement de l'individualisme responsable lorsque la glorification du marché conduit à l'exclusion de pans entiers de la population, lorsque les chômeurs sont assimilés à des « paresseux » et les dispositifs sociaux à des gaspillages publics ? Si la légitimité de l'État-providence s'est estompée, la réalité sociale du libéralisme radical est lumineuse mais peu engageante. L'État n'a certes pas vocation à être producteur de biens matériels et ne peut continuer à être considéré comme le seul support des progrès économiques et sociaux ; aucune économie dynamique, aujourd'hui, n'est concevable en dehors de la logique du marché. Cela ne justifie pas la démission ou la perte d'ambition de la puissance publique. De même que la concurrence économique ne peut fonctionner sans cadre politique et juridique, une société démocratique ne peut laisser, sans se renier elle-même, s'accroître indéfiniment les inégalités en matière de niveau de vie, de santé, d'éducation, d'urbanisme. Le sacre du marché n'appelle pas la réhabilitation de l'État producteur mais la nécessité de l'État régulateur et anticipateur ; il faut cesser de penser le marché *contre* l'État si l'on refuse que la recherche des intérêts personnels immédiats sacrifie la construction du futur, que s'accélère le déchirement des tissus industriels et sociaux, que s'accroisse la marginalisation des minorités, que se précipite l'effondrement des systèmes éducatifs et sociaux.

L'éthique du business, à elle seule, ne pourra pas, pour longtemps encore, se substituer au rôle irremplaçable de l'action publique. Certes, en théorie, la libre entreprise convertie à l'éthique pourrait mettre un frein à l'égoïsme individualiste débridé, se métamorphoser en régulateur social, reconnaître ses devoirs envers la communauté, assurer une rémunération juste des employés, « internaliser les coûts externes sociaux » (environnement, éducation, transports, santé). Mais, dans les faits, un autre scénario est plus probable : toutes les entreprises ne vont pas se précipiter miraculeusement dans la voie éthique, nombre d'entre elles vont plutôt, « naturellement », profiter des mesures intempestives de déréglementation pour satisfaire leur désir de rentabilité immédiate et maximale. Grandeur et limite de la morale des affaires : si celle-ci doit servir à alimenter le mythe du marché autorégulé et discréditer systématiquement l'action publique, les politiques industrielles et sociales, ses effets seront contraires à ses visées humanistes avouées, c'est la jungle des intérêts et la dualisation sociale qui dessineront demain le visage des démocraties, c'est le règne de la spéculation outrancière et par contagion celui de l'individualisme irresponsable, sans règle, qui, tendanciellement gagnera des secteurs de plus en plus larges de nos sociétés.

CITOYENS, ENCORE UN EFFORT

Un nationalisme sans patriote

Le troisième pôle idéologique de l'ordre moral ne manque pas non plus d'être au rendez-vous de notre époque avec les « valeurs ». Dans les démocraties occidentales, depuis les années 1980, nous assistons en effet au réveil, au moins partiel, de l'idée nationale. En Grande-Bretagne, Mme Thatcher a accédé au pouvoir en s'engageant à rétablir l'identité nationale ; aux États-Unis, les années Reagan se sont déployées sous le slogan « America is back », et, à la fin de la décennie, G. Bush a porté l'attaque contre M. Dukakis sur la question, entre autres, du serment au drapeau. Dans cette foulée, la décision de la Cour suprême estimant, en 1989, que brûler le drapeau n'était pas un acte passible de poursuites a soulevé une forte réprobation, tant chez les élus du Congrès que dans l'opinion publique : plus de 2 Américains sur 3 souhaitaient voir interdire la profanation du drapeau.

Si, aux États-Unis, le réflexe national se réaffirme face à l'offensive économique japonaise, en France, c'est principalement à travers la question de l'immigration que le discours nationaliste et xénophobe rebondit. L'extrême droite a réussi à remettre en vedette la notion d'identité et de préférence nationale, elle a conspué les Arabes prédateurs et le rôle de « l'Internationale juive » dans « la création de l'esprit antinational ». En Belgique, le slogan « Notre peuple d'abord » se fait l'écho de « La France aux Français ». Au-delà même des déclarations et des scores électoraux de l'extrême droite, les remises en cause du Code de la nationalité fondé sur le droit du sol, l'épisode des foulards islamiques, les résistances qu'opposent les États aux transferts de souveraineté commandés par la construction européenne traduisent l'importance nouvelle que revêt aujourd'hui la thématique nationale et identitaire.

Encore faut-il, par-delà les slogans et revendications, dégager le sens, la portée sociale exacte de ce « retour de la nation ». La comparaison avec le passé historique est, à cet égard, hautement instructive. Combien de pères de famille considèrent encore, comme Michelet, que leur premier devoir est d'enseigner à leurs fils l'amour de la patrie ? Quel intellectuel s'aviserait, à l'instar de Barrès, de faire sentir le nationalisme « non comme une doctrine mais comme biographie, notre biographie à nous autres Français » ? Le culte de la patrie, l'héroïsme militaire, les « saintes baïonnettes de France » ne font plus vibrer grand monde. Tandis que l'idée d'armée professionnelle fait son chemin, se faire réformer est devenu une pratique légitime chez les jeunes. À la fin des années 1980, seul 1 Français sur 5 considérait qu'« on doit se sacrifier pour la patrie ». Une enquête réalisée en 1988 en milieu lycéen et étudiant révélait que 1 jeune sur 4 n'est pas scandalisé à l'idée de collaborer avec l'occupant, plus de 1 garçon sur 3 pensait qu'il déserterait en cas de guerre, 1 jeune sur 2 ne trouvait pas scandaleux de piétiner le drapeau national. Quelques jours avant la date ultimatum fixée par le Conseil de sécurité pour le retrait des troupes irakiennes du Koweït, 8 Français sur 10 pensaient qu'« aucune cause, même juste, ne vaut une guerre ». La même tendance s'observe dans l'opinion européenne : en 1981, 40 % des Européens déclaraient ne pas être prêts à se battre pour leur pays, seuls 5 % affirmaient être prêts à se sacrifier pour lui.

Manifestement, la mythologie nationaliste est fatiguée. Même la réunification allemande, une fois passée l'émotion liée à la chute du mur de Berlin, n'a pas suscité de passions nationalistes ; les événements d'outre-Rhin ont davantage révélé la force des aspirations au bien-être et à la consommation que la ferveur nationale. Le drapeau national peut garder une valeur et le principe de l'identité nationale retrouver de la vigueur, plus personne n'ose enseigner comme Ernest Lavisse que « la France est la plus juste, la plus libre, la plus humaine des patries ». Notre « nationalisme » s'est euphémisé et dévitalisé, les manuels scolaires, les chansons, la littérature pour la jeunesse ont cessé d'inculquer l'enthousiasme guerrier et le lyrisme patriotique ; peu ou prou, le sentiment national demeure, pas le culte nationaliste ; l'idée d'identité nationale fait florès, pas celle du sacrifice suprême. Les charniers des deux guerres mondiales et plus récemment la promotion des valeurs individualistes et consommatives ont eu raison des grandes morales nationalistes : le sentiment national est devenu un élément d'identification culturelle débarrassé de toute notion d'obligation supérieure, un référentiel plus réactif qu'affirmatif ne trouvant jamais meilleure occasion de s'exprimer emphatiquement que lors des grandes rencontres sportives internationales !

Cette rupture avec le passé vaut d'être soulignée. Pendant toute la période idéaliste des démocraties, les devoirs vis-à-vis de la collectivité nationale ont été érigés au faîte des valeurs, ils ont couronné la hiérarchie des finalités morales. Les modernes se sont employés à dépasser la conception purement interindividuelle de la morale au bénéfice des devoirs envers la patrie. Les fins morales supérieures sont assimilées à des idéaux supra-individuels : « Agir moralement, c'est agir en vue d'un intérêt collectif », écrivait Durkheim, ajoutant que « la fin par excellence de la conduite morale, c'est la société politique ou la patrie[1] ». La « vraie » morale commence au-delà de la bienfaisance altruiste, elle exige l'« attachement aux groupes sociaux », la poursuite de « fins impersonnelles », le dévouement aux grandes causes collectives et historiques : avec l'esprit de discipline, l'attachement à la vie collective s'est imposé comme un élément constitutif de la plus haute moralité. C'est précisément cette conception de la morale qui se défait sous nos yeux : l'âge postmoraliste coïncide avec la délégitimation des obligations envers la collectivité et la redignification sociale de la sphère strictement interindividuelle de la vie éthique amputée néanmoins de son caractère impératif. La charité spectacle, les dons secouristes, le bénévolat bénéficient d'un large consensus ; il n'en va pas manifestement de même pour le don de sa personne à la patrie. Nous avons aujourd'hui un nationalisme sans patriote, des panégyriques de la nation sans impératif de vivre pour autre chose que nous-mêmes.

La reviviscence du principe nationaliste est chose patente dans l'Europe de l'Est : elle l'est beaucoup moins à l'Ouest. N'est-ce pas plutôt son érosion ou sa déstabilisation qui est significative, au vu non seulement des

1. Émile Durkheim, *L'éducation morale,* Paris, P.U.F. (édit. 1963), p. 51 et 69.

nombreux transferts de compétences des États vers la Communauté, mais aussi des divers mouvements décentralisateurs et régionalistes. Les revendications particularistes gagnent en légitimité alors même que se rapproche le grand marché unique et peut-être, à plus ou moins long terme, l'unification politique européenne. Aspiration régionaliste d'un côté, projet d'union européenne de l'autre, c'est la conjugaison de ce double mouvement simultanément infranational et supranational qui réorganise mais aussi divise nos communautés politiques. Comment ne pas observer, en effet, que l'avenir des Douze a cessé d'aller de soi à l'heure où le Danemark a refusé par référendum de ratifier les accords de Maastricht, à l'heure encore où, partout, l'Union européenne clive les partis et l'opinion, où s'intensifie le refus du droit de vote des ressortissants européens, de la Banque centrale, de la monnaie unique. On croyait les peuples acquis massivement à l'Europe : en Suède, Finlande et Norvège, les « non » au projet d'adhésion à la Communauté européenne grimpent en flèche ; en France, les anti-Maastricht ont progressé de sondage en sondage ; en Allemagne, la société civile et nombre d'experts s'inquiètent du volontarisme de l'idée de monnaie européenne. Après plusieurs décennies à tonalité consensuelle et technocratique, l'Europe est entrée dans une zone de turbulences, une phase de doute, voire de crise. La dynamique de l'intégration européenne est-elle pour autant remise en cause ? Domine plutôt le sentiment que l'Europe s'interroge sur elle-même, oscillant entre le désir de sauvegarder ses identités nationales et l'impératif d'édifier un espace postnational. Si les anti-Union ont gagné du terrain, les Français ont finalement dit oui à Maastricht, fût-ce du bout des lèvres ; les Irlandais ont voté sans équivoque en faveur du traité ; les Espagnols et les Italiens sont partisans en grande majorité de l'intégration. Le futur européen se trouve maintenant, plus que jamais, entre nos mains, débarrassé qu'il est du mythe de l'engrenage irréversible.

Sans doute faut-il interpréter le nouvel euroscepticisme comme un attachement au principe de souveraineté nationale autant qu'un réflexe de peur face aux menaces de l'avenir. Mais ne peut-on y reconnaître, dans le même temps, la « fin » de l'Europe technocratique et son entrée positive dans l'âge du débat démocratique ? Comment un projet de cette envergure historique aurait-il pu échapper à la division démocratique des opinions ? L'incertitude sur la construction européenne — zone de libre-échange ? Entité fédérale ? Europe à « géométrie variable ? » — ne fait que commencer car, si certains de ses détracteurs peuvent se radicaliser, d'autres laissent nombre de portes entrouvertes. Ce que nous observons est moins le signe d'un refus tranché de l'Europe que d'une Europe bureaucratique, moins la persistance d'un idéal nationaliste que la peur du chômage, de l'eurolibéralisme ou des menaces des voisins surpuissants. Et les fractions hostiles à l'eurocratie dénoncent souvent moins l'objectif d'union économique et monétaire que les moyens et rythmes choisis. Le nationalisme fervent n'attise plus les cœurs mais le principe national peut bloquer l'intégration européenne. En même temps, les institutions européennes fonctionnent mais le sentiment de citoyenneté européenne, bien qu'en progression, reste frileux et circonscrit. Telle est la nouvelle donne historique dont nul ne sait comment elle évoluera. À présent, seule une minorité se pense comme un citoyen de l'Europe et accepte de donner la priorité à l'identité européenne sur l'identité nationale. Pourtant, une majorité pense qu'à l'avenir ils se percevront comme « Français et Européens » : illusion ou figure de l'avenir ? Toute la question est de savoir si nous saurons exploiter dans le bon sens le recul des passions nationalistes, mettre en place des institutions capables de forger une identité « pluriculturaliste » associant affirmation nationale et affirmation supranationale.

Le mouvement en faveur de la construction européenne est à coup sûr inséparable de facteurs s'enracinant dans notre histoire millénaire marquée au plus près par le traumatisme des deux grandes guerres, au plus profond par une identité culturelle fondée sur le christianisme latin et l'universalisme des droits de l'homme. Si les défis de la compétition économique ont accéléré la démarche d'unification européenne, il est clair que les métamorphoses de la culture démocratique ont également travaillé dans le même sens et ce, en donnant la priorité aux désirs de bonheur individualiste et en liquidant les idéologies héroïques de l'histoire et de la nation. Dès lors que la finalité première devient l'accomplissement personnel, la prépondérance du national s'estompe ou se relativise, ouvrant du même coup la voie à la réalisation historique des projets supranationaux. Les enquêtes sociologiques l'attestent, le « désir d'Europe » est lui-même l'expression de la culture hors-devoir, largement désidéologisée : ce qui attire dans la construction européenne, c'est non seulement la paix, les aides économiques ou la capacité de faire face à la concurrence américaine ou japonaise, mais aussi les nouveaux modes de vie qu'elle annonce. Espace plus large susceptible de faciliter la mobilité, de multiplier les contacts entre individus, régions et cultures nationales, l'Europe est appréhendée socialement dans la logique de l'appropriation individualiste et identitaire. Même non informés du fonctionnement des institutions, les individus sont séduits par l'aventure européenne parce qu'ils y voient une ouverture de leur propre horizon, un instrument permettant de vivre autrement, de voyager plus facilement, de diversifier les échanges, de consommer plus et mieux, d'avoir un nouveau champ de rencontres et d'expériences professionnelles. L'édification de l'espace postnational européen répond à une culture elle-même postmoraliste où les projets collectifs ne recueillent l'adhésion sociale que dans la mesure où ils répondent aux désirs individualistes du « mieux vivre ».

C'est sans doute la raison pour laquelle l'idée européenne est approuvée par de larges fractions des opinions publiques sans pour autant susciter d'enthousiasme de masse. L'Europe, comme le travail ou la famille, est instrumentalisée au service des individus, chacun y voit l'occasion d'un « plus être » existentiel beaucoup plus qu'une exigence de solidarité entre régions inégalement développées du nouveau monde communautaire. Ce qui ne manque pas d'illustrer les effets paradoxaux de l'époque de l'après-devoir : la désorganisation individualiste a contribué à mettre sur rail l'édification communautaire, dissémination culturelle et « unification » de l'Europe sans frontières vont ensemble ; l'éthique indolore des citoyens consuméristes a fait invisiblement son œuvre historique. Pour autant, l'avenir n'est pas tout tracé, les dangers de replis nationaux n'ont pas disparu miraculeusement de l'Europe des consommateurs : les affirmations particularistes nationales ou régionales, les ligues, les chauvinismes, les réactions à l'intégration communautaire remontent ici et là à la surface. Pour ne plus prendre la forme de passions collectives, les sentiments d'appartenance nationale demeurent qui peuvent à plus ou moins long terme dresser des obstacles majeurs à l'Union européenne si les instances centrales de décision ne reconnaissent pas les besoins symboliques d'identité collective, si les responsables politiques ne trouvent pas les moyens économiques, sociaux, culturels de rendre compatible l'homogénéisation juridique de l'espace européen avec le respect des communautés nationales, si le principe de « subsidiarité » inclus dans le traité de Maastricht n'est pas davantage mis en pratique. À l'âge des aspirations de masse à la personnalité et à l'identité, il serait pour le moins aveugle et contradictoire d'oblitérer ou de minimiser, au nom de la légitimité supranationale, le droit aux différences nationales, culturelles et symboliques.

Même les résurgences nationalistes participent de la nouvelle culture fonctionnant en dehors du devoir et n'ont plus rien à voir avec une quelconque exaltation « holiste ». Ainsi la vague d'extrême droite en France exprime-t-elle moins la revitalisation de la foi nationale que le rejet des immigrés, la peur de la criminalité croissante, l'angoisse de la marginalisation sociale ; elle ne se nourrit pas d'un idéal collectif supérieur aux individus, mais du ressentiment contre un État accusé d'être incapable d'assurer la justice, de maintenir l'ordre et la sécurité, d'être plus soucieux de ses intérêts propres que de résoudre les problèmes difficiles de la vie quotidienne pour toute une partie de la population. L'antiparlementarisme et le discrédit des partis politiques ont pris un cours nouveau : aucun projet autre que la démocratie ne les sous-tend, la décrédibilisation de la classe politique ne va plus de pair avec la volonté de destruction des démocraties pluralistes : le vote en faveur de l'extrême droite n'est pas animé par une croyance idéologique lourde, mais par la peur ou la haine de l'autre, l'exaspération face aux problèmes de la délinquance, du chômage, de la cohabitation des populations dans les quartiers déshérités, face encore à l'« indifférence » ou à l'« immobilisme » dont sont accusés les responsables politiques. On ne voit guère les masses se précipiter dans les défilés et rassemblements « tricolores », les colleurs d'affiches se font rares, la foi nationaliste est manifestement atone, y compris dans les rangs de la droite ultra. Les leaders du national-populisme l'ont, en un sens, compris qui ont renoncé à sanctifier le don de soi à la patrie et mis en avant la thématique délinquance-immigration. L'« ordre moral » rejetait la philosophie des droits de l'homme au nom de la primauté des valeurs nationales ; le national-populisme contemporain également, à ceci près qu'il se garde bien d'appeler aux devoirs sacrificiels des citoyens. En guise de morale patriotique, il ne reste que la « préférence nationale », la priorité des *droits* des Français en matière de travail, de logement, de prestations de la Sécurité sociale. La nation était un idéal supérieur pour lequel il fallait savoir mourir, elle n'est plus qu'un slogan réactif et démagogique pour vivre dans le repli hexagonal de l'« entre-nous » délesté de toute notion d'« impôt du sang ». Après l'âge héroïque de la nation, son moment électoraliste et indolore : aux croisades exhortant au sacrifice s'est substitué un nationalisme postmoraliste, une caricature d'ordre moral sans obligation ni ambition historique.

Les projets de réforme destinés à adapter le Code de la nationalité aux nouvelles formes de présence des populations immigrées et de leurs enfants en France relèvent de la même culture s'instituant au-delà du devoir. En principe, certes, le but est de revaloriser l'idée d'appartenance à la France, de faire en sorte que l'accession à la nationalité française ne soit plus passive mais un acte volontaire témoignant d'une citoyenneté responsable, d'un attachement aux valeurs fondamentales de la République, En réalité, l'opération consiste bien davantage à réduire le nombre de postulants à la naturalisation et, ce faisant, reconquérir une partie de l'électorat passé à l'extrême droite. Quoi qu'il en soit, le principe de l'adhésion volontaire qui fonde le projet de réforme illustre la révision à la baisse de ce que nous entendons aujourd'hui par devoir du citoyen : non plus vivre pour la nation mais la morale minimale de la déclaration volontaire. On ne délivre plus de leçons sur les obligations sacrées envers la patrie, on ne souhaite qu'un engagement individualiste et responsable envers la communauté.

La citoyenneté fatiguée

C'est toute la sphère de la citoyenneté qui enregistre désormais l'aggiornamento consacrant la prépondérance des droits individuels sur les obligations collectives. Quel civisme anime encore les citoyens quand seuls 5 % des Européens déclarent être prêts à se sacrifier pour la liberté, 4 % pour la justice et la paix[1] ? Qu'est devenue la morale républicaine quand les taux d'abstention électorale ressemblent à des raz de marée répétés, quand plus de 1 Français sur 2 considère qu'il n'est pas grave de ne pas voter, quand seul moins de 1 Français sur 3 définit le bon citoyen comme étant celui qui paie ses impôts sans frauder le fisc ? Les idéaux de bien-être, la décrédibilisation des grands systèmes de sens, l'extension des désirs et droits à l'autonomie subjective ont

1. Jean Stoetzel, *op. cit.*, p. 58.

vidé de leur substance les devoirs civiques comme ils ont déprécié les impératifs catégoriques de la morale individuelle et interindividuelle ; en lieu et place de la morale du civisme, nous avons le culte de la sphère privée et l'indifférence envers la chose publique, le « tout-argent » et la « démocratisation » de la corruption. Même l'euphorie liée à l'apparition d'une « génération morale » a fait long feu : en 1990, seul 1 jeune sur 10 en France se déclarait prêt à s'engager dans le combat antiraciste. Comment, dans ces conditions, ne pas être sceptique sur les discours lénifiants annonçant quelque peu précipitamment le « retour de la morale » et la « fin de l'individualisme » ? Reviviscence des droits de l'homme ? Sans aucun doute. Réhabilitation des devoirs envers la collectivité ? Le phénomène ne brille pas par son évidence sociale. Au vrai, les individus dans les sociétés postmoralistes sont peu attachés au bien public, peu animés par l'amour des lois ; à contre-courant du principe de *vertu* qu'érigeait Montesquieu en garant des républiques, elles sont davantage des démocraties d'individus que des démocraties de citoyens.

Exacerbation d'un individualisme cynique, d'une indifférence généralisée aux valeurs civiques ? Plus exactement, nous assistons à l'érosion des devoirs de renoncement à soi-même, de participation et d'implication collective, mais simultanément à la persistance de la valorisation d'un certain nombre d'interdits relatifs à la *res publica.* Ainsi l'espionnage contre son pays, l'assassinat politique, la corruption suscitent-ils la réprobation du plus grand nombre des Européens sans que cela soit le moins du monde en contradiction avec l'étiolement des obligations civiques. C'est ce qui a partie liée avec la violence, le sang et la mort, ce qui menace notre sécurité individuelle ou collective que réprouve l'opinion publique : les devoirs *positifs* de dévouement à des fins supérieures n'ont plus de crédit, seuls en ont les devoirs *négatifs* interdisant les actions préjudiciables aux personnes privées et à la tranquillité publique. La fraude fiscale est considérée comme peu condamnable, mais espionner contre son pays, avec son sens de trahison et sa connotation d'acte de guerre, est jugé comme un crime grave ; se rendre aux urnes et s'engager pour des causes collectives n'apparaissent plus comme des devoirs du citoyen, mais la violence politique n'a plus aucun laudateur. La morale républicaine est dévitalisée, seule la morale interindividuelle du respect de la vie des personnes est socialement légitime ; les principes élémentaires de la vie morale (ne pas trahir, être honnête, ne pas verser le sang) sont réaffirmés, non les obligations envers la collectivité. Nous ne reconnaissons plus que la valeur des *devoirs faibles* concomitants à la prépondérance du droit individualiste à vivre à part.

On sait que dans le même temps, l'opinion publique se montre de plus en plus sévère envers les manquements aux lois morales et juridiques lorsque les milieux politiques en sont les acteurs. Une large majorité de Français s'est ainsi montrée choquée par la loi d'amnistie des crimes et délits liés au financement des partis politiques : détourner des fonds pour aider son parti est jugé à présent aussi condamnable qu'un détournement utilisé à des fins d'enrichissement personnel. Mais ce ne sont pas les affaires de corruptions et une classe politique prétendument plus malhonnête qu'autrefois qui expliquent au plus profond cette demande « nouvelle » de moralisation du politique. La dimension du droit et de la morale a été réévaluée dans la foulée même de la dissolution des grands projets collectifs historiques. Dès lors que nos sociétés n'ont plus d'autre horizon que le libéralisme politique et économique plus ou moins aménagé, les exigences vis-à-vis du politique tout à la fois s'amenuisent et se renforcent. Elles diminuent, pour autant que la nouvelle valorisation du marché a réduit la légitimité sociale de la demande et de l'action étatique, mais simultanément elles s'affermissent au niveau éthique, les fins politiques ne justifiant plus tous les moyens. Il devient de plus en plus intolérable, pour l'opinion, d'assister à ce qui apparaît comme des opérations de « blanchissage » et une justice à deux vitesses [1] ; dans la culture de l'après-devoir, on ne veut pas seulement une eau propre, on veut une politique propre, une « écologie politique », expression même d'un monde individualiste désenchanté, sans foi collective mobilisatrice. Quand l'éthique prométhéenne de la bonification du genre humain est caduque, il reste l'éthique minimale de l'honnêteté, de la transparence et de la reproduction démocratique, laquelle, comme il se doit, se trouve déjà intégrée dans les stratégies marketing des promotions mediapolitiques. À l'âge de l'image de marque, la morale ne prend plus le visage du Père fouettard, elle entre dans les figures de la séduction-spectacle, elle fonctionne comme instrument de proximité et de personnalisation politiques.

Atonie de l'esprit civique, perte du sens de la dette envers la collectivité, la culture néo-individualiste ne laisse pas d'inquiéter les esprits de tous bords. Où vont nos démocraties délestées de toute « religion civile », de toute foi dans les projets collectifs ? Développement de

1. « Tous pourris, tous corrompus » : ce jugement peu amène envers les hommes politiques fait florès en France. Le remarquable, c'est qu'il ne s'accompagne pas d'un réveil des consciences civiques, il est bien davantage ce qui permet de légitimer à bon compte la désaffection collective envers la chose publique.

la corruption et de la délinquance, repli sur soi, jungle des intérêts, abstentionnisme : quel lien peut faire tenir ensemble des sociétés privées du sentiment individuel d'obligation envers l'englobant social ? Tous ces risques « entropiques » sont réels à condition de ne pas omettre qu'ils ne vont pas sans leur contraire, les principes constitutifs de notre être-ensemble n'ayant jamais bénéficié d'une légitimité aussi large. Si les démocraties sont déstabilisées par les mœurs postmoralistes, elles sont de fait de moins en moins contestées dans leur fondement ultime, de plus en plus consensuelles autour de la valeur du pluralisme démocratique. Il n'y a plus d'adhésion à l'esprit de dévouement, mais, en même temps, les formes de violence politique et sociale sont récusées et l'organisation pacifique de la concurrence pour l'exercice du pouvoir est acceptée par tous. Le cynisme se répand-il ? La demande d'éthique et de respect du droit sont tout aussi significatives. Les élections donnent lieu à peu de mobilisation sociale, mais simultanément on assiste au renforcement des pouvoirs du Conseil constitutionnel de même qu'à la multiplication de ce que les juristes appellent les autorités administratives indépendantes, institutions autonomes vis-à-vis du pouvoir politique, capables en principe non seulement de protéger la société civile contre l'État mais de définir « impartialement » les conditions d'un juste équilibre entre les différents intérêts sociaux et économiques. Moins il y a de religion du politique et de morale sacrificielle, plus il y a une demande de contre-pouvoirs et de transparence, de pluralisme et de souci des procédures, de professionnalisme et de négociation dans les formes de régulations et de décisions administratives. Une nouvelle éthique démocratique progresse qui n'est plus fondée sur la seule légitimité du suffrage universel mais sur le constitutionnalisme et la primauté des droits de l'homme, l'indépendance des institutions publiques à l'égard de l'État, la logique juridique comme principe régulateur de l'économie et de la société[1]. Autant de transformations institutionnelles qui feront sans doute accélérer un peu plus la dépassionnalisation de l'espace public, reculer la morale des obligations collectives au bénéfice de la défense des droits et qui en même temps devraient assurer l'essor de démocraties plus modestes mais plus attentives au droit, moins héroïques mais plus soucieuses de pluralisme institutionnel, moins volontaristes mais plus décentralisées. Comme ailleurs, la culture postmoraliste se révèle ici désorganisatrice et réorganisatrice ; le crépuscule du devoir ébranle les démocraties et les pacifie, il les affaiblit d'un côté et les renforce de l'autre, il les rend plus immorales ici, plus morales là. L'apathie démocratique gagne, les valeurs républicaines ne sont pas au beau fixe, mais l'esprit de paix civile est dominant, de nouvelles formes d'équilibre des pouvoirs et de régulation publique s'imposent, de nouvelles exigences de justice se font jour : les démocraties de l'après-devoir n'ont pas dit leur dernier mot.

L'exigence de moralisation du peuple a été remplacée par celle de la moralisation de l'action publique : on ne croit plus guère aux pédagogies du citoyen, nous croyons au *droit* pour moraliser la politique, juges et experts se sont substitués aux homélies des obligations morales et civiques. Nous avions le discours incantatoire de la religion civile et politique, nous nous employons à renforcer l'efficacité spécifique du système juridique ; nous avions la centralité du devoir, nous avons le « ci-

1. Laurent Cohen-Tanugi, *La métamorphose de la démocratie*, Paris, Odile Jacob, 1989.

toyen juriste », le lobbying professionnel, les arbitrages juridiques des conflits d'intérêt. Prévalence de la Constitution, fragmentation des autorités étatiques, autonomie de l'action publique vis-à-vis du politique, ce ne sont pas les régimes d'ordre moral célébrant l'hégémonie des obligations collectives sur les droits individuels qui redessinent nos démocraties, mais l'État de droit et la promotion sociale de l'idéologie juridique. C'est moins le « retour de la morale » qui est significative de notre temps que le « retour du droit[1] », la montée en puissance du droit comme régulateur des sociétés démocratiques de l'après-devoir.

1. *Ibid.*

CHAPITRE VI

Le renouveau éthique

Société postmoraliste signifie société ayant renoncé à inscrire en lettres d'or les devoirs suprêmes de l'homme et du citoyen, à déclamer la grandeur du renoncement à soi-même. Ce n'est nullement dire que les intentions morales aient dépéri : au vrai, alors même que l'apostolat du devoir est caduc, nous sommes partout témoins d'une réactualisation du souci éthique, d'une reviviscence des problématiques et « thérapeutiques » morales. Les grandes proclamations moralistes s'effacent, l'éthique rebondit, la religion de l'obligation s'est vidée de sa substance mais plus que jamais, le « supplément d'âme » est à l'ordre du jour : « Le XXIe siècle sera éthique ou ne sera pas. »

La sphère traditionnelle de la charité n'est pas seule à bénéficier d'un regain de vitalité, ce sont maintenant les sphères de l'environnement, des sciences biomédicales, des media, de l'entreprise qui sont dominées par le discours et la demande éthiques ; partout, le discours des valeurs monte en première ligne corrélativement à l'épuisement des grands projets politiques et à la recrudescence des angoisses suscitées par le déchaînement des techniques, des images et des intérêts. À la limite, plus aucune question n'est traitée en dehors du référentiel éthique : l'extrême droite marque des points, réactivons les principes des droits de l'homme ; le tiers monde meurt de faim, organisons des *charity-shows* et des secours d'urgence ; la planète est en danger, déifions la nature ; l'humanité de l'homme est menacée par la techno-science, dotons-nous d'instances gardiennes de l'éthique ; les media pervertissent la démocratie, revitalisons la déontologie du journalisme ; le capitalisme développe la corruption, moralisons le leadership et la pratique des affaires. Moins il y a d'adhésion à l'esprit du devoir, plus nous aspirons aux régulations déontologiques ; plus l'ego est valorisé, plus s'impose le respect de l'environnement ; plus la « volonté de volonté » technicienne organise le monde, plus deviennent légitimes les comités de sages, les codes éthiques, les appels à la responsabilité individuelle. L'époque révolutionnaire est achevée, celle de la « perestroïka » éthique a pris la relève ; les injonctions solennelles au devoir sont périmées, voici l'heure des hymnes à la *responsabilité* sans frontière, écologique, bioéthique, humanitaire, économique, médiatique.

Le principe de responsabilité apparaît comme l'âme même de la culture postmoraliste. Si les appels à la responsabilité ne peuvent être séparés de la valorisation de l'idée d'obligation morale, ils ont ceci de caractéristique qu'ils ne prêchent plus nulle part l'abdication de soi sur l'autel des idéaux supérieurs : notre éthique de la responsabilité est une éthique « raisonnable », animée non par l'impératif d'arrachement à ses fins propres, mais par un effort de conciliation entre les valeurs et les intérêts, entre le principe des droits de l'individu et les contraintes de la vie sociale, économique et scientifique. La visée n'est autre que de contrebalancer l'expansion de la logique individualiste en légitimant de nouvelles obligations collectives, en trouvant de justes compromis entre aujourd'hui et demain, bien-être et sauvegarde de l'environnement, progrès scientifique et humanisme, droit de la recherche et droits de l'homme, impératif scientifique et droit de l'animal, liberté de la presse et respect du droit des personnes, efficacité et justice. Il n'y a nulle part reconduction de la culture héroïque de l'oubli de soi, la responsabilité postmoraliste c'est le devoir délesté de la notion de sacrifice. L'éthique de la responsabilité ne tourne pas le dos aux valeurs individualistes, elle exprime l'exténuation de la culture du « tout est permis » et simultanément l'exigence de fixer des limites et des seuils, d'organiser socialement le procès de libre possession de soi-même qui, livré à lui seul, constitue une menace pour la sécurité, la liberté, la compétitivité de nos sociétés. En ce sens, c'est à une recomposition de la culture individualiste que nous assistons : l'idéal d'autonomie individuelle est plus que jamais légitime, mais en même temps s'imposent la nécessité de contrecarrer la pente individualiste à s'émanciper de toute obligation collective, la nécessité de réinscrire l'attention au futur dans des démocraties livrées aux passions et intérêts du présent pur. Misère du tiers monde, marasme des économies occidentales et pertes de parts de marché, menaces écologiques, risques des biotechnologies, surpouvoir du quatrième pouvoir : dans tous les cas, le geste éthique est ce qui réagit contre les excès du « lâcher tout » individualiste, technologique, capitaliste, médiatique en vue de renforcer l'esprit de responsabilité, seul capable d'être à la hauteur des défis de l'avenir, qu'ils soient planétaires, démocratiques ou économiques. De ce point de vue, le renouveau éthique est autant l'auréole de l'univers individualiste dégagé de l'impératif du devoir catégorique que l'expression de la protestation contre ses dérives alarmantes.

De même que l'idéal de responsabilité, avec ce qu'il implique de liberté, d'initiative et de choix individuel, signifie la dévaluation des morales dogmatiques directivistes, de même traduit-il l'érosion sociale des grandes représentations du progrès associé séculairement tantôt à la science et à la technique, tantôt aux forces révolutionnaires, au marché ou à l'État. Nous ne croyons plus à aucune utopie historique, à aucune solution globale, à aucune loi déterministe du progrès, nous avons cessé de lier le bonheur de l'humanité au développement des sciences et des techniques et le perfectionnement moral au progrès du savoir. L'éthique de la responsabilité vient en réponse à la ruine des croyances dans les lois mécanistes ou dialectiques du devenir historique, elle illustre le retour de l'« acteur humain » dans la vision du changement collectif, la nouvelle importance accordée à l'initiative et à l'implication personnelle, la prise de conscience du caractère indéterminé, créé, ouvert de l'avenir. Si le changement historique ne peut plus se comprendre comme le déroulement automatique de lois « objectives », si le progrès du savoir et des techniques ne protège pas de l'enfer, si ni la régulation par l'État ni celle par le marché pur ne sont satisfaisantes, les questions des fins et de la responsabilité humaine, des choix individuels et collectifs prennent un nouveau relief : la résurgence éthique est l'écho de la crise de notre représentation de l'avenir et de l'épuisement de la foi dans les promesses de la rationalité techniciste et positiviste. Quand les discours sur l'avenir de l'homme et de la planète virent au catastrophisme, la question de la responsabilité humaine et de ses options civilisationnelles devient prépondérante ; quand l'organisation scientifique du travail ne permet plus de faire face aux défis de la compétitivité, la conscience et l'engagement des hommes dans l'entreprise apparaissent comme des facteurs de performance ; quand la logique boursière ruine l'économie à long terme, la responsabilité des managers se trouve en première ligne. Plus la puissance des organisations se développe, plus la conscience des hommes est mobilisée ; plus nous voulons être informés dans la liberté, plus celle-ci doit s'autocontrôler ; plus il faut perfectionner technologiquement et scientifiquement notre monde, plus la responsabilité devient elle-même un « construit humain », une sphère de délibération, de risque, de rectification, d'innovation. La « renaissance » éthique ne rompt pas avec la tradition démocratique-individualiste, elle est un pas supplémentaire dans le procès moderne de sécularisation de la morale.

Les mérites du rebond éthique sont loin d'être négligeables au vu de ses diverses manifestations : mouvement humanitaire et droit d'ingérence, primauté des droits de l'homme, volonté de responsabiliser l'homme au travail, souci de l'avenir de la planète et de l'espèce humaine. Ils ne vont pas pourtant sans contradictions et impasses : si l'éthique est ce qui fixe les limites légitimes à l'action humaine, il n'est peut-être pas inutile de souligner également les limites du credo éthique tant il réussit de nos jours à cristalliser, parfois dans l'aveuglement, les espérances de salut. Ainsi les clichés, autrefois dénoncés comme idéalistes, reprennent-ils étonnamment vie : si le monde va mal, c'est faute de conscience morale, la solution n'est plus au bout du fusil, elle exige la vertu, l'honnêteté, le respect des droits de l'homme, la responsabilité individuelle, la déontologie. Tout se passe comme si la critique des illusions idéologiques s'était effacée au profit de ce qu'on peut bien appeler l'*illusion éthique,* nouvelle forme de la conscience démocratique. Au point qu'il nous faut, au moins sommairement, « recommencer » la critique, redire ces vérités connues, trop connues, mais trop vite oubliées en ces temps d'extase éthique. Notamment celles-ci. Ce ne sont pas les imprécations vertueuses contre la technique arrogante qui aideront le mieux à surmonter les risques d'« holocauste biologique » : il faudra pour cela de nouvelles technologies et la compétition des marchés, un pouvoir accru de la technoscience, fût-elle recyclée en vert. Ce ne sont pas les hymnes aux droits de l'homme qui ont beaucoup de chances de faire reculer la xénophobie : le combat contre les poussées d'intolérance appelle des positionnements et alternatives politiques clairs, un travail systématique d'information et de vérité sur les données réelles, des économies compétitives et des politiques sociales permettant de réduire la marginalisation, le sentiment de ségrégation et de déclassement social. Ce ne sont pas les chartes intransigeantes de valeurs qui permettront de mobiliser les hommes dans l'entreprise, si elles ne s'accompagnent pas de mesures concrètes de négociation, de redistribution et de formation. Ce ne sont pas les hommages à la déontologie du journalisme qui, magiquement, élèveront la qualité de la presse : parions davantage sur la compétence professionnelle des journalistes et la consolidation d'une presse écrite de bon niveau, capable de contrebalancer l'influence télévisuelle et de créer un public plus exigeant, mieux informé. Plus que jamais l'éthique s'avère nécessaire, plus que jamais on en voit les limites, parfois les risques. La morale des affaires est une démarche salutaire, à condition qu'elle ne serve pas de prétexte au désengagement intempestif de l'État et à l'asphyxie des programmes sociaux. L'interrogation bioéthique est urgente à condition qu'elle ne nourrisse pas les fantasmes anti-science et ne légitime pas l'arrêt des recherches biomédicales. Il faut se réjouir de la réaffirmation des droits de l'homme, à condition qu'ils n'alimentent pas le dénigrement et le rejet collectif du politique. Il faut se féliciter des élans humanitaires et caritatifs à condition qu'ils ne délégitiment pas l'idéal de justice sociale et économique. Loin de nous, l'idée de jeter le discrédit sur l'efflorescence actuelle des valeurs. Mais, à tout le moins, convient-il de ne pas y reconnaître la panacée du moment : la politique et l'économie sans éthique sont diaboliques, l'éthique sans la connaissance, l'action politique et la justice sociale est infirme. Essayons de ne pas faire l'ange pour ne pas faire la bête, la vraie défense de l'éthique passe par la critique de l'*éthicisme*.

Ce dont nous avons besoin, ce n'est pas d'exhortation à la vertu pure, c'est d'*intelligence responsable* et d'*humanisme appliqué*, seuls capables d'être à la hauteur des défis de l'époque. Sans doute, l'opposition entre morale et éthique, impératif catégorique et impératif hypothétique, bonne volonté et éthique de l'intérêt est-elle philosophiquement indépassable. Mais en quoi les « nouvelles » incantations à la *générosité* désintéressée [1] ont-elles la moindre chance de se faire entendre, de contribuer en quelque manière que ce soit à transformer l'univers technologique, nos formes d'organisation, nos systèmes d'information et de communication ? À quoi peuvent mener de tels sermons absolutistes sinon à discréditer, à décourager d'entrée de jeu les différentes formes d'innovations institutionnelles qui, inévitablement, doivent composer avec la logique du marché et du profit. À

1. Alain Etchegoyen, *La valse des éthiques*, Paris, François Bourin, 1991.

dresser un fossé infranchissable entre moralité et efficacité, devoir et intérêt, on s'érige certes en maître intransigeant de vertu mais dans le même temps on dévalorise les actions de changement, nécessairement « intéressées », qui visent néanmoins, plus modestement mais plus efficacement, à édifier un monde plus habitable et plus juste ; on fait basculer dans le pur et simple cynisme ce qui peut être recherche réaliste et prudente d'un mieux-être collectif. Paradoxalement, les thuriféraires de la main invisible du marché peuvent se réjouir de ces charges hypermorales contre l'éthique des affaires : à quoi bon changer quoi que ce soit, tendre vers des pratiques plus soucieuses de l'homme puisque de toute façon, ce n'est que bas calcul et malignité stratégique. Ce n'est pas en brandissant l'idéal kantien de la bonne volonté que nous avancerons d'un pouce dans la résolution des défis planétaires, économiques, médiatiques de notre époque ; ce ne sont pas les hommages à la générosité qui feront reculer les menaces écologiques, qui créeront des emplois, qui permettront une meilleure justice dans l'entreprise, qui amélioreront la qualité de l'information. La générosité est une vertu privée, elle ne peut servir de principe d'action pour une meilleure organisation de la vie collective. Faut-il donc le redire : sans l'intelligence des conditions concrètes, la juste évaluation des fins et des moyens, le souci de l'efficacité, les plus hautes visées morales se retournent vite dans leur contraire, l'enfer, on le sait bien, étant pavé des meilleures intentions.

N'en déplaise aux nouveaux hérauts de l'idéalisme catégorique, dans l'histoire, les progrès n'avancent jamais sans la dynamique de l'intelligence, des intérêts et des passions. Certes, il y a des motivations « intéressées » dans la sensibilité verte : c'est précisément pour cela qu'elle parvient à modifier notre rapport à l'environnement. Certes, des profits sont attendus des techniques propres : c'est pourquoi elles pourront se développer. Certes, l'éthique du business est guidée par des objectifs de profit, d'image et de mobilisation du personnel : c'est pourquoi elle peut contribuer à inventer un nouveau contrat social dans l'entreprise. Les risques inhérents à la logique utilitariste existent, mais il y a infiniment plus à attendre d'une éthique réaliste combinant intérêt et respect, présent et futur, que d'une morale catégorique si noble qu'elle ne peut qu'être inapplicable au cours du monde. La chance de l'époque hors-devoir, c'est que la demande d'éthique qui se fait jour, n'étant pas irréaliste et contraire aux intérêts, peut de ce fait même contribuer à transformer dans le bon sens un certain nombre de pratiques sociales, agencer un monde non pas idéal mais moins aveugle, peut-être un peu plus juste.

Les hommes ne sont que des hommes : on ne peut que se féliciter de cette montée sociale d'une éthique postmoraliste du compromis à égale distance du moralisme « sans main » et du cynisme de la « main invisible ». Elle est fort loin du désintéressement à perte de vue et du Bien absolu, mais elle refuse la jungle du « enrichissez-vous » à courte vue ; elle n'est pas sublime mais plus apte à faire face aux grands périls du futur ; elle n'est pas haute mais plus adaptée à une société technicienne et démocratique [1]. Dans cette foulée, appelons

1. Tocqueville soulignait déjà que la doctrine de l'intérêt bien entendu, pour ne pas se donner d'immenses fins, était la théorie la mieux appropriée aux besoins des peuples démocratiques, la plus efficace pour combattre les excès de l'individualisme : elle ne produit pas de « grands dévouements » mais réduit les « grossières dépravations », « elle ne cherche pas à atteindre de grands objets, mais elle atteint

de nos vœux non l'héroïsme moral, mais le développement social d'une *éthique intelligente,* d'une éthique aristotélicienne de la prudence tendue vers la quête du juste milieu, d'une juste mesure par rapport aux circonstances historiques, techniciennes et sociales.

LA CONSCIENCE VERTE

La citoyenneté planétaire

Parmi les préoccupations et les idéaux de la conscience contemporaine, nul doute que la protection de la nature n'occupe une position particulièrement privilégiée : l'époque postmoraliste coïncide avec l'essor de nouvelles valeurs centrées sur la nature, avec ce que déjà on appelle une éthique de l'environnement.

La succession de catastrophes écologiques dues aux industries pétrolières, chimiques ou nucléaires, l'aggravation de la pollution touchant l'atmosphère de la planète (« pluies acides », « trou » dans la couche d'ozone, « effet de serre ») ont engendré une prise de conscience de masse des dégâts du progrès ainsi qu'un large consensus autour de l'urgence de sauvegarder le « patrimoine commun de l'humanité ». Multiplication des associations de protection de la nature, « jour de la Terre », succès électoraux des Verts, notre époque voit le triomphe des valeurs écologiques, l'heure est au « contrat naturel » et à la citoyenneté mondiale, « notre

---

sans trop d'efforts tous ceux auxquels elle vise », *De la démocratie en Amérique,* Paris, Gallimard, t. I, vol. II, pp. 127-130.

pays c'est la planète ». Tandis que le pape Jean-Paul II qualifiait la crise écologique de « problème moral majeur », vingt-quatre chefs d'État et de gouvernement ont pu déclarer solennellement leur volonté de « déléguer une parcelle de leur souveraineté nationale pour le bien commun de l'humanité tout entière ». Nos devoirs supérieurs ne portent plus sur la nation, ils ont pour objet la nature : la défense de l'environnement est devenue un objectif prioritaire de masse ; en 1990, les Français plaçaient, par ordre d'importance, l'environnement et l'écologie au deuxième rang des problèmes à affronter.

L'idée que « la Terre est en danger de mort » a imposé une nouvelle dimension de responsabilité, une conception inédite des obligations humaines dépassant l'éthique traditionnelle circonscrite aux rapports interhumains immédiats. La responsabilité humaine doit maintenant s'étendre aux choses extra-humaines, englober la dimension de la biosphère tout entière puisque l'homme a les moyens de mettre en danger la vie future sur la planète. Selon les « fondamentalistes », nous avons à reconnaître, indépendamment du bien humain, la valeur en soi de l'écosphère, à redécouvrir la dignité intrinsèque de la nature ; selon le plus grand nombre, à la respecter pour nous, à la concevoir comme un patrimoine commun à transmettre aux générations futures. Quelle que soit la profondeur de ce clivage, l'éthique classique, centrée sur le prochain et la proximité des buts, ne paraît plus suffisante, la technique moderne a engendré des effets si inédits, si potentiellement catastrophiques qu'une « transformation » des principes éthiques est nécessaire. La civilisation technicienne a besoin d'une « éthique d'avenir » : face aux menaces de destruction de la vie, il faut reformuler rien moins qu'un nouvel impératif catégorique : « Ne compromets pas les conditions pour la survie indéfinie de l'humanité sur terre[1] », l'époque réclame une éthique de la responsabilité à long terme, l'obligation inconditionnelle de préserver l'existence de l'humanité sur terre. Il n'y a plus guère d'exhortation aux devoirs envers soi-même, envers les autres et la nation, il y a déification de Gaïa dévastée par les agressions prométhéennes, sanctification du principe de responsabilité planétaire. Cette consécration de l'obligation envers l'avenir, qu'illustre notamment le succès des campagnes pédagogiques du commandant Cousteau, a des répercussions directes sur les aspirations et comportements de masse. Déjà nombreux sont ceux qui acceptent de payer plus cher pour des produits respectueux des équilibres naturels ; en 1990, 6 Français sur 10 se déclaraient prêts à payer un impôt sur l'environnement, 80 % des habitants de la région de San Francisco sont prêts à des sacrifices financiers pour protéger l'air, la mer et la terre. La citoyenneté postmoderne est moins politique qu'écologique, nous n'avons plus foi dans une éducation morale et civique tournée vers la formation des sentiments patriotiques et altruistes, mais nous aspirons de plus en plus à une citoyenneté verte.

En surface, cette réévaluation de la dimension d'obligation va à contre-courant de la tendance à l'éclipse des devoirs ; au plus profond, elle l'exprime par des voies détournées. Aux yeux des militants verts, en effet, les devoirs de protection de la nature prennent le pas sur les devoirs envers les hommes, ils placent, par ordre de priorité, la sauvegarde de l'environnement devant les questions économiques et sociales, la pollution ou la diminution de la couche d'ozone les préoccupent davantage que la grande pauvreté, le sous-développement et

1. Hans Jonas, *Le principe responsabilité,* Paris, Cerf, 1990, p. 31.

le chômage. Pour les plus radicaux, la réintroduction des animaux prédateurs en milieu ouvert compte davantage que les problèmes qui en résultent pour les agriculteurs ; il est plus important de mener des actions destinées à préserver des hectares de forêt abritant des espèces en danger que de se soucier des emplois des bûcherons. Tandis qu'au seuil de 1989 *Time* élisait la Terre « homme de l'année », à San Francisco, les *homeless* devaient abandonner les espaces verts publics, respect de l'environnement oblige. Parallèlement et toutes proportions gardées, les ultra-antivivisectionnistes n'hésitent pas à plastiquer les voitures des chercheurs, à saccager leurs domiciles, à saboter les laboratoires de recherche médicale au nom du droit des animaux ; d'aucuns en viennent à proposer de remplacer les animaux par des prisonniers, des immigrés, des chercheurs et leurs enfants. La nature et les animaux d'abord : en étendant jusqu'à l'animal et à la biosphère la notion de fin en soi, en sacralisant les obligations envers le non-humain, les passions zoophiliques et écophiliques radicales n'élargissent pas la culture humaniste, elles font monter d'un cran la spirale de la dévalorisation postmoraliste des devoirs interhumains[1]. La conscience verte intransigeante exprime autant le réveil de la notion de responsabilité vis-à-vis de la nature qu'un courant social de déresponsabilisation vis-à-vis des hommes. Quelle que soit la montée en puissance du souci écologique, il n'est pas sans connivence avec l'approfondissement du procès de désocialisation, d'autoabsorption et d'indifférence individualiste : sous la citoyenneté planétaire re-

1. Également, Marcel Gauchet, « Sous l'amour de la nature, la haine des hommes », *Le Débat*, nº 60, 1990, pp. 278-282. Et Luc Ferry, *Le nouvel ordre écologique*, Paris, Grasset, 1992.

vendiquée, c'est, ici et là, un nouvel antihumanisme qui se profile.

Il n'y a pas à opposer conscience planétaire de masse et individualisme utilitariste, la nature à protéger étant moins un idéal inconditionnel qu'une condition de survie et de qualité de vie de chacun. Si la citoyenneté écologique s'accompagne de devoirs et de droits inédits, ce sont, de toute évidence, ces derniers qui lui donnent sa vraie impulsion collective. À l'abri des devoirs d'avenir, progressent les nouvelles revendications à la sécurité, au cadre de vie, aux droits élargis des personnes : droit à une eau pure, droit aux forêts et à une atmosphère non polluée, droit à un environnement naturel non défiguré. Après les conquêtes historiques des droits-libertés et droits sociaux, nous voyons se développer les revendications au droit à la *qualité de vie* expression même de l'individualisme postmoderne. Sans doute la culture écologique et son souci de responsabilité envers les générations futures marquent-ils un coup d'arrêt à la logique déresponsabilisante de l'individualisme radical : pourtant c'est toujours l'exigence individualiste de vivre mieux et plus longtemps qui est le ressort profond de la sensibilité verte de masse. Sans doute, l'idée d'obligation regagne-t-elle de l'autorité, mais de quoi s'agit-il pour le plus grand nombre sinon de respecter les espaces verts, consommer des produits recyclables, refuser les sacs en plastique, circuler à vélo, éventuellement participer à des marches et chaînes de solidarité. La morale écologique au quotidien est minimaliste, elle ne prescrit aucun oubli de soi, aucun sacrifice suprême, seulement ne pas gaspiller, moins ou mieux consommer. En dépit de tout ce qui les sépare, conscience écologique et charité médiatique font partie d'un même ensemble, ils illustrent l'irrésistible promotion démocratique des éthiques individualistes sans douleur.

Éco-consommation et éco-business

Témoigne encore de la culture postmoraliste, le fait hautement significatif que l'idéal d'« autolimitation des besoins » et la dénonciation des vices de la société de consommation, qui étaient au cœur de la mythologie écologique des années 1960-1970, ont été relégués au second plan. Pour l'essentiel, la mobilisation écologique s'arc-boute à présent sur la protection de la nature, la gestion équilibrée des écosystèmes, la réconciliation du développement industriel et de la défense de l'environnement. En lieu et place de l'utopie antitechnicienne, nous avons une conscience consumériste de masse. Il n'est plus guère question d'alternative globale, les vitupérations contre le marché et les pseudo-besoins ont cédé le pas au *shopping* écologique, à la fièvre des produits « bio », à la diététique saine, à l'hygiène biologique, aux thérapies douces, au tourisme vert. L'idéal d'« austérité volontaire [1] » du premier moment écologique a vécu, c'est un *hédonisme écologique* qui domine les aspirations contemporaines prolongeant d'une autre manière la dynamique individualiste consommative. La culture écologique n'a pas réussi à détourner de leur cours les passions individualistes au bien-être, ce sont elles qui l'ont recyclée et réconciliée avec la logique industrielle et consommative. Mais, simultanément, la sen-

1. Voir notamment, Pierre Alphandéry, Pierre Bitoun, Yves Dupont, *L'équivoque écologique,* Paris, La Découverte, 1991, pp. 150-193.

sibilité écologique, avec ses exigences de qualité et de santé, a permis en quelque sorte de « moraliser » les processus de production et de consommation, de réorienter l'offre et la demande vers les bio-industries et éco-produits, technologies douces et propres. Le consensus écologique n'a nullement mis fin à la course à la croissance et à la consommation individualiste, il a généré une éco-production doublée d'une écologie de la consommation. Une fois encore, la « ruse de la raison » a fait son œuvre : ce ne sont pas les exigences absolues de la raison morale verte qui ont permis la restructuration effective des systèmes productifs, mais bien davantage la dynamique des passions individualistes (sécurité, santé, bien-être qualitatif), des intérêts économiques et de l'intelligence technicienne. Il n'y a pas à désespérer des éthiques utilitaristes du compromis.

À coup sûr pourrait-on opposer à cette figure inédite de l'individualisme consumériste les nombreux mouvements associatifs s'engageant contre les pollutions chimiques et risques nucléaires, se mobilisant pour la création de zones protégées, pour la préservation des sites naturels, de la faune et de la flore. Mais si les finalités écologiques travaillent à reconstituer des espaces de sociabilité et de lutte collective, il est encore plus vrai qu'elles fonctionnent socialement comme instruments d'expansion des attributions de l'appareil administratif gestionnaire. *Via* l'éthique de l'environnement, c'est moins le lien social et le sens général des devoirs qui se renforcent que les prérogatives de la puissance publique chargée désormais d'assumer de nouvelles fonctions juridiques et réglementaires concernant la protection de la nature. Les dégradations de l'environnement, les risques technologiques majeurs, la demande sociale de sécurité entraînent quasi inévitablement la nécessité d'une intervention accrue des pouvoirs publics, un large processus de légitimation des juristes et experts, éco-conseillers et « écologistes d'État », organismes nationaux et internationaux investis de la tâche de maintenir la Terre habitable sur le long terme. Éco-consumérisme individualiste et mouvements associatifs verts ne s'opposent pas, ils convergent vers la croissance des dispositifs de régulation politico-administratifs, ils accentuent la légitimité de l'action publique comme instance de protection des populations et de leur avenir. Vecteur d'une gestion durable des ressources de la nature, le « supplément d'âme » écologique est paradoxalement un levier supplémentaire de la spécialisation, de la fonctionnalisation, de la régulation « bureaucratique » du monde postmoderne, il revitalise moins le sentiment d'obligation éthique dans la collectivité qu'il ne crée du pouvoir technocratique responsable à « visage humain ».

De même que la sensibilité écologique conduit à l'expansion des pouvoirs de l'État, de même permet-elle aux industries de trouver de nouveaux créneaux de développement : le marché de l'antipollution, les biotechnologies, l'éco-engineering, les technologies propres, le traitement des déchets ménagers et industriels n'en sont qu'à leurs débuts, l'avenir est à l'éco-industrie congruente avec les nouvelles aspirations de masse au « naturel » et à la qualité de l'environnement. Telle qu'elle s'incarne socialement l'éthique de l'environnement n'est plus dirigée contre le capitalisme et l'industrie, elle élargit la sphère de la marchandise et conduit au développement du *high tech,* de la techno-science, du contrôle *soft* de la nature : les âmes vertueuses et bucoliques vont s'en indigner mais plus de respect envers la nature, cela signifie, de fait, plus d'artificialisme techno-scientifique et plus de business, plus d'industrie et de marché. La marée écologique se traduit par de nouvelles technologies, de nouveaux vecteurs de croissance : d'ores et déjà les éco-industries et produits « verts » connaissent une expansion spectaculaire, l'éco-marketing et les magasins écologiques se multiplient ; le marché communautaire de l'antipollution va sans doute doubler d'ici à l'an 2000, l'écologie est devenue un « facteur de production », une dimension nouvelle des stratégies d'entreprise. À l'instar de la charité spectacle mariant les contraires, l'éthique de l'environnement se révèle une « éthique de synthèse » qui réconcilie écologie et économie, morale et efficacité, qualité et croissance, nature et profit. Sous l'étiquette du respect de l'environnement, peut continuer la concurrence économique, la transformation de l'écosphère en anthroposphère, la « volonté de volonté » redessinée en vert. S'il est vrai que l'éthique écologique est ce qui fixe des limites à l'agir technicien et capitaliste, il ne faut pas entendre cette limitation comme un coup porté à la dynamique de la puissance mais plutôt comme ce qui permet la poursuite indéfinie, prudente, non contradictoire de l'arraisonnement du monde et des affaires. Ainsi, même les valeurs ont-elles pu être mobilisées et instrumentalisées au service des intérêts et de la marche vers la maîtrise du monde ; l'univers postmoraliste n'élimine pas le règne des fins, il les rend compatibles avec l'efficacité, il les recycle maintenant dans ses programmes d'expansion, de gestion et de communication.

BIOÉTHIQUE ET DÉMOCRATIE

Une éthique dialoguée

Le domaine biomédical illustre autant sinon mieux que l'écologie la reviviscence contemporaine de la volonté éthique. Dès la fin des années 1970, le *New York Times* pouvait titrer « L'éthique est à la mode » au vu du déluge d'articles, de livres et de colloques consacrés à la bioéthique. Les prises de position des grands chercheurs et médecins sont maintenant largement diffusées et commentées par la presse, les media traitent régulièrement des enjeux moraux soulevés par les nouvelles technologies génétiques et procréatiques, l'éthique médicale est enseignée dans les facultés, les projets de loi concernant l'éthique biomédicale sont à l'ordre du jour : la bioéthique est devenue un sujet de société.

Initialement impulsée par la question de l'expérimentation sur l'homme au cours des années 1960, l'interrogation bioéthique a connu une brusque amplification du fait des progrès réalisés par les techniques de fécondation artificielle, l'ingénierie génétique, les greffes d'organes, les soins palliatifs, le diagnostic prénatal. Les « miracles » de la science ont fait vaciller les repères traditionnels de la vie, de la mort et de la filiation, ils ont réveillé les peurs de l'eugénisme et du « meilleur des mondes », ils ont déstabilisé les règles consensuelles de la déontologie médicale. La bioéthique vient en réponse à cette érosion des repères, elle traduit la volonté que soient fixées des normes respectueuses de l'homme et institués des systèmes d'autorégulation permettant de faire obstacle aux dérives d'une science démiurgique sans conscience.

Les positions philosophiques les plus diverses traversent la réflexion bioéthique. Reste que le nouveau champ d'interrogation, parallèlement au souci écologique, est incontestablement l'occasion d'une revitalisation de la forme absolutiste du devoir. L'humanité de l'homme apparaissant menacée par les progrès de la biomédecine, l'idée se renforce qu'il faut restaurer des impératifs inconditionnels destinés à endiguer le jusqu'au-boutisme de la toute-puissance technicienne, capitaliste et individualiste. La terreur de l'eugénisme et du biopouvoir, l'angoisse diffuse d'une déshumanisation de l'homme par le développement des technologies de la biologie ont été l'instrument de la réaffirmation d'une éthique catégorique. Les déclarations se multiplient qui appellent à l'interdiction absolue de toute création d'embryons humains dans un but exclusif de recherche, de toute forme de commercialisation du corps humain et de ses dérivés, de toute tentative de modification délibérée du patrimoine génétique, qui condamnent les pratiques d'insémination *post-mortem,* les contrats de location d'utérus, les techniques du diagnostic prénatal, qui affirment solennellement le « caractère sacré de la vie » et le principe d'inviolabilité de la nature. Au moment où les sciences biologiques permettent d'envisager la maîtrise du vivant et la « déformation de l'homme », des chercheurs proposent des moratoires, revendiquent un droit à la « non-découverte » et une éthique de la « non-intervention sur la vie » ; des philosophes énoncent l'obligation catégorique de ne pas mettre en jeu l'existence ou l'essence de l'homme dans son intégralité. *Via* la défense des droits de l'homme et la dénonciation des risques d'eugénisme, l'éthique catégorique a repris du lustre non sans s'imposer, ici et là, comme un nouveau vertuisme dogmatique, une nouvelle forme de catastrophisme alimentant les réflexes anti-science les plus sommaires [1].

Si significative soit-elle, cette réémergence du commandement inconditionnel ne constitue pourtant que l'une des faces de la démarche bioéthique. Une autre face, sans doute plus typique de son fonctionnement effectif, témoigne d'une logique adverse s'il est vrai qu'elle met en œuvre une morale dialoguée et pragmatique, une éthique de la juste mesure entre respect de la personne et exigence de la recherche, valeur de l'individu et intérêt collectif, une éthique de la prudence rejetant les extrêmes mais ne transigeant pas néanmoins sur l'impératif de dignité et de liberté individuelle. Rien sans doute n'éclaire mieux cette « sagesse » bioéthique que les principes et codes déontologiques dont s'est dotée la communauté scientifique afin de fixer les conditions d'acceptabilité de la recherche biomédicale sur les sujets humains. Dès 1947, le code de Nuremberg a stipulé les grands principes devant régler l'expérimentation sur l'homme à des fins scientifiques. Selon la déclaration de Nuremberg, l'expérimentation humaine est « compatible avec l'éthique de la profession médicale » à condition que l'expérience fournisse « des résultats bénéfiques pour la société et impossibles à obtenir par d'autres méthodes », à condition encore que certains principes fondamentaux soient respectés, aux premiers rangs desquels figurent le consentement volontaire et éclairé du sujet humain, l'absence de toute contrainte, le droit d'interrompre la participation à la recherche à tout moment, ne jamais prendre de risques supérieurs aux « bénéfices humanitaires » escomptés. Par la suite, plu-

1. Pierre-André Taguieff, « L'eugénisme objet de phobie idéologique », *Esprit*, nov. 1989.

sieurs déclarations internationales ont vu le jour, Helsinki (1964), Tokyo (1975), qui se sont employées à apporter de nouvelles précisions en distinguant notamment recherche thérapeutique et recherche non thérapeutique, en énonçant de nouvelles clauses en matière de consentement : consentement par écrit, nécessité que ce soit un médecin étranger à la recherche qui obtienne le consentement lorsque le sujet se trouve dans une relation de dépendance à l'égard de l'expérimentation. En principe, l'expérimentation n'est autorisée que sur les volontaires adultes et responsables, elle exclut la recherche sur les enfants, les mineurs, les débiles mentaux, les vieillards. Non sans une hésitation manifeste, d'autres articles précisant en effet que « si le sujet est légalement incompétent, on doit obtenir le consentement du représentant légal ». Flottement inévitable s'expliquant au plus profond par la légitimité et la diversité des buts visés, par la volonté bioéthique de ne sacrifier aucune de ces valeurs supérieures que sont le respect de l'individu, le progrès de la science, l'intérêt de la collectivité. Le développement des sciences biologiques et médicales, les diverses expérimentations « abusives », la recherche d'un équilibre entre les idéaux partiellement antagonistes ont conduit la profession médicale à se donner des règles de déontologie de plus en plus universelles touchant l'éthique de la recherche, et les pouvoirs publics à imposer des réglementations rigoureuses destinées à protéger les citoyens. En moins d'un demi-siècle, nous sommes passés d'une déontologie médicale dominée par la conscience des chercheurs et la tradition hippocratique à une déontologie détaillée et casuistique, à une internationalisation des standards méthodologiques, à une prolifération législative et réglementaire soucieuse de rendre compatibles dans la pratique éthique de l'individu et éthique de la connaissance, droits de l'homme et bien-être social.

L'éthique de l'expérimentation médicale campe à mi-chemin du réalisme et de l'absolutisme moral, elle est recherche d'un compromis entre intérêt individuel et bien collectif, bien-être des sujets et impératif de la science, liberté individuelle et liberté scientifique. Compromis qui se veut néanmoins intransigeant sur le respect des normes humanistes, la bioéthique refusant de justifier l'immoralité qu'implique l'expérimentation sur l'homme au nom de la fin supérieure qu'est l'amélioration future de la santé. Il ne s'agit pas de s'accommoder d'une doctrine du moindre mal mais de faire en sorte que l'« immoralité » consubstantielle à l'expérimentation sur l'homme devienne quasiment « négligeable », moralement acceptable au regard de la personne individuelle[1] ; il ne s'agit pas d'éliminer tout risque mais de fixer des frontières au maximum de risques admissibles, de déterminer des limites à ce qu'un chercheur peut proposer au consentement d'autrui. Quel que soit l'intérêt scientifique du projet, dans l'ordre thérapeutique, les risques admissibles ne doivent pas dépasser en gravité les risques de l'évolution naturelle de la maladie, le bilan risques-bénéfices doit toujours être acceptable, les malades ne doivent pas être utilisés pour des essais ne concernant pas leur propre maladie ; lorsque ce sont des volontaires sains qui se soumettent à des expériences, ils ne doivent être exposés qu'à des risques très minimes[2]. Exigence du consentement libre et éclairé, limite à ce

1. Michel Lacroix, « La bioéthique et l'expérimentation sur l'homme », *Esprit,* janv. 1986.

2. Sur toutes ces questions, Anne Fagot-Largeault, *L'homme bioéthique,* Paris, Maloine, 1985.

qu'on peut proposer aux sujets participant à une recherche, fixation d'une frontière du maximum de risques admissibles, soumission des protocoles expérimentaux à des comités indépendants désignés spécialement à cet effet : la philosophie de la recherche est un humanisme pragmatiste juxtaposant fermeté du principe du respect de la personne et souplesse exigée par le progrès scientifique, elle refuse de transformer l'homme en pur cobaye mais tout autant de se priver d'un moyen nécessaire au développement du savoir et à l'utilité collective. C'est ce compromis de réalisme scientifique et d'idéalisme éthique, d'utilitarisme et de kantisme, d'impératif hypothétique et d'impératif catégorique qui caractérise ce qu'on peut appeler le *postmoralisme bioéthique.* Ici comme ailleurs, le renouveau éthique ne reconduit pas le culte traditionnel du devoir mais l'essor d'une éthique de la responsabilité ouverte et approximative, d'une éthique probabiliste des décisions évaluant dans le risque les coûts et bénéfices des traitements. Après l'âge des règles manichéennes du bien et du mal, s'imposent le dialogue bioéthique et la « légitimité stochastique[1] ».

La recherche d'un équilibre juste entre idéalisme et réalisme est un idéal déontologique. Dans les faits, nul n'ignore que sous la pression de la demande expérimentale et des intérêts scientifiques c'est parfois le point de vue de la stricte efficacité qui l'emporte et ce, au détriment du consentement éclairé et au prix de risques élevés pour les sujets. Mais c'est aussi bien le point de vue « absolutiste » qui triomphe lorsque, au nom des sentiments nobles et du dévouement, la déontologie ou la loi interdisent toute forme de salaire pour les sujets se prê-

1. Jean-Louis Funck-Brentano, « La bioéthique, science de la morale médicale », *Le Débat,* n° 25, mai 1983.

tant à des expériences. Une réelle éthique de la responsabilité ne devrait-elle pas plutôt s'employer à substituer la *transparence financière* aux demandes plus ou moins claires de participation généreuse à la recherche ? N'est-il donc pas juste qu'une peine et une perte de temps utiles à la collectivité soient correctement rémunérées ? N'y a-t-il pas davantage de pressions sur le consentement en faisant appel au désintéressement qu'en payant les sujets ? N'y a-t-il pas quelque hypocrisie à condamner le principe de rémunération des volontaires et à justifier celui de l'« indemnisation », lequel peut être, malgré tout, incitatif pour certaines catégories de personnes [1] ? Le vertuisme rigoriste persiste et signe, la dynamique de la responsabilité postmoraliste n'en est qu'à son commencement.

Le sage, l'expert et le citoyen

L'éthique dialoguée est également au centre des nouvelles institutions locales et nationales destinées à fournir des réponses aux questions inédites soulevées par les sciences biologiques et médicales. Avec la déclaration d'Helsinki de 1964, apparaît pour la première fois, de manière explicite, la recommandation de « comités indépendants » ayant charge d'évaluer selon le point de vue éthique les projets de recherche dans les sciences biomédicales. Par la suite, la règle s'est imposée, dans les institutions médicales, de créer des comités d'examen locaux dont le rôle est de se prononcer, préalablement à toute attribution de crédits de recherche, sur la protection des droits des individus impliqués dans les expé-

1. Anne Fagot-Largeault, *op. cit.*, pp. 144-148 et 216-219.

riences, la pertinence des méthodes utilisées pour obtenir le consentement éclairé, le rapport risques/bénéfices proposé à l'assentiment des sujets. À côté des comités locaux ou régionaux, ont été institués des comités nationaux : c'est en France qu'a été créé par décret, en 1983, le premier Comité national d'éthique. Instance consultative, il n'a pas de pouvoir de décision, il formule des avis et recommandations à propos des questions éthiques liées aux progrès de la recherche biologique et médicale, il informe l'opinion publique et les autorités. Mais locaux ou nationaux, ces comités sont constitués selon le principe pluraliste de l'ouverture à des personnalités extérieures au monde médical : y siègent non seulement des chercheurs et médecins n'ayant pas d'intérêt direct dans les recherches examinées mais aussi, en nombre plus réduit, des membres du personnel hospitalier, des philosophes, juristes, théologiens, sociologues, représentants des patients selon des modes de composition variables et discutés.

La diversité d'obédience et de compétence des membres qui composent les comités d'éthique constitue un des aspects les plus originaux du phénomène. Sans doute la surreprésentation actuelle des personnalités scientifiques qui y siègent peut-elle être interprétée comme la volonté délibérée d'accorder la priorité aux intérêts de la science au détriment de la communauté tout entière, mais le principe pluraliste qui organise les comités d'éthique illustre néanmoins l'exigence, au moins tendancielle, que les décisions relatives aux expériences à mener ou à l'utilisation des techniques scientifiques doivent être prises par la société dans son ensemble et non par la seule communauté scientifique. Les démocraties ouvertes instituent désormais le dialogue du médecin et du non-médecin, du théologien et de l'économiste, du biologiste et du philosophe, la vérité morale n'est plus en droit monopolisée par une autorité traditionnelle, professionnelle ou confessionnelle, elle se cherche dans le compromis démocratique, la délibération transdisciplinaire, la confrontation entre logiques adverses. L'âge moraliste a réagi à la « mort de Dieu » par le culte du devoir universel, absolu, impératif ; l'âge postmoraliste répond à la crise de l'éthique médicale par l'exigence du débat démocratique entre rationalités conflictuelles. La décision bioéthique se prend à partir de connaissances variées, de sensibilités et de compétences plurielles, elle perd du même coup tout caractère apodictique et intangible, quelle que soit la forme rigoriste qu'elle peut prendre ponctuellement. En débat parmi les hommes, l'avis bioéthique représente un pas supplémentaire dans le processus de sécularisation de la morale : il revient, en principe, à la collectivité des hommes de fixer et de corriger, en fonction de leur volonté et des connaissances disponibles, les normes qui la régissent.

Processus de démocratisation du principe de la décision éthique qui néanmoins ne va pas sans effet paradoxal. Comment ne pas voir que ce qui était autrefois conscience morale commune, connaissance universelle du devoir, devient de plus en plus affaire d'experts et de spécialistes, médecins et sociologues, philosophes et théologiens. Le mode de composition des comités d'éthique n'est pas ici la question fondamentale : quelle que soit la proportion envisageable de médecins et de non-médecins, la fixation du juste et de l'injuste, du bien et du mal relève désormais en quelque sorte de « professionnels » de l'éthique. Au nom de la complexité des problèmes soulevés par la science, une nouvelle division du travail est apparue, même l'éthique est entrée dans la voie de l'institutionnalisation, de la bureaucratisation, de la spécialisation fonctionnelles. Le destin de la volonté bioéthique est parallèle à celui de l'écologie, ensemble ils sont tremplins vers de nouvelles autorités éclairées, de nouvelles instances de pouvoir, de nouvelles compétences. Derrière l'extase des valeurs, avance le règne des spécialistes, la volonté démocratique de contrôler la science par les valeurs éthiques contribue de fait à prolonger le processus de rationalisation « bureaucratique » du monde moderne, à étendre la technicisation savante de l'organisation démocratique, et même, ici et là, à mettre en orbite l'instrumentalisation marchande de la morale. Avec les nouveaux « sages » viennent en effet les consultants, les professionnels rémunérés de l'éthique. Certes, en France, les membres du Comité national d'éthique exercent leur tâche bénévolement, mais déjà, aux États-Unis, se multiplient les « éthiciens », les « experts en éthique » qui vendent leurs compétences aux institutions de la santé. Au cours des années 1980, les consultants en bioéthique se sont regroupés en association professionnelle, l'éthique et le professionnalisme ne sont plus antinomiques, ils ont réussi à célébrer leurs fiançailles postmoralistes.

Les comités d'éthique contribuent-ils, au moins, à la formation de l'opinion publique ? Ils s'emploient plutôt à donner des avis solennels et des recommandations « indiscutables ». Dynamisent-ils la discussion démocratique ? On les voit peu réussir à donner vigueur au débat collectif, que ce soit dans la société ou dans l'enceinte du Parlement. À bien des égards, ajouterions-nous, ils contribuent, en identifiant éthique et expertise, à éloigner un peu plus le citoyen des lieux de débats et de décisions. Quel besoin y a-t-il de recourir à la confrontation démocratique et à la délibération des représentants de la nation si des experts de tous bords parviennent à rendre des avis communs ? Tel est le risque « technocratique » que font peser les magistères éthiques sur la vitalité démocratique. Véhiculant une position scientiste de la morale, les comités nationaux d'éthique tels qu'ils fonctionnent de nos jours détournent de fait les hommes de la disposition à l'implication et à la responsabilité citoyennes, ils aident peu à faire du citoyen un acteur démocratique : en 1990, 35 % des Français souhaitaient que la réglementation sur la procréation artificielle soit édictée par un Comité national d'éthique, 22 % préféraient faire confiance aux médecins, seuls 15 % choisissaient la voie du Parlement et 24 % celle du référendum. Il faut interpréter la légitimité sociale des comités d'éthique non seulement comme une méfiance envers les instances politiques, mais plus encore comme une consécration des compétences savantes appelées à s'exercer désormais jusque dans le règne des fins. Ce qu'on appelle « renouveau éthique » ne signifie aucunement renaissance d'une culture des devoirs de l'homme et du citoyen mais foi et *illusion scientiste* dans le savoir-décider des experts en matière de fins, demande d'une *gestion* équilibrée des droits de l'homme et de la science, volonté d'un « juste milieu » déterminé par des personnalités savantes et adapté au mode de vie individualiste postmoraliste. Sous les appels contemporains au supplément d'âme, il faut entendre la demande d'une éthique intelligente de la juste mesure assumée par des spécialistes et garantissant protection des droits individuels et progrès scientifique, sécurité individuelle et sécurité collective. Nouvelles figures incarnant l'esprit démocratique et sa volonté d'institutions indépendantes du pouvoir politique, les comités d'éthique sont en phase avec le néo-individualisme absorbé par l'ego et ses droits, sceptique envers le politique, plus soucieux de décisions impartiales et équilibrées que d'affrontements idéologiques. Dans une société où les antagonismes idéologiques sont moins tranchés, où les passions se focalisent sur la gestion généralisée de l'espace privé et professionnel, la pente lourde des individus est de renforcer les légitimités fondées sur la compétence, de leur abandonner le soin de déterminer les choix finaux : le retour de la morale est avant tout une *éthique par procuration.* Ce n'est pas le moindre des paradoxes que de voir comment de nos jours les institutions incarnant l'éthique travaillent, elles aussi, à la reproduction de la démotivation individualiste, à la promotion des spécialistes, à l'expansion de l'organisation « technocratique » des démocraties : la réaffirmation éthique est une éthique sans citoyen.

LES MEDIA EN LEUR ÂME ET CONSCIENCE

L'éthique à la une

La demande d'éthique ne reste pas cantonnée dans les seuls domaines appelant une responsabilité au long cours, elle se cristallise aussi bien sur la sphère incarnant par excellence le présent éphémère et spectaculaire : les media. De même que les nouveaux pouvoirs de la techno-science ont entraîné l'exigence d'une éthique d'avenir, de même la puissance démultipliée des media et les dérapages de la presse ont-ils réactivé le besoin d'une éthique de l'actualité.

Depuis le XIXe siècle et les pages célèbres de Balzac

dirigées contre la presse, celle-ci n'a jamais cessé d'être violemment vilipendée. Le phénomène se poursuit : le public ne remet pas en cause la légitimité de la presse reconnue unanimement comme contre-pouvoir indispensable au fonctionnement des démocraties, mais il dénonce son absence de responsabilité, son voyeurisme, la course échevelée à l'audience, ses informations non vérifiées, l'excès de liberté dont elle fait montre. Alors même que le rôle, l'influence et le pouvoir des media ne cessent de croître, s'installent une crise de confiance, un soupçon diffus du public [1] à leur endroit, nourris tant par les nouvelles formes de production, de circulation et de traitement de l'information que par les fausses révélations et abus de la presse. Jamais le capitalisme n'a été aussi peu critiqué, jamais les media ne l'ont été autant ; on ne dénonce plus beaucoup la société de consommation, mais on cloue au pilori l'information et les media érigés en symboles de manipulation, d'imposture, d'insignifiance, d'irrespect des hommes. Les media sont désormais au centre de la critique sociale : ils dégradent la démocratie et spectacularisent la vie politique, « montent en épingle » les faits secondaires, portent atteinte à la vie privée, font et défont arbitrairement les notoriétés, superficialisent les esprits, disent n'importe quoi. Sans morale, les media n'ont qu'un objectif : faire parler d'eux, vendre leur « marchandise », augmenter leurs taux d'audience par tous les moyens. L'époque n'est

1. En 1990, seuls 52 % des Français faisaient confiance aux informations de la télévision, 53 % à celles de la radio, 44 % à celles de la presse écrite. En 1991, les deux tiers des Français affirmaient avoir tendance à ne plus croire ce que disent les media. Ce baromètre de la confiance est sujet à variations et n'est pas partout identique : en 1989, 83 % des téléspectateurs américains estimaient que le présentateur du journal télévisé était crédible.

plus celle où, face à la censure et à la mainmise du pouvoir politique sur l'information, on réclamait toujours plus d'information, toujours plus vite ; à l'heure du direct, de l'abondance informative, de l'info-spectacle, monte une demande de responsabilité accrue des media, de limites raisonnables à la liberté de l'information, de moralisation du travail de journaliste.

Le nouveau est que les condamnations des media ne proviennent plus exclusivement du public, des hommes politiques et des intellectuels, mais des journalistes eux-mêmes qui désormais appellent de leurs vœux un plus grand souci de la déontologie de la presse, l'affirmation de nouveaux principes de responsabilité. Les « tables rondes », ouvrages, articles de journalistes fleurissent qui fustigent la « dictature de l'audimat », la « téléfric », le sensationnalisme, les nouvelles formes de corruption des journalistes, l'imbrication de la presse et de la publicité, la précipitation dans la collecte des informations, la non-protection de la vie privée, le narcissisme du « quatrième pouvoir ». Il est vrai que dans le même temps, les autocritiques professionnelles finissent souvent par mettre la presse au-dessus de tout soupçon. Si des erreurs sont commises, la faute en revient à l'impératif d'informer le plus vite possible le public, aux lois de la concurrence, mais aussi aux manipulations, intoxications et stratégies délibérées de désinformation de la part des puissances politiques, militaires ou économiques. La presse se pose d'abord en victime des coups montés contre elle, en victime des autorités qui mentent, dissimulent la vérité, l'empêchent de faire correctement son travail : soucieuse de défendre le droit supérieur de l'information, elle est plus portée à se disculper qu'à reconnaître ses propres responsabilités dans les ratages de l'information[1]. Pourtant nombreux sont les journalistes qui maintenant ne se contentent plus de rejeter la faute sur « les autres », qui admettent la responsabilité spécifique de la presse et plaident pour un renforcement des devoirs journalistiques, pour une moralisation de la profession par elle-même : l'éthique des media est à la une[2].

À lire la littérature journalistique sur les media, on se sent vaguement rajeunir, ramené aux belles années des procès enflammés contre le monde de la marchandise, du prêt-à-consommer et de l'« organisation de l'apparence », tout se passe comme si les journalistes s'étaient peu à peu convertis à la critique situationniste de la « société du spectacle », la perspective révolutionnaire en moins, la visée déontologique en plus. Au moment où les media voient triompher l'audimat et le marketing, le *show* et la frénésie du rythme, ce n'est plus des Conseils des travailleurs qu'on attend le salut mais des lecteurs, des usagers de l'audiovisuel[3], d'un retour à une éthique de l'information : la voix de la conscience, nouvel instrument de lutte contre l'info-mépris. Des chartes de l'information et codes de bonne conduite voient à nouveau le jour afin d'améliorer les méthodes d'autocontrôle et de faire appliquer le principe du respect de la vie privée, des « représentants des lecteurs » sont mis en

1. Ce point est souligné par Dominique Wolton, à l'occasion du traitement médiatique de la guerre du Golfe, *War Game,* Paris, Flammarion, 1991, pp. 129-142. Également, Yves Mamou, *C'est la faute aux medias !*, Paris, Payot, 1991, pp. 172-180.

2. Citons entre autres, François-Henri de Virieu, *La médiacratie,* Paris, Flammarion, 1990 ; Alain Woodrow, *Information, Manipulation,* Paris, Félin, 1990 ; les numéros spéciaux sur l'éthique de la presse, *Médiaspouvoirs,* n° 13, 1989 ; *Esprit,* déc. 1990.

3. Noël Mamère, *La dictature de l'Audimat,* Paris, La Découverte, 1988, et Alain Woodrow, *op. cit.*

place dans les journaux avec mission de recevoir leurs doléances, de recueillir les manquements au code. Soucieux de redonner de l'autorité aux devoirs professionnels, d'aucuns plaident pour une instance indépendante de régulation extérieure à chaque media mais établie par la profession elle-même et dont la tâche serait de garantir l'éthique. D'autres considèrent que c'est à chaque entreprise de presse de veiller au respect de la morale, l'une des voies pour y parvenir étant de se doter, à l'instar de certains journaux anglo-saxons, d'*ombudsman.* D'autres encore soutiennent l'idée d'un rôle accru du public pour assurer la « citoyenneté cathodique ». Quoi qu'il en soit, l'éthique des media est à l'ordre du jour : plus il y a de contrainte de taux d'écoute, plus sont brandies les exigences déontologiques ; plus les considérations économiques prennent du poids, plus la problématique de l'honnêteté et du respect du public rebondit ; plus le direct restructure l'information, plus l'interrogation sur la vérité et la responsabilité journalistiques gagne en vigueur ; plus le « quatrième pouvoir » affiche sa puissance, plus il y a de débats autour des nouvelles frontières du devoir de vérité et des limites légitimes de la liberté d'expression.

Même si la reviviscence de l'attention à la responsabilité des media n'est pas détachable de la multiplication des manquements aux règles professionnelles (absence de vérification des faits, faux reportages, intrusion dans la vie privée), il faut éviter d'entonner sans réserve le refrain de la dégradation de la qualité de l'information et de la déontologie des journalistes : musique trop connue venant en écho aux sempiternelles jérémiades plus rhétoriques que démonstratives sur la décadence morale des démocraties. On ne contestera certes pas l'apparition de nouvelles formes insidieuses de corruption des media[1] — voyages de presse, « petits cadeaux », dossiers de presse livrés clés en main, publi-reportages — mais la presse était-elle plus intègre lorsque autrefois les banques ou les États n'envisageaient pas d'émettre un emprunt sans soudoyer à grande échelle les journalistes et directeurs de journaux, lorsqu'une partie importante de la publicité financière paraissait dans la presse sous forme d'articles et commentaires apparemment objectifs, lorsque les ministères distribuaient des « enveloppes » mensuelles aux journalistes ? Comparée à cette époque de corruption en grand de la presse, la nôtre est sans doute plus honnête. La vitesse, la dramatisation excessive, la simplification des contenus dictés par le marché chassent, dit-on, l'information. Mais, disposait-on d'une information de meilleure qualité lorsque dominaient les journaux inféodés aux partis politiques ou lorsque les bulletins télévisés étaient sous la tutelle de l'État ? L'obligation de vendre, le sensationnalisme, les gros titres à la une sont-ils donc une réalité nouvelle ? Ils sont constitutifs de la presse moderne. Nul ne mettra en doute les défaillances et les abus des media, mais il est naïf de croire qu'ils sont pires aujourd'hui qu'hier. C'est moins dans une prétendue dégradation de la qualité de l'information qu'il faut chercher les raisons du regain éthique que dans la montée en puissance des media comme nouveau pouvoir organisateur de la réalité sociale.

En quelque quarante ans, les media ont acquis, en

1. Estelle Leroy et Amaury de Chambord, « Publi-reportages : le journalisme en trompe l'œil » *Médiaspouvoirs*, janv.-févr.-mars 1989 ; Jean-François Rouge, « Le journaliste au risque de l'argent », *Esprit*, déc. 1990.

particulier par le biais de l'hégémonie culturelle de la télévision, un rôle et un pouvoir exceptionnels, ils tendent à s'imposer comme pouvoir autonome capable de modifier notablement tant la vie politique et économique, que culturelle et morale — les nouvelles émissions caritatives et de solidarité en sont l'illustration type. Cette omniprésence médiatique doublée d'une puissance d'influence sans précédent est à l'origine du retour en force du souci éthique : quand la puissance s'accroît, l'interrogation sur les justes limites du pouvoir devient inévitable ; quand les media s'érigent en « quatrième pouvoir », la question centrale n'est plus celle des droits de l'information mais celle des devoirs qui résultent du rôle grandissant de la « médiacratie ». Il en va de l'éthique de l'information comme de la bioéthique ou de l'éthique écologique : la considération des conséquences déplorables ou catastrophiques pour les hommes et les institutions démocratiques sert chaque fois de levier à la réactivation du principe de responsabilité. Dans la société postmoraliste, l'éthique ne refait pas surface socialement comme idéal inconditionnel mais comme réponse des sociétés libérales aux peurs suscitées par l'excroissance des nouveaux pouvoirs, qu'ils soient techno-scientifiques ou médiatiques ; partout la surpuissance fait monter la demande de « sagesse ».

La volonté d'une éthique de l'information est à l'image des sociétés postmodernes tournées en priorité vers les préoccupations du présent et délivrées des grands desseins collectifs et historiques. La demande sociale d'une information responsable accompagne la faillite de toutes les « religions séculières » : moins il y a de foi futuriste, plus s'intensifie l'importance de la fidélité aux événements du présent ; moins il y a d'idéologie messianique donnant une vision d'ensemble du monde, plus s'accroît le souci de la collecte, de la sélection et de la présentation des faits ponctuels ; moins on détient les clés de l'histoire, plus s'impose la valeur minimale de l'honnêteté dans la présentation quotidienne de l'information. Quand les grands affrontements sur le sens de l'histoire sont caducs, les débats autour de la responsabilité de l'information et de la citoyenneté médiatique deviennent prépondérants. La résurgence de l'intention éthique dans les media répond à une époque où règne le culte du présent, où la dimension sociale de l'avenir historique s'est rétractée, où dominent les actions et événements au jour le jour, où l'on est incapable de concevoir un avenir supérieur au présent.

Mais la réactivation contemporaine des devoirs de la presse s'enracine tout autant dans les nouvelles conditions du métier de journaliste menacé de se fondre dans la nébuleuse de la « communication » : une quête d'identité professionnelle sous-tend la nouvelle interrogation déontologique. Sans doute la volonté d'affirmation sociale de la profession ne date-t-elle pas d'aujourd'hui : depuis le XIXe siècle, les journalistes n'ont jamais cessé d'œuvrer afin d'obtenir la reconnaissance sociale de leur travail. Cette conquête du professionnalisme s'est effectuée par des voies multiples : combat pour l'indépendance de la presse vis-à-vis du pouvoir politique, codification de reportage, syndicat, chartes déontologiques — en France la Charte du journaliste a été adoptée en 1918, aux États-Unis le code éthique de la profession l'a été en 1926 —, école de journalisme, droit de la « clause de conscience », carte d'identité professionnelle [1], autant de moyens qui ont permis d'asseoir

1. Francis Balle, *Et si la presse n'existait pas,* Paris, J.-C. Lattès, 1987.

le statut des journalistes et de faire progresser l'honorabilité de la profession. La visée éthique qui se manifeste de nos jours ne fait que poursuivre d'une autre manière ce processus d'affirmation de la profession au moment où la télévision prend le pas sur les autres media, où les nouvelles techniques du direct et les contraintes du spectaculaire conduisent à des transformations significatives du métier de journaliste, où le travail de commentaire, de synthèse, de mise en perspective est menacé par la fièvre des images en direct, des témoignages et données immédiates.

Une pente lourde pousse désormais l'information télévisée à « balancer » un flot ininterrompu d'images, de « petites phrases », d'interviews à chaud de personnalités célèbres ou anonymes, pauvres en contenu mais riches en *effet de réel.* Tout à la « griserie du direct », l'information télévisée multiplie les images « en continu et temps réel » et ce, quel que soit leur indice de sens, l'important étant moins de faire comprendre les événements que de les exhiber en instantané, d'être branché et connecté en permanence sur tout ce qui se passe dans le monde, de créer un suspense de l'actualité, fût-ce avec des déclarations d'intérêt secondaire et de l'événementialité peu ou pas intelligible. À l'heure de l'hypermédiatisation, l'essentiel est de produire le vertige du « tout voir » le plus vite possible, comme si pouvait s'abolir la distance entre les faits et leurs représentations, comme s'il suffisait d'accélérer le rythme de l'information pour mieux comprendre l'histoire en train de se faire : désormais, la logique de la « communication » impose sa loi à l'information, l'impératif est l'effet de contact et de surprésence, d'hyperréalité et d'immédiateté. Poussée à la limite, cette victoire du direct et, plus généralement, ce glissement de l'information vers la

« communication » abolissent le métier spécifique de journaliste puisqu'en lieu et place du travail de sélection, de vérification, de construction, d'interprétation des données se développent l'effort pour faire fusionner l'événement et l'information, de même que la volonté de transformer tout fait, tout document, tout discours, en information, si dénués d'intérêt réel soient-ils [1]. On comprend, dans ces conditions, l'émergence de l'interrogation déontologique. La dissolution de l'information dans la « communication » a conduit les journalistes soucieux de leur mission à rappeler que l'information était d'abord un travail d'élaboration et de construction destiné à faire comprendre le sens des événements, que leur responsabilité était d'opérer la sélection des informations, de réintroduire de la distance, de mettre en relief les événements. C'est une volonté d'identité et de légitimité professionnelles qui alimente la réactualisation de l'éthique de l'information.

La reviviscence de l'éthique de l'information témoigne, au même titre que l'écologie ou la bioéthique, de l'époque postmoraliste où l'affirmation des droits et libertés l'emporte sur celle des obligations catégoriques. Par-delà les nouvelles déclarations des devoirs de la presse, il y a, en effet, la volonté d'éviter de nouvelles législations restreignant la liberté de l'information. Face aux innombrables excès des media, notamment sur les atteintes à la vie privée, les menaces ne sont pas inexistantes de voir les gouvernements, soutenus par l'opinion publique, proposer de nouvelles lois et renforcer les sanctions contre les délits : dans ces conditions, mieux

1. Éric Conan, « Où va le journalisme ? », *Esprit*, déc. 1990 ; Ignacio Ramonet, « L'ère *du* soupçon », *Le Monde diplomatique*, mai 1991.

vaut, aux yeux de la presse, un autocontrôle et des codes de bonne conduite qu'une intervention de la puissance publique risquant d'amenuiser la liberté de l'information. Du même coup, la revitalisation du principe des devoirs journalistiques est d'abord au service d'un droit démocratique : la liberté de la presse. À coup sûr, la question des obligations professionnelles resurgit mais comme moyen destiné à assurer la primauté d'un droit fondamental en démocratie, celui de la presse libre : dans les sociétés postmoralistes, le devoir n'est pas inconditionnel, il est instrumentalisé en vue de la consolidation des droits privés et publics[1].

Si l'éthique des media a pour objectif déclaré d'édifier une presse plus responsable, plus respectueuse des citoyens et de la vérité, elle n'en est pas moins, de fait, un vecteur inédit de surexposition de la puissance médiatique elle-même : la voix critique de la morale, nouvelle manière de renforcer l'idée de l'empire des media. Le processus est d'une logique imparable : les « bavures » médiatiques ne pouvant être dénoncées et diffusées que par les media eux-mêmes, plus les media font le procès de leur déficience ou de leurs abus, plus ils se désignent inévitablement comme l'épicentre du réel social, comme instances surpuissantes, capables de fabriquer l'opinion, de bouleverser les représentations du monde, d'être acteurs de l'histoire. On a, peut-être, consacré davantage de lignes à stigmatiser l'intoxication télévisuelle de Timisoara qu'à analyser la révolution roumaine elle-même ; on a, peut-être, autant parlé de la

1. Comment ne pas voir, en même temps, que l'argument éthique sert fréquemment à des règlements de compte peu glorieux entre journalistes et media : l'éthique ou la continuation de la guerre médiatique par d'autres moyens.

désinformation et du traitement déficient de la guerre du Golfe que de celle-ci. Paradoxalement, la croisade éthique contribue à redoubler l'omniprésence médiatique, à surmédiatiser les media, à renforcer leur pouvoir symbolique. Plus il y a d'autocritiques des media, plus ils se mettent en scène ; plus on fustige les manipulations médiatiques, plus les journalistes et l'information deviennent eux-mêmes objets médiatiques [1]. L'autoflagellation est encore autopublicité médiatique, instrument de surdimentionnement de l'imaginaire médiacratique, autopromotion du « quatrième pouvoir ».

Éloge du professionnalisme

S'il est légitime de s'interroger sur les justes limites de la liberté de la presse, il ne faut pas pour autant perdre de vue les limites des espérances qu'entretiennent les nouvelles invocations éthiques. La presse moderne n'est pas, en effet, seulement commandée par un idéal d'objectivité et de transparence, elle obéit, depuis ses origines, à une logique commerciale et concurrentielle. L'objectif étant de vendre l'information au plus grand nombre, les media privilégient tout naturellement les « gros titres », les effets choc, le jamais vu, la mise en scène émotionnelle. Qui peut imaginer que cette logique marchande puisse être stoppée par de nobles déclarations ? Peut-on croire un seul instant que chartes et au-

1. Risquons une analogie, imparfaite d'ailleurs, avec un phénomène récent, infiniment plus circonscrit mais qui illustre la même logique : les nouvelles campagnes « *reality pub* » de Benetton. Plus on s'indigne, au nom de la morale, de ses visuels affichant le désarroi et la mort, plus la marque gagne en notoriété et plus les ventes continuent de monter.

tres magistères éthiques arrêteront la course au scoop, au spectacle, à l'émotionnel, à la simplification, à l'accélération du rythme des nouvelles ? Elle continuera, business oblige. L'idéal d'honnêteté et de responsabilité c'est bien, mais un peu court pour contrecarrer les forces du marché et la dynamique de l'information conduisant quasi « génétiquement » à privilégier le nouveau et l'extraordinaire.

Ce n'est pas dire que la volonté éthique restera partout sans effet. On peut imaginer qu'elle conduise, dans certains media, à traiter de manière plus responsable différents types de sujets. D'autant plus que cette responsabilité médiatique correspond à une tendance significative du marché. De même qu'il y a de nos jours une demande de produits « propres », de même y a-t-il, avec l'élévation du niveau culturel de la population, un « marché de la vérité », un public élargi demandeur de qualité, de précisions, d'investigations en profondeur. Le « marché qualitatif » ayant une réalité, l'éthique va pouvoir devenir un vecteur promotionnel contribuant à l'amélioration de l'information pour toute une catégorie de journaux voire d'émissions de télévision. Mais, d'autres demandes sociales, moins « nobles », existent qui constituent un marché nullement à la baisse : la presse à sensation, les émissions « chaudes », les titres choc ont encore de beaux jours devant eux. Le courant éthique va un peu plus diviser la galaxie médiatique : d'un côté, des media soucieux de présenter une information de qualité, rigoureuse et sans excès, de l'autre, des media affichant sans complexe le spectaculaire, le scandale, l'émotionnel. D'ores et déjà, cette dualisation de la presse est manifeste : alors même qu'existe aux États-Unis une longue tradition de respect des faits et d'impartialité de la presse, que le nombre d'*ombudsman* dans les quotidiens est relativement élevé, on voit se déployer avec succès la *trash TV,* les émissions-débats à scandale, la *tabloid TV* fondée sur l'exploitation de la violence et du sensationnalisme.

Qu'attendre, en outre, d'une réactivation de la déontologie quand les vraies difficultés et divergences ne surgissent qu'avec le traitement de cas chaque fois particuliers ? Point de désaccord de fond, en effet, sur les grands principes de la morale de l'information, c'est toujours l'évaluation des situations singulières qui est problématique et conflictuelle. Mais précisément, en matière d'information, l'inédit fait loi, la responsabilité doit s'appliquer à des figures exceptionnelles dans des contextes changeants. Fallait-il montrer les images de cette jeune Colombienne en train de se noyer dans la boue ? Fallait-il diffuser les images de prises d'otages ou pratiquer le *black-out* des actes terroristes [1] ? Avait-on le droit de diffuser les images et déclarations des pilotes américains faits prisonniers pendant la guerre du Golfe ? Est-ce indigne de diffuser l'interview d'un dictateur en période de guerre ? A-t-on le droit de falsifier son identité de journaliste afin de rendre compte d'une réalité sociale scandaleuse ? À l'évidence, il n'y a pas de réponses définitives à ces questions, les principes de la déontologie sont incapables d'apporter des solutions consensuelles aux problèmes inédits que pose l'actualité. Qui justifie le mensonge, le trucage des faits, la manipulation ? Personne. Mais qu'est-ce qui est tolérable en matière d'image et qu'est-ce qui ne l'est pas ? Quand finit l'information et quand commence le voyeurisme ? Où s'arrête l'information et où commence la propagande

1. Sur cette question, Michel Wieviorka et Dominique Wolton, *Terrorisme à la une,* Paris, Gallimard, 1987.

ou la complicité ? La plus grande confusion règne en ces domaines. Il faut se défaire de l'idée selon laquelle la réactivation éthique est la solution à ce malaise des media et ce, parce que, hormis les cas extrêmes, nos sociétés ne disposent plus d'un système de repères clairs et hiérarchisés indiquant les voies à adopter. La participation de philosophes aux décisions médiatiques ne changerait naturellement rien à l'état du problème, parce que le juste et l'injuste, dans nos démocraties, sont en débat ouvert, parce que le choix en ces domaines n'est pas entre le Bien et le Mal mais entre divers impératifs plus ou moins contradictoires : la vérité, l'information du public, respecter la sensibilité des individus, ne pas encourager le voyeurisme plus ou moins morbide, ne pas être le bras involontaire d'une propagande ou du crime. On ne doit pas s'illusionner : il n'y a pas et il n'y aura pas de solution universelle à ces questions ; ici plus qu'ailleurs, les principes de la morale existentialiste trouvent une application concrète : à chacun sa vérité, à chacun sa morale dans le risque, le choix et le doute. Dans la sphère médiatique où la valeur suprême est de dire et de montrer ce qui est, la détermination des justes limites de la liberté d'expression est inévitablement *indéterminée*. L'enthousiasme éthique contemporain ne fait que cacher ce vide ou flottement postmoraliste, il est le contrepoids de notre impuissance à fixer avec certitude le légitime et l'illégitime.

Le problème des révélations de la presse au sujet de la vie privée des hommes politiques est un autre symptôme non seulement de l'indétermination mais du relativisme culturel de l'éthique de l'information. Ce qui en France paraît contraire à l'éthique ne l'est pas outre-Atlantique, où les enquêtes sur la vie intime des leaders politiques sont menées avec le succès que l'on sait. On rattache fréquemment cette tendance des media américains à la culture puritaine des sociétés anglo-saxonnes. Pour n'être pas fausse, l'explication reste singulièrement partielle : pourquoi, dans ce cas, la presse américaine s'est-elle interdit longtemps toute intrusion dans la sphère privée de ses dirigeants ? De fait, ce journalisme d'investigation traduit moins le retour en force des valeurs puritaines que l'intensification des luttes journalistiques et l'extension du pouvoir des media affirmant désormais leur droit illimité de « tout dire », y compris les faits touchant au domaine privé et ayant un lien au moins supposé avec l'intérêt public. Ce que les Français dénoncent comme moralisme de la société américaine est d'abord l'effet de la concurrence acharnée que se livrent les media en quête de scoops et d'audience, signe d'amplification de la puissance de la presse dans les démocraties. Non pas particularisme puritain mais manifestation radicale de l'éthique postmoraliste du journalisme subordonnant toutes les valeurs au devoir d'informer[1], sacralisant la transparence et le droit de savoir. La réactivation de la réflexion déontologique n'arrêtera pas cette dynamique, non seulement parce qu'il en va du pouvoir et de l'intérêt des media, mais aussi parce que c'est au nom, précisément, du devoir d'informer les citoyens que sont divulgués ces secrets. L'éthique n'est pas ici ce qui arrête le quatrième pouvoir, mais

1. La mission d'informer le public est si prépondérante aux yeux des journalistes anglo-saxons qu'elle justifie, à l'opposé de leurs homologues allemands, la mise en œuvre de méthodes d'enquête parfois peu scrupuleuses : plus de deux journalistes britanniques sur trois justifient le fait de harceler les personnes et de payer les gens pour obtenir de l'information confidentielle. L'éthique du journalisme n'échappe pas au relativisme culturel. Voir Renate Köcher, « Détectives ou missionnaires, les journalistes en R.F.A. et en Grande-Bretagne », *Médiaspouvoirs*, n° 13, 1989.

ce qui légitime l'élargissement de ses frontières. La France elle-même[1] pourra-t-elle rester longtemps à l'écart de cette tendance anglo-saxonne du journalisme dans une époque où les grandes querelles idéologiques sont émoussées et lorsque l'éventuelle édification politique européenne transformera la donne des compétitions électorales ? Les facteurs lourds du monde contemporains politique, médiatique, idéologique n'ont-ils pas de grandes chances d'entraîner la liquidation de cette dernière réserve héritée d'une culture prémédiatique ? Mais, il est vrai, le pire n'est jamais sûr.

Parce que les media sont des entreprises commerciales soumises à la loi de la concurrence, parce qu'il n'y a pas de consensus autour du légitime et de l'illégitime, parce que l'information pose en permanence des problèmes inédits, il faut renoncer à voir dans l'éthique de la presse le remède miracle à ses défaillances. Le souci déontologique est nécessaire, il n'est pas suffisant à l'heure où les problèmes à traiter sont de plus en plus complexes et exigent une connaissance des dossiers, une mise à jour du savoir, un vrai professionnalisme. Le spectaculaire, l'insignifiance, les dérapages de l'information (fausses révélations, désinformation) sont fréquemment présentés comme les signes majeurs de la perversion des media. Osons dire que le plus inquiétant, à nos yeux, n'est pas là. Certes, les media commettent des fautes graves en diffusant de fausses informations, en ne vérifiant pas leurs sources, mais force est de constater que les contre-vérités sont généralement assez vite corrigées par les media eux-mêmes : s'il y a bavures

1. En 1989, 73 % des Français approuvaient le fait que la presse nationale ne parle pratiquement jamais de la vie intime des hommes politiques.

médiatiques, du moins sont-elles dénoncées et finalement rectifiées. Il n'en va pas de même des autres maux moins spectaculaires mais plus structurels tels, notamment, les difficultés et le recul de la presse écrite devant la force croissante de la télévision. Tels encore l'à-peu-près de l'information, le conformisme d'un milieu qui ne cesse de s'auto-observer et de s'imiter, le manque d'investigation en profondeur. Nul ne contestera qu'il y a des fautes professionnelles manifestes (non-vérification des faits, falsification à fin de scoops, etc.), mais est-ce à coups d'incantations éthiques qu'on apportera une réponse réelle, durable, crédible aux insuffisances de l'information ? Plus de responsabilité des journalistes, soit. On réduira ainsi l'inacceptable. Mais tout armé que l'on soit du sens du devoir, on ne contribuera guère, par cette voie, à consolider l'existence de la presse écrite, condition fondamentale d'une information réelle, détaillée, du public. Ce n'est pas avec la pureté du cœur qu'on écrit des papiers informés, qu'on peut résister efficacement aux diverses formes de rumeurs, d'intoxication et de manipulation, qu'on a la capacité d'observer la réalité et de poser les questions essentielles, toutes conditions nécessaires à un journalisme de qualité.

Une fois encore, le discours éthique a toutes les chances de ne pas être à la hauteur des problèmes soulevés par l'idéal de l'information dans nos démocraties. Ni les chartes, ni la mise en place d'institutions régulatrices de l'information, ni les appels vibrants à l'honnêteté ne permettront d'améliorer sensiblement la qualité globale de la production journalistique et de réaliser l'équilibre nécessaire entre les différents types de media (journaux, télévision, radio). L'impératif premier est là : face au rouleau compresseur de la télévision, renforcer la presse écrite et, plus particulièrement en France, travailler à l'essor des quotidiens nationaux. Crier haro sur le spectaculaire et l'information en accéléré ne modifiera pas d'un iota les tendances en cours : au demeurant, les journaux télévisés-minute ont leur légitimité à condition qu'à leurs côtés, la presse écrite de bon niveau ne se réduise pas à une peau de chagrin. Appelons de nos vœux, d'abord, l'amélioration de la qualité et la pénétration élargie de la presse écrite plutôt que d'anathémiser la superficialité et le *show-business* de l'audiovisuel. Mais qui contestera le fait que l'éloge de l'éthique ne sera pas d'un grand secours dans cette tâche qui exige, à l'évidence, des qualités entrepreneuriales et réalistes, le sens des stratégies médiatiques, la capacité d'adapter la presse aux nouveaux besoins du public. Mieux vaut également parier sur l'intelligence professionnelle que sur les bons sentiments si l'on veut faire progresser la qualité de la presse, laquelle dépend de la compétence journalistique, de la connaissance des domaines traités, de l'amélioration du niveau professionnel. La défense de l'information passe avant tout par une éthique postmoraliste du journalisme centrée sur la qualification et la formation professionnelle, sur le développement du goût de la vérité et la curiosité envers les faits. C'est une éthique spinoziste, intellectualiste qu'appelle le journalisme de demain.

CHAPITRE VII

Les noces de l'éthique et du business

La poussée de fièvre éthique ne semble plus connaître de bornes. Avec une implacable logique, toutes les sphères sont emportées par la même vague : après la nature, les sciences biomédicales, les media, c'est le monde des affaires lui-même qui succombe aux charmes inattendus des valeurs. On savait l'univers de l'entreprise guidé par l'efficacité et la rentabilité, le voici en quête d'âme, de « *business ethics* », dernier cri des modes managériales.

À l'instar de la bioéthique, la vogue de l'éthique des affaires est née et s'est embrasée aux États-Unis, prenant la relève du courant de pensée dit de « responsabilité sociale de l'entreprise ». Depuis les années 1980, on ne compte plus les ouvrages, articles et conférences consacrés à la question, on l'enseigne dans les écoles de gestion et les départements de philosophie, des consultants en éthique vendent maintenant leurs conseils aux entreprises, ils proposent des audits et des tests d'éthique, à Wall Street, des jésuites ont ouvert un centre de réflexion morale pour les banquiers et dirigeants catholiques. Les grandes firmes se dotent de plus en plus de codes de conduite et organisent des programmes de formation morale : aux États-Unis, les cent mille employés de General Dynamics ont dû suivre, sous peine de sanctions des pouvoirs publics, des séminaires d'éthique [1]. Les sondages donnent la preuve de la profondeur de l'impact de l'éthique dans le monde des affaires : en 1987, 94 % de l'élite patronale américaine estimait que l'éthique des affaires était un sujet de première importance, plus de 60 % des cadres supérieurs y voyaient un instrument nécessaire à la bonne gestion des entreprises.

Nulle part en Europe, le phénomène n'a pris une telle ampleur. Il commence néanmoins à faire son apparition. En R.F.A., en Italie, en Espagne, des Centres de recherche éthique ont vu le jour ; en France, l'Institut de l'entreprise, le Centre des jeunes dirigeants, l'A.C.A.D.I., l'Institut de la communication sociale multiplient les publications et réflexions éthiques en direction des milieux de l'entreprise. Tandis que les projets d'entreprise fleurissent, des ouvrages dénonçant l'« argent fou » et célébrant le « zéro mépris » font des best-sellers, des associations se créent pour moraliser les techniques de sélection du personnel, la réflexion marketing s'enrichit de l'idée de « markéthique ». L'opinion publique paraît acquise au mouvement : 74 % des Français souhaitent être associés dans leur entreprise à une discussion sur un code de bonne conduite ; en 1990, 92 % des cadres des moyennes et grandes entreprises considéraient qu'il est normal qu'un code des règles éthiques soit diffusé au sein de l'entreprise [2].

L'enseignement supérieur, timidement encore, emboîte le pas. En France, à H.E.C. comme à l'École supé-

1. Jean-Gustave Padioleau, « L'éthique est-elle un outil de gestion ? », *Revue française de gestion,* n° 74, 1989, p. 83.

2. Les résultats de cette enquête portant sur la perception de l'éthique dans l'entreprise chez les cadres ont été publiés dans *Personnel,* n° 314, mai 1990.

rieure de commerce de Lyon, a été mis en place un enseignement optionnel d'éthique des affaires. Uri simple frémissement comparé aux États-Unis où, dès le début des années 1980, plus de trois cents universités et écoles de gestion offraient au moins un cours d'éthique à leurs étudiants. On ne se contente plus de dispenser des cours facultatifs, on propose maintenant d'intégrer obligatoirement les questions d'éthique dans tous les enseignements des *business schools.* Quelle que soit leur discipline, les professeurs sont invités à assumer la responsabilité d'éveiller la conscience morale de leurs étudiants, de les préparer aux dilemmes qu'ils rencontreront dans leur travail futur[1].

Les sciences sociales et économiques commencent également à se préoccuper des questions morales dans un domaine pourtant voué traditionnellement à l'esprit objectif. D'aucuns n'hésitent plus à affirmer que les études portant sur l'entreprise doivent intégrer des jugements normatifs et s'attacher à montrer les conséquences morales des choix et actions des organisations[2]. Aux États-Unis, le courant de la « socio-économie » rejette la logique réductrice de *l'homo oeconomicus* évaluant rationnellement les coûts et bénéfices de ses décisions sans autre considération que celle du *self-interest.* Con-

1. Sur ce sujet, voir notamment le rapport de Thomas W. Dunfee et Diane C. Robertson, « Integrating Ethics into the Business School Curriculum », The Wharton School, University of Pennsylvania ; Jeffrey R. Cohen et Laurie W. Pant, « Accounting Educators' Perceptions of Ethics in the Curriculum », *Issues in Accounting Education,* vol. 4, n° 1, 1989 ; Harold Langenderfer et Joanne Rockness, « Integrating Ethics into the Accounting Curriculum : Issues, Problems and Solutions », même référence.

2. William C. Frederick, « Toward CSR 3 : Why Ethical Analysis is Indispensable and Unavoidable in Corporate Affairs », *California Management Review,* vol. XXVIII, n° 2, 1986, pp. 126-141.

tre le paradigme néoclassique, est soulignée l'importance des valeurs et des impératifs moraux dans les choix et processus de décision individuelle. L'homme n'étant pas mû uniquement par la recherche de l'intérêt personnel, il faut prendre en compte la dimension morale des comportements et réincorporer dans l'analyse scientifique les notions de bienveillance, honnêteté, confiance, bonne foi sans lesquelles aucune vie économique n'est possible[1].

L'éthique des affaires suscite d'ores et déjà les jugements les plus contradictoires. Des études s'inquiètent de l'introduction de problématiques sous-tendues nécessairement par des valeurs subjectives et des préférences politiques dans des recherches où devrait régner l'objectivité de la science[2]. Peter Drucker refuse d'y voir une réflexion ayant un objet spécifique, l'éthique des affaires étant davantage un phénomène « chic » digne des media qu'une philosophie ou une morale[3]. D'autres, en plus grand nombre, y reconnaissent un type d'interrogation nécessaire à l'heure où la régulation par le Plan a échoué et la régulation par le marché se révèle insuffisante. Quoi qu'il en soit, avec l'éthique des affaires c'est une figure typique de la postmodernité qui a fait son apparition. L'entreprise moderne était anonyme et discipli-

1. Amitaï Etzioni, *The Moral Dimension : Toward a New Economics,* New York, The Free Press, *1988.* Également Albert O. Hirschman, *L'économie comme science morale et politique,* trad. franç., Paris, Gallimard/Seuil, 1984, en particulier le chapitre « Moralité et sciences sociales : une tension durable », pp. 99-111.

2. David Vogel, « The Study of Social Issues in Management : A Critical Appraisal », *California Management Review,* vol. XXVIII, nº 2, 1986, pp. 142-151.

3. Peter Drucker, « Ethical Chic », *Forbes,* sept. 1981, pp. 160-173. Et « Le problème de l'éthique des affaires » repris dans *Vers une nouvelle économie,* trad. franç., Paris, InterÉditions, 1984, pp. 217-238.

naire, technocratique et mécaniste ; l'entreprise postmoderne se veut porteuse de sens et de valeur. De même que les individus redécouvrent les charmes du sacré et de la tradition, de même le monde des affaires est à l'affût de « spiritualité », de personnalité philosophique et morale : le procès de personnalisation est à présent sans frontières, il « travaille » les individus comme l'entreprise, non plus par le biais de la contestation mais par celui de l'affirmation d'idéaux. La question rebondit invariablement : la *business ethics* est-elle un luxe que s'offrent les entreprises florissantes ou est-elle un impératif de l'entreprise libérale ayant atteint l'âge majeur ? Quelle que soit la position adoptée, un nouvel objet d'engouement a saisi notre temps, une mode inédite s'est emparée du monde entrepreneurial et intellectuel. Le terminal de l'âge individualiste, confronté à la logique de guerre économique, ne s'identifie pas au spectacle du cynisme ostentatoire, il s'offre le ravissement paradoxal d'une séduction repeinte aux couleurs strictes de la morale.

L'ENTREPRISE EN QUÊTE D'ÂME

Codes éthiques et projets d'entreprise

La multiplication des codes et chartes dans les grandes entreprises américaines est un des signes les plus tangibles de l'effervescence de l'éthique des affaires. Même si le phénomène a trouvé ses premières manifestations au début du siècle [1], il a pris manifestement de nos jours une ampleur et une signification toutes nouvelles : en 1987, 75 % des 300 plus grandes entreprises américaines possédaient déjà des codes internes formulant les règles de conduite à respecter. 39 % des représentants de l'élite patronale y voyaient le moyen le plus efficace pour faire progresser les comportements éthiques dans l'entreprise [2]. Ces constitutions qui explicitent, à côté de l'ambition des firmes, les droits et les devoirs de chacun vis-à-vis des clients, des concurrents ou des pouvoirs publics précisent également les conduites à adopter dans les situations les plus concrètes : cadeau de fournisseur, pots-de-vin, dénigrement des concurrents, harcèlement sexuel. Afin de donner plus de poids à ces guides éthiques, certaines entreprises demandent à leurs employés de les approuver individuellement en les signant (I.B.M.) ou d'attester qu'ils ne les ont pas enfreints. D'autres (Motorola) organisent des cycles de formation où sont commentés et interprétés les grands principes directeurs. L'époque où morale et entreprise formaient deux univers imperméables décline, aujourd'hui la grande entreprise cherche à se donner une vocation digne, un objectif noble dépassant le seul profit, elle se dote d'un « gyroscope éthique » capable de fournir un sens à l'activité économique. À mesure que la concurrence économique s'intensifie, les grandes firmes affichent ostensiblement leur souci des valeurs, moins il est vrai comme des impératifs inconditionnels que comme vecteurs d'adhésion et de dynamisation des em-

1. Mary Ellen Oliverio, « The Implementation of a Code of Ethics : The Early Efforts of One Entrepreneur », *Journal of Business Ethics*, vol. 8, nº 5, 1989.
2. Touche Ross, *Ethics in American Business*, New York, 1988.

ployés, instruments juridiques permettant dans certains cas de dégager la responsabilité de l'entreprise, outils de communication interne et externe. La vogue des codes et chartes éthiques n'a rien d'idéaliste, elle est sous-tendue au plus profond par la croyance que l'éthique est essentielle à la réussite commerciale et financière, « *ethics pays* » : d'ores et déjà les deux tiers de l'élite patronale estime que la morale contribue au succès de l'entreprise. Si la charité-spectacle exploite la morale du sentiment, la *business ethics* repose sur la morale de l'intérêt bien compris : ce n'est pas la consécration de l'éthique qui caractérise notre époque, c'est son instrumentalisation utilitariste dans le monde des affaires.

Plus rares sont les entreprises françaises à s'être engagées dans cette voie. Dans l'Hexagone, ce sont plutôt les projets d'entreprise qui témoignent de la vitalité de la préoccupation éthique [1]. Car si le projet d'entreprise a pour ambition d'exprimer le dessein de la firme et ses défis majeurs (être leader, qualité totale, amélioration de la productivité, etc.), il souligne également le système de valeurs qui commande son action. Formellement, le projet d'entreprise ressemble peu à un code de bonne conduite : celui-ci formalise dans le détail les obligations et les droits de chacun, celui-là explicite les objectifs de progrès, les idéaux larges donnant un sens collectif à l'entreprise. La dimension éthique dans le projet

1. En 1989, 28 % des entreprises déclaraient posséder un projet d'entreprise, *Liaisons sociales,* supplément au n° 10559 (série Documents n° 111/89, oct. 1989). 23 % des cadres des moyennes et grandes entreprises affirment qu'il existe dans leur entreprise un code d'éthique spécifiquement écrit et publié, 31 % qu'un code éthique est inscrit pour partie dans le projet d'entreprise ; 61 % voient dans les codes éthiques un levier pour améliorer la compétitivité de l'entreprise, *Personnel,* mai 1990.

d'entreprise n'est pas absente, elle évite l'accent moralisateur des Tables de la Loi. Outre-Atlantique, les codes de conduite les plus rigoristes recherchent un supplément de responsabilisation par la voie normative du « contrat moral » ; en France, le projet d'entreprise privilégie l'adhésion des salariés par l'expression d'une volonté collective partagée. À une extrémité, une volonté de bonification morale des comportements s'adressant à chacun ; à l'autre extrémité, un « contrat social » ouvert, peu directif dans le détail pour les individus mais engageant les options lourdes, les convictions fortes de l'entreprise.

De fait, ces deux modèles « purs » ne manquent pas de formes intermédiaires et ne sont pas sans analogies : dans les deux cas il y a une même croyance managériale dans l'efficacité des valeurs ; dans les deux cas il y a une démarche de responsabilisation et d'implication du personnel par une voie « culturelle », post-technocratique, se distinguant de la logique managériale traditionnelle incitation-sanction ; dans les deux cas, l'entreprise ne met pas en avant une Loi reçue et invariable, elle se la donne *en principe* au terme d'un débat peu ou prou collectif. Constitutions, credo ou projets d'entreprise ne sont pas immuables : révisés périodiquement, ils s'adaptent au contexte instable et multidimensionnel du monde économique. Rigueur des principes d'un côté, flexibilité pragmatique de l'autre, l'éthique des affaires est une éthique approximative et *rectifiée,* une figure nouvelle du procès de sécularisation de la morale. Le phénomène renoue moins avec la tradition morale qu'avec la tradition démocratique appliquée cette fois au champ de l'entreprise : il revient aux hommes eux-mêmes de déterminer dans la délibération rationnelle leurs valeurs et finalités, c'est l'*homo democraticus* qui donne son âme à l'entreprise. Dispositif démocratique de nature particulière, les « valeurs de l'entreprise » étant le plus souvent ce qui célèbre l'unanimité au détriment de la diversité, la cohésion sociale au détriment de l'opposition, la légitimité consensuelle au détriment de la légitimité conflictuelle. Le juste n'est pas posé comme effet du conflit et de la reconnaissance de la différence des intérêts et points de vue, il s'identifie davantage à la « coopération de tous », à l'adhésion collective et solidaire au projet commun, au partage des valeurs du groupe. La promotion des référentiels éthiques dans l'entreprise se constitue, au moins pour partie, dans la dénégation du principe démocratique de multiplicité, dans la visée d'une communauté homogène sans discordance.

Démocratie postmoraliste, faut-il encore ajouter. Ce qui est canonisé c'est moins le devoir absolu que l'esprit de responsabilité, moins l'obéissance à la loi que l'« excellence » totale. La morale des affaires ne prescrit pas l'abdication de soi, elle affirme l'adéquation des aspirations individuelles et de la réussite collective, l'harmonie des intérêts particuliers et de la compétitivité. À l'heure des constitutions d'entreprise, l'éthique réussit à se marier au moins dans le principe, avec les inclinations humaines à la responsabilité, à l'épanouissement personnel, au progrès social. Simultanément, elle se conjugue avec l'efficacité et l'intérêt matériel, à rebours de l'opinion traditionnellement dominante : « *Business is business.* » Jusqu'à une date récente, la préoccupation éthique apparaissait généralement comme un obstacle ou un frein à l'efficacité économique, l'entreprise avait pour vocation de faire des bénéfices, non de s'interroger sur les fins et la moralité des moyens. Ce moment s'achève [1], ce qui était disjoint se trouve conjoint, les valeurs ont été réincorporées dans le management, moyennant il est vrai une métamorphose de taille : de fin idéale et inconditionnelle qu'elle était, l'éthique s'est transformée en *moyen* économique, en outil inédit de gestion, tel est le renversement postmoraliste généralisant le procès moderne de technicisation du monde et du sens : après l'« arraisonnement » de la nature, l'arraisonnement de la vertu. D'un côté la *business ethics* réinsuffle l'idée de primauté des valeurs morales, de l'autre elle en détourne le sens traditionnel, l'éthique devenant un auxiliaire efficace de l'économique. La conversion au bien exclut ici encore la douleur de la perte ou du sacrifice, elle veut le devoir en faisant l'économie de la pureté du cœur. Par l'instrumentalisation de la vertu qu'elle promeut, l'éthique des affaires apparaît comme une figure exemplaire du postmoralisme démocratique contemporain délestant l'obligation de toute idée d'abnégation et d'absoluité désintéressée : « *Ethics is good business.* »

Parallèlement à l'essor des chartes et projets d'entreprise s'est développé un discours inédit de management à contenu explicitement moraliste. Des consultants-minute vendent maintenant aux entreprises l'idée que la clé du succès s'appelle courage, intégrité, loyauté, persévérance, souci du bien-être d'autrui. On assure que la rectitude morale est payante sur le long terme, le manager doit toujours se comporter de façon honnête, ne pas tricher avec lui-même, respecter ses engagements [2]. Il ne

1. Seuls 14 % du grand patronat américain pensent que de hauts standards éthiques pénalisent la compétitivité des firmes (enquête Touche Ross). 94 % des cadres français considèrent qu'un strict respect des valeurs éthiques dans l'entreprise conduit plus au succès qu'à l'inefficacité de l'entreprise.

2. Kenneth Blanchard et Norman Vincent Peale, *Éthique et management,* trad. franç., Paris, Les Éditions d'Organisation, 1988.

s'agit plus seulement de donner des conseils rationnels en gestion des ressources humaines ou en placements financiers, il s'agit de réarmer moralement les managers, transformer par les valeurs l'esprit du leadership. Le philosophe intervient désormais dans l'entreprise chargé qu'il est d'approfondir le caractère, de développer les « intelligences multiples », de renforcer le courage sans lesquels il n'est pas de manager authentique et efficace. L'éthicien navigue dans les délices du *New Age* : avant de modifier l'organigramme de l'entreprise, il faut améliorer les cœurs et les consciences, éduquer les volontés, développer l'appétit de perfection des employés, inculquer le désir de la qualité, travailler à l'expansion de l'esprit ; c'est par la « transformation de soi » que passe la réussite[1].

Nulle part, la *business ethics* n'apparaît autant comme un effet de mode. Mêlant pêle-mêle conseils pratiques et impératifs supérieurs, esprit d'efficacité et exigence spirituelle, management et existence, l'éthicien a saisi au vol l'esprit du temps. La substance du discours, ici, n'a aucune importance, tout s'équivaut, tout devient légitime dès lors que clignotent le signifiant « éthique » et l'invocation des valeurs. Le destin actuel de l'éthique ressemble à celui qui a souri autrefois au « désir » ou à la « structure » : ce qui fait valeur et crédibilise le discours tient dans la seule énonciation du terme-sésame, tout aujourd'hui peut se vendre sous les auspices de l'éthique. L'époque postmoraliste coïncide avec celle de la mode généralisée ayant réussi à phagocyter la dimension morale elle-même, à gadgétiser les valeurs (séminaires de développement, tests d'éthique), à promouvoir

1. Peter Koestenbaum, *Socrate et le business,* trad. franç., Paris, InterÉditions, 1989.

la « modéthique » et les éthiciens professionnels jusque dans l'entreprise. Même si le charme esthétique des apparences n'a guère ici de place, la logique de la séduction est toujours à l'œuvre sous le signe du nouveau, de l'identité, de la quête de soi. Dans un âge de mode et d'hyperindividualisme où les repères stables sont brouillés, tout peut resurgir (tradition, sacré, morale) comme instrument de recherche identitaire pour manager épris de sens. La morale des affaires ne doit pas son succès à ses seules promesses d'efficacité, elle le doit encore à une culture déstabilisée en quête de renouvellement accéléré, recyclant la tradition en nouveauté, métamorphosant les idéaux en moyens compétitifs et vecteurs d'affirmation identitaire. L'éthique des affaires stigmatise l'individualisme contemporain mais elle en reproduit certains traits postmodernes : souci du sens, souci d'efficacité, souci de soi désormais se télescopent, le syncrétisme *New Age* n'est pas seulement ésotérique il est simultanément éthique, l'excellence postmoderne n'est pas seulement techno-scientifique, elle ambitionne le sens.

Pour inédite qu'elle soit, la *business ethics* n'en est pas moins à rattacher à une tradition ancienne aux États-Unis d'abord explicitement religieuse, puis sociale dans les années 1960 avec les courants dits de « responsabilité sociale de l'entreprise ». Prenant acte des nouveaux problèmes du consumérisme, de la pollution, du complexe militaro-industriel, les tenants de la *corporate social responsability* ou de la *corporate social responsiveness*[1] ont développé l'idée que l'entreprise avait des obligations non seulement envers ses actionnaires mais envers la collectivité dans son ensemble. L'entreprise

1. William C. Frederick, art. cit.

doit chercher à satisfaire les attentes et les demandes légitimes de la société, soit dans le débat avec des groupes de pression, soit d'elle-même, dès lors que certains problèmes critiques se trouvent identifiés (produits nocifs, discriminations sociales, environnement...). Dans le climat de la contre-culture et le rapport conflictuel entre l'entreprise et l'environnement social, un premier pas a été franchi vers le dépassement de la finalité strictement économique de l'entreprise : le souci du bien public et les devoirs envers la communauté sont devenus des paramètres constitutifs du business, des questions largement enseignées dans les écoles de commerce[1].

Avec la *business ethics* un palier supérieur est atteint. Il ne suffit plus de répondre à l'action des groupes de pression en adaptant les pratiques de l'entreprise aux demandes sociales extérieures, il s'agit d'autoréformer les principes et les pratiques de l'entreprise elle-même dans la voie permanente et régulière du respect des normes morales. Tel est le sens des codes et chartes éthiques : ne pas seulement réagir au coup par coup, mais affirmer un ensemble de principes stricts dotant l'entreprise d'une orientation morale continue, constitutive d'elle-même. Le souci moral n'est plus périphérique ou occasionnel, il coïncide avec l'identité de l'entreprise au-delà même de ses responsabilités strictement légales : ce qui est légal n'étant pas nécessairement moral, pour être « excellente » l'entreprise doit affirmer de son propre mouvement un idéal supérieur aux normes du droit. En se soumettant à sa propre loi, fût-elle plus exigeante que la réglementation juridique, l'entreprise accède paradoxalement à l'âge de la souveraineté adulte et conqué-

1. Richard T. De Georges, The Status of Business Ethics : Past and Future », *Journal of Business Ethics,* 6, 1987, p. 202.

rante, l'éthique est moins ce qui bride l'entreprise que ce qui l'impulse comme institution personnalisée, autonome, majeure. L'autonomie ne se pense plus comme émancipation vis-à-vis des règles morales mais comme auto-institution tout à la fois volontariste et modeste, l'éthique de l'entreprise est choisie mais elle échappe au « constructivisme rationaliste », elle résulte d'une délibération et d'une intention explicites mais sur fond de valeurs communes reçues. La personnalité morale de l'entreprise se construit, elle n'est pas inventée de part en part.

Réarmer le futur

On ne peut détacher l'état de grâce dont bénéficie la morale des affaires aux États-Unis de la mauvaise image de l'entreprise et des divers scandales financiers ayant scandé les années 1980. Les opérations de fusions et d'acquisitions d'entreprises, les excès spéculatifs, les O.P.A. et L.B.O. qui ont fait suite aux changements intervenus dans la politique de l'État en matière de réglementation ont en effet fortement accentué l'image immorale des affaires. Ces transactions ont suscité les critiques, parfois l'indignation de nombreux dirigeants du monde des affaires et responsables politiques qui ont exigé de nouvelles dispositions susceptibles de juguler le « cancer de la cupidité ». Dans le même temps, 1 businessman sur 2 pensait en 1987 que le milieu des affaires était malhonnête ; même si 6 personnes sur 10 interrogées dans l'enquête Touche Ross considéraient que l'éthique des affaires était meilleure aujourd'hui qu'il y a cent ans, seuls 37 % pensaient qu'elle avait progressé depuis les années 1960, 33 % jugeaient qu'elle s'était dégradée. La vogue de l'éthique des affaires est venue en réponse à l'état de suspicion engendré par les pratiques des *golden boys,* l'enrichissement arbitraire des actionnaires, les manipulations financières et délits d'initiés, les démantèlements d'entreprises et cessions de départements motivés par le seul profit à court terme : l'objectif est de relégitimer le monde des affaires, redresser l'image de la libre entreprise à l'heure de l'assouplissement des lois antitrusts, des *junk bonds,* de la déréglementation des institutions et marchés financiers.

C'est pourtant l'idéologie de l'autorégulation libérale qui est au principe de l'éthique-mania aux États-Unis. Si les entreprises ne corrigent pas d'elles-mêmes les pratiques outrancières du marché, c'est l'État, au malheur des chefs d'entreprise, qui s'en chargera par voies législatives et bureaucratiques : le courant de l'éthique des affaires traduit la persistance du credo libéral, la volonté de contenir le champ de contrôle de la puissance publique et la confiance corrélative dans la puissance autocorrectrice de la société civile [1]. Une reconduction du laisser-faire qui s'accompagne néanmoins d'une révision fondamentale de son paradigme intellectuel, le modèle « vices privés, bénéfices publics » étant disqualifié au profit de l'exigence des vertus privées. La pensée libérale fait peau neuve : la « main invisible » du marché a cessé d'être souterrainement morale au travers des actions égoïstes, son efficacité requiert maintenant la moralité subjective des agents économiques, le moins d'État doit aller de pair avec un supplément d'âme individuel et collectif.

1. Dans l'enquête Touche Ross, 55 % des dirigeants interrogés considèrent la loi comme étant la voie la moins efficace pour promouvoir les comportements éthiques dans les affaires.

Au cœur de la *business ethics*, il y a plus que la réaction immédiate aux scandales boursiers et la volonté de corriger les pratiques déplorables des affaires[1], il y a un nouveau rapport au *temps,* une inquiétude de nos sociétés devant le futur, un futur lourd d'instabilité et de menaces et face auquel nous ne sommes pas préparés au mieux. De même que tous les repères sociaux, sexuels, culturels vacillent, de même notre horizon historique et planétaire se brouille. Que serons-nous demain ? L'Occident sera-t-il capable d'éviter le déclin économique et de sortir victorieux de la compétition internationale ? C'est à ces questions de fond que répond l'éthique des affaires, l'inquiétude suscitée par la concurrence japonaise, la « désindustrialisation » ou les désastres écologiques n'étant que les expressions les plus significatives de ce nouveau sens du temps et de l'urgence. C'est autant la responsabilité immédiate vis-à-vis des personnes individuelles que la responsabilité envers l'avenir qui est l'enjeu dominant de la *business ethics.* L'époque de la contestation exaltait la vie au présent « sans entraves », la nôtre redécouvre les impératifs de l'édification du lendemain. Par là même, la morale des affaires rejoint, bien qu'avec une moindre intensité, la pensée écologique ou bioéthique dans leur souci de la dimension du long terme planétaire et humain. La morale traditionnelle du « prochain » s'arc-boutait sur les obligations du présent immédiat, elle visait essentiellement l'ici et maintenant des hommes ; celle de l'âge postmoraliste se positionne davantage comme une « éthique d'avenir »

1. Des enquêtes réalisées au milieu des années 1980 révèlent que les deux tiers des 500 sociétés cotées par *Fortune* ont été impliquées dans au moins une activité illégale depuis dix ans. En 1985, 55 % des Américains estimaient que la plupart des cadres dirigeants n'étaient pas honnêtes.

prenant en compte le long cours des conséquences [1]. Partout l'éthique est ce qui s'emploie à donner du temps au temps, à élargir l'horizon de l'avenir, à privilégier le futur contre les tentations débridées du présent.

La crise de l'avenir économique s'alimente des problèmes liés à la recrudescence des restructurations, au déferlement des fusions et acquisitions, rachats et transferts d'actions qui traduisent la priorité du profit à court terme. À la limite, cette logique est suicidaire, elle conduit à privilégier la spéculation par rapport à l'investissement, la redistribution des bénéfices par rapport à la croissance. Le choix de la rentabilité immédiate comme les contraintes des résultats trimestriels sont désastreux sur la longue durée, ils restreignent les possibilités d'investissement, réduisent les dépenses de recherche et développement, affaiblissent la compétitivité à long terme des entreprises. Dans un climat d'« économie casino », les entreprises préfèrent acheter plutôt que construire, elles donnent la priorité aux placements spéculatifs, aux opérations de fusions-acquisitions au détriment de la conquête des marchés [2]. À l'heure de la « concurrence par l'investissement » où le succès appartient à ceux qui gagnent des parts de marché, le changement d'échelle du temps s'impose : l'éthique des affaires ne part pas en guerre contre le profit, elle s'alarme des excès du court terme et du tout-financier menant l'économie au bord du

1. Sur cette reformulation des obligations, voir Hans Jonas, *Le principe responsabilité,* trad. franç., Paris, Cerf, 1990.

2. « Depuis 1973, les deux tiers des nouveaux sites industriels des 500 premières entreprises manufacturières américaines ont été non pas construits mais achetés... De 1983 à 1988, les 16 500 opérations de fusions-acquisitions ayant eu lieu aux États-Unis ont mobilisé chaque année l'équivalent de l'investissement en outillage et équipements de l'ensemble de l'industrie manufacturière américaine », Philippe Delmas, *Le maître des horloges,* Paris, Odile Jacob, 1991, pp. 99 et 100.

gouffre. D'une part, il faut réhabiliter la finalité réelle de l'entreprise qui est, non pas de distribuer les bénéfices les plus élevés mais d'innover, de créer des richesses, d'offrir des produits et des services dont la société a besoin : le profit est le moyen, non la fin de l'entreprise[1]. D'autre part, il devient urgent de prendre conscience des contradictions de la fuite en avant financière et de la maximisation du profit : l'éthique des affaires se veut le protecteur du futur, elle souligne la nécessité d'une gestion du temps long[2] seule capable d'assurer le succès économique et le potentiel de croissance des entreprises. En réintroduisant le paramètre de la durée et l'exigence de l'investissement productif, l'éthique des affaires veut réconcilier le profit et le temps, elle se pose en défenseur de l'intérêt bien compris, à long terme, de l'entreprise, des employés comme des actionnaires.

Donner des chances au futur, « réarmer » nos sociétés affaiblies et déstabilisées par les excès de l'individualisme libéral, tel est l'enjeu de l'éthique des affaires. De même que tout un pan de la réflexion bioéthique est dirigé contre la spirale des droits de l'individu souverain, de même la morale des affaires appelle de ses vœux une reconversion de l'ethos individualiste tourné vers la recherche de l'intérêt personnel sans souci de l'avenir. Dans les deux cas se manifestent la même inquiétude envers le plus long terme, la même critique de la bour-

1. James O'Toole, *Le management d'avant-garde,* trad. franç., Paris, Les Éditions d'Organisation, 1988, pp. 145-155.

2. Voir par exemple, Edward L. Hennessy, « The Fast Buck-or Faith in the Future ? The Ethics of Corporate Restructuring », *Ethics in American Business, op. cit.,* pp. 40-44. Une enquête auprès des dirigeants de 400 des 1 000 premières entreprises américaines révèle que 70 % d'entre eux estiment justifiées les critiques adressées à la recherche de la rentabilité immédiate élevée.

souflure individualiste, la même dénonciation du culte aveugle du présent. La maîtrise de l'avenir requiert de fixer des bornes aux dérives individualistes suicidaires pour l'avenir. Ce qui a rendu nécessaire la *business ethics* n'est pas seulement la méfiance à l'égard des grandes firmes et la dégradation de l'image des affaires dans l'opinion publique [1], c'est la conscience nouvelle des contradictions de l'individualisme du *self-interest,* des impasses de la maximisation du profit, des abus de la logique de Wall Street. Que l'on ne s'y trompe pas, cette conscience des limites de l'individualisme ne conduit nullement à la réhabilitation des normes contraignantes et inflexibles d'autrefois. L'âge qui s'annonce refuse d'égale manière l'amoralisme ou l'immoralisme individualiste que le sacrifice moraliste, l'heure est au refus des solutions drastiques, à la recherche d'une éthique du *compromis.* Compromis entre les droits de l'individu et les obligations des employés, entre intérêts des actionnaires et intérêts des consommateurs, entre bénéfices et protection de l'environnement, entre rentabilité et justice sociale, présent et futur ; l'idéal de la *business ethics* est le « juste milieu [2] », l'équilibre difficile mais nécessaire entre les divers intérêts contradictoires des agents économiques et sociaux. Par là même, l'éthique des affaires participe de plain-pied à l'ère postmoraliste des démocraties en quête d'un individualisme libéré des

1. Voir Robert C. Solomon et Kristine R. Hanson, *It's Good Business,* New York, Atheneum, 1985. Trad. franç. sous le titre *La morale en affaires, clé de la réussite,* Paris, Les Éditions d'Organisation, 1989.

2. James O'Toole, *op. cit.,* pp. 158-164. La référence aristotélicienne se trouve également chez Jacques Orsini, « L'enseignant de gestion face à la morale d'entreprise », *Revue française de gestion,* n° 74, 1989, pp. 115-116.

excès moralistes ou antimoralistes, c'est l'individualisme *modéré* et « prudent », le même qui sous-tend les comités de sages, la « tolérance sexuelle », la pensée écologique « environnementaliste » qui est son horizon. Individualisme mesuré qui permet, en principe, de gagner sur tous les plans : les investissements d'aujourd'hui assurent les profits de demain [1], l'intégrité de l'entreprise et le respect des employés permettent la mobilisation du personnel. La *business ethics* fustige la culture de la « *me generation* » mais en perpétue partiellement l'éthique souple et indolore.

L'ÉTHIQUE, STADE SUPRÊME DE LA COMMUNICATION

Vers un marketing des valeurs

Nulle part, l'opérationalisation utilitariste de la morale n'est aussi explicite que dans les nouvelles stratégies de communication des entreprises. Codes de conduite, audits et comités d'éthique, communication institution-

1. Une étude américaine révèle que, sur 30 ans, la même somme investie rapporterait presque 9 fois plus dans les entreprises dotées de hauts standards moraux que dans celles sans profil éthique affirmé : cité par Kenneth H. Blanchard, « Ethics in Management », in *Ethics in American Business, op. cit.*, p. 37. Dans le même sens, entre 1982 et 1986, la cotation boursière des entreprises américaines ayant réalisé des fusions ou acquisitions 5 ans plus tôt a baissé de 15 % par rapport à la moyenne de leurs concurrentes dans le même secteur. Sur 10 ans, les entreprises ayant une stratégie de restructurations conglomérales ont en moyenne une rentabilité de 20 % inférieure aux autres. Voir Philippe Delmas, *op. cit.*, p. 97.

nelle, mécénat, partout l'objectif visé est principalement de bonifier l'image institutionnelle dans un temps où l'entreprise doit gérer son capital sympathie comme partie intégrante de son capital marque. Alors même que la libre entreprise devient l'horizon indépassable de l'économie, la voici contrainte de définir, de créer elle-même ses critères de légitimité ; l'époque n'est plus celle où la grande entreprise pouvait se considérer comme un agent économique pur, elle ne vend plus seulement des produits, elle doit gérer sa relation avec le public, conquérir et promouvoir sa propre légitimité institutionnelle[1]. Le courant éthique va de pair avec l'avènement de l'entreprise communicante, institution « totale » ayant désormais un intérêt stratégique à mettre en scène son sens des responsabilités sociales et morales. Au système classique fondé sur le droit naturel à la propriété et la « main invisible » du marché s'est substitué un système de légitimation ouvert et produit, problématique et communicationnel. Aujourd'hui, la légitimité de l'entreprise n'est plus ni donnée ni contestée, elle se *construit* et se vend, nous sommes à l'âge du marketing des valeurs et des légitimités promotionnelles, stade ultime de la sécularisation postmoraliste.

S'il est donc vrai que notre époque voit renaître la thématique des valeurs, il est encore plus vrai qu'elle est le témoin du triomphe de la communication, laquelle a réussi à annexer dans son ordre le référentiel éthique lui-même. Ce n'est pas l'éthique qui commande la communication d'entreprise, c'est celle-ci qui l'impose et la gère à destination interne et externe. L'éthique fonc-

1. Sur le marketing de la légitimité, voir Romain Laufer, « Marque, marketing et légitimité », in *La marque* (sous la direction de Jean-Noël Kapferer et Jean-Claude Thoenig), Paris, McGraw-Hill, 1989.

tionne d'abord comme *lifting* et ligne offensive-défensive de l'entreprise : d'impératif catégorique qu'elle était, l'éthique est devenue vecteur stratégique de la communication d'entreprise, contrainte de relations publiques, instrument du management de la marque.

Le cas Johnson & Johnson est probablement l'exemple le plus fréquemment cité d'« éthique stratégique[1] ». En 1982, aux États-Unis, sept personnes meurent après avoir absorbé des gélules de Tylenol dans lesquelles un inconnu a introduit du cyanure. Avant même que Johnson & Johnson n'obtienne toute l'information sur la cause du drame et avant même que ne soit évaluée sa responsabilité légale, elle en assume la responsabilité morale — elle fait retirer aussitôt du marché les 31 millions de flacons de Tylenol représentant une valeur marchande de 100 millions de dollars, elle met en place une ligne verte pour répondre aux questions du public, elle ouvre ses réunions aux media, elle offre une récompense de 100 000 dollars à toute personne susceptible de fournir des renseignements conduisant à l'arrestation du coupable. L'orientation éthique de l'opération ne fait donc aucun doute. Elle n'en est pas moins une géniale prestation communicationnelle ayant réussi à théâtraliser l'action responsable de la firme. La stratégie de Johnson & Johnson a conjugué l'impératif moral avec le spectacle ostentatoire du sacrifice des biens matériels, le devoir avec le défi lancé à la logique strictement économique. Tout le ressort de l'opération tient dans sa radicalité, dans l'exhibition affichée de la rectitude morale : comme l'honnêteté ne se mesure pas, il faut monter aux extrêmes dans les signes et actions de bienveil-

1. L'expression est empruntée à Robert C. Solomon et Kristine R. Hanson, *op. cit.*

lance. Avec l'éthique stratégique apparaît un mixte de mesure et de surenchère, d'absoluité éthique et de spectacularité communicationnelle. C'est une vue réductrice que d'opposer stratégie éthique et stratégie *discount* : dans un cas on monte toujours plus haut dans la spirale des bonnes intentions, dans l'autre on tire toujours plus bas dans la logique des prix (« casser les prix »), c'est toujours la même opération « coup de poing », le même processus hyperbolique d'essence publicitaire qui se trouve à l'œuvre. L'argumentaire peut changer, il s'agit toujours de gagner une bataille économique, de s'imposer sur un marché, de vendre une image superlative. La force de la stratégie éthique tient en ce qu'elle transforme une catastrophe en événement médiatique, une crise en capital de sympathie : onze semaines après le début de la crise, la marque Johnson & Johnson avait retrouvé 80 % de sa part de marché initial et toutes ses parts en 1984. En 1988, son P.-D.G., Jim Burke, faisait la couverture du magazine *Fortune.*

Les entreprises sous-estimant l'importance du « cœur » dans leur approche du marché éclairent sous un autre jour la puissance et la contrainte nouvelles de l'éthique stratégique. Entre 1977 et 1984, la société Nestlé a été l'objet, aux États-Unis, d'un boycott en raison de la politique commerciale de la multinationale tendant à encourager les mères des pays en voie de développement à remplacer le lait maternel par l'usage du lait en poudre. Les mères ne connaissant pas les procédés de stérilisation et l'eau étant polluée, l'emploi des laits de substitution provoquait une augmentation de la mortalité infantile chiffrée à plusieurs millions par an. Plus de 1 200 organisations dont une centaine à l'échelon du pays se sont ralliées au boycott lancé par l'I.N.-F.A.C.T. : « Jamais société n'a connu pire défi », reconnaîtra un dirigeant de Nestlé dont le chiffre d'affaires a été vraisemblablement amputé de plusieurs centaines de millions de dollars et qui a dépensé, de son propre aveu, 20 millions de dollars pour combattre la campagne de boycott [1]. Dans une société où dominent les valeurs de sécurité et de santé, où l'enfant est roi, où les produits sont soumis à l'expertise des associations de consommateurs, où l'offre est diverse et multiple, l'image du cynisme commercial et la mise entre parenthèses du paramètre éthique sont devenues des erreurs de communication qui peuvent coûter très cher aux entreprises. Outil anticrise, la dimension éthique a désormais sa place dans la construction de la communication, dans l'évaluation des coûts et avantages : le respect rigoureux des normes morales est moins un devoir catégorique qu'un impératif de relation publique conforme à l'intérêt bien compris des firmes : « Il faudra à Nestlé une génération pour restaurer son image », déclarait en 1982 son directeur général. L'éthique ne s'identifie plus avec le don généreux de soi, à l'âge postmoraliste elle est un *investissement* stratégique et communicationnel au service de l'image de marque et de la croissance sur le long terme.

Entreprise citoyenne et capital marque

L'essor du mécénat est une autre illustration de la montée en puissance des stratégies éthiques. À mesure que l'État cesse de détenir le monopole de l'intérêt gé-

1. Jean-Claude Buffle, *N. comme Nestlé*, Paris, Alain Moreau, 1986. Sur l'évaluation des pertes de la société, voir p. 260 et pp. 413-414.

néral, les entreprises sont de plus en plus à l'affût de nouvelles voies de légitimation ; voici venu le temps de l'« entreprise citoyenne » soucieuse du bien public et des causes d'intérêt général : Fiat finance la restauration du palais Grassi à Venise, l'American Express apporte son soutien à la réfection de la statue de la Liberté, Procter & Gamble s'associe avec l'U.N.I.C.E.F., à la qualité totale des produits répond maintenant l'excellence sociétale de l'entreprise mécène. Non plus seulement distribuer des dividendes aux actionnaires mais contribuer au bien commun qu'il soit culturel, humanitaire ou écologique. Même si les budgets des actions sociales, humanitaires ou médicales sont largement inférieurs à ceux concernant la culture, vecteur clé du mécénat, l'objectif est toujours semblable : donner une *âme* à l'entreprise par le biais de la logique du don et de la bienveillance.

Point d'illusions : c'est à partir de critères de communication que sont prises les décisions de parrainage, non à partir de perspectives philanthropiques. Toute action morale est bonne mais n'importe quelle action mécénale ne l'est pas ; l'événement créé ou parrainé par l'entreprise doit être en harmonie avec son image, il y a toujours recherche d'une adéquation, d'une cohérence entre cible, événement et produit. L'action mécénale n'est nullement désintéressée, l'entreprise en attend toujours un bénéfice au demeurant, au regard du droit des sociétés, un acte de charité, sans contrepartie, serait assimilable à un abus de biens sociaux. Acte de communication à part entière, le mécénat est un instrument de promotion à usage interne et externe, il a charge de souder le personnel autour de valeurs communes, d'ennoblir l'image de l'entreprise, de la doter, parallèlement aux projets et codes d'entreprise, d'un code d'identification indispensable à son essor en créant un environnement affectif autour d'elle. Dans un univers hyperconcurrentiel où les batailles commerciales se gagnent sur le terrain de l'image, les publicités commerciales et institutionnelles ne sont plus suffisantes pour affirmer la personnalité de la grande entreprise. Une communication d'un autre style se développe prenant en compte des facteurs aussi divers que la lassitude du public face au déferlement publicitaire, les cibles spécifiques, la force nouvelle des valeurs consensuelles, la motivation du personnel, le besoin d'un capital de confiance. Le soutien des actions d'intérêt général ne sort pas l'entreprise de son objectif économique, il témoigne de la volonté d'élargir et d'optimiser la communication en intégrant dans sa logique des vecteurs, des cibles, des thèmes jusqu'alors exclus. Les stratégies éthiques sont d'abord des instruments d'extension de la surface, du pouvoir et des modalités de la communication à fin de valeur ajoutée à la marque, elles répondent essentiellement aux besoins de plus en plus diversifiés de la communication d'entreprise, une communication sans frontières, multidimensionnelle, d'ambition totale, aussi bien psychologique qu'éthique, spectaculaire que crédible, directe qu'indirecte, publicitaire qu'événementielle [1] à mesure que s'impose l'impératif de personnalisation des firmes. Sous le signe éthique des actions d'intérêt général, la

1. Le mouvement de l'éthique des affaires accompagne l'essor du sponsoring-mécénat. Le phénomène plus ancien aux États-Unis gagne progressivement l'Europe. Tandis qu'en France les dépenses en sponsoring-mécénat étaient estimées, en 1988, à 2,2 milliards de francs (soit 3,8 % des dépenses publicitaires), les actions culturelles du mécénat représentaient un investissement direct de 500 millions. En 1990, le budget avait doublé. Le nombre d'entreprises mécènes a doublé chaque année entre 1986 et 1988 : 500 en 1987, 1 000 en 1988.

guerre des marques et la conquête des marchés poursuivent leur offensive.

Avec les opérations mécénales un nouveau registre de la communication institutionnelle s'est mis en place : la présence minimale, forme ultime du procès de promotion de l'image. À la différence de la publicité commerciale, du sponsoring ou du marketing direct, le mécénat est une technique à effet paradoxal, elle recherche la visibilité par l'euphémisation de la présence, la notoriété par une discrétion signalétique. Non pas célébrer le produit mais un événement noble associé au nom de la marque, non pas parler de soi mais faire parler de soi, le mécénat est une communication par procuration. Moins d'ostentation pour plus de force d'impact, la logique de la séduction ne s'éclipse pas, elle s'est seulement délestée de l'obsession du *look* et du strass publicitaire. Afin de valoriser la marque, la « *communication mix* » de l'entreprise s'est enrichie d'une technique nouvelle : à la cosmétique publicitaire s'ajoute désormais la séduction de l'*understatement* culturel et éthique. Ce n'est même plus de l'idéologie ou du pharisaïsme : le mécénat ne cache pas à proprement parler ses intentions, il signe ses actions *mezza voce* ; il n'inculque rien, il ne veut que la reconnaissance et la notoriété dans la durée ; il ne mystifie personne, il affiche un engagement et une personnalité en mettant en scène le retrait calculé de la marque. L'âge postmoraliste réfute le jugement nietzschéen : la morale n'est plus un instrument d'uniformisation du troupeau, elle impulse ici de l'événement et appelle la « créativité » des spécialistes de la communication, elle fonctionne comme outil de différenciation et de personnalisation de l'entreprise. Après la conscience fausse du devoir, la créativité postmoraliste du label discret de l'excellence.

Au lieu de chercher à encadrer au plus près la demande par le conditionnement publicitaire ou la promotion des ventes, le mécénat se donne pour objectif de créer les conditions d'une bonne réception sociale de l'entreprise, il ne s'agit plus de stimuler directement le désir correspondant aux produits mis en vente sur le marché mais de produire un capital de sympathie. En sortant des voies behavioristes ou suggestives de la communication, le mécénat illustre moins le respect du « client-roi » qu'une nouvelle technologie de pénétration du marché : moins de programmation des besoins immédiats mais plus de travail de fidélisation du public par l'image globale, moins de contrôle direct de la demande pour mieux assurer celle du futur. La « volonté de puissance » a intégré dans sa panoplie la voie non agressive de la communication par les valeurs en vue de la préparation de l'avenir. La reconnaissance de la responsabilité morale et culturelle de l'entreprise sert à élargir son horizon temporel, elle ne fait, ce faisant, qu'affiner les moyens de la puissance détachés cette fois de l'obsession des résultats mesurables immédiats. L'élaboration du futur ne s'identifie pas à une planification mécaniste mais à une gestion multiforme et souple de la communication globale. L'essor du référentiel éthique et culturel dans le management de la marque doit être interprété simultanément comme une plus grande confiance dans l'efficacité de la communication et comme une moindre confiance dans la publicité. L'âge triomphant de la publicité est derrière nous ; alors même que le rapport coût-efficacité de la publicité suscite un certain nombre d'interrogations, les entreprises semblent de plus en plus donner leur préférence au « hors-media » : en 1989, les dépenses publicitaires mondiales des entreprises ont été évaluées à 240 milliards de dollars et à 380 milliards de dollars pour le « hors-media ». De même que les produits et services se déstandardisent, de même la communication d'entreprise entre dans l'ère du sur mesure, elle se diversifie en marketing direct, foires et salons, relations publiques, publicité sur les lieux de vente, lobbying, mécénat, sponsoring. Dans ce cocktail de moyens communicationnels, le mécénat est sans doute le plus risqué, le moins mesurable en termes de rentabilité de l'investissement. Ce n'est nullement dire qu'il échappe à la rationalité instrumentale : en intégrant les paramètres affectifs et moraux, celle-ci ne fait que passer à un stade de complexité supérieure. À l'heure de l'hyperconcurrence, le mécénat illustre la prise de conscience des annonceurs qu'aucun facteur influant le marché, si qualitatif soit-il, ne peut être tenu pour négligeable, tout ce qui permet la communication et le renforcement de l'identité de marque doit être exploité, aucun vecteur de communication ne peut à lui seul permettre de gagner de façon optimale des parts de marché. Dans ces conditions, l'efficacité rationnelle ne peut plus se contenter de l'utilisation du conditionnement publicitaire de masse, il faut démultiplier les types de communication, faire jouer les synergies et relais, prendre en compte le court terme et le long terme, incorporer explicitement dans les politiques de communication le « culturel », quel qu'en soit le caractère « flou » ou approximatif. Mieux dominer l'environnement économique, cela signifie de plus en plus communiquer globalement, renoncer à la croyance d'un contrôle dirigé, direct, homogène des comportements ; notre époque n'est plus panoptique et disciplinaire, elle fonctionne à l'image, à la personnalisation, à la communication polymorphe et interstitielle. Figure exemplaire de l'entreprise ouverte, l'éthique stratégique fait partie intégrante du management du « troisième type », ayant érigé face à la complexité des marchés non seulement le principe de l'innovation permanente des produits mais l'innovation « morale » dans la communication.

Même la publicité tend à se redéployer en fonction de la thématique morale. Jusqu'au début des années 1970, la plupart des campagnes dites « institutionnelles » présentaient un caractère manifestement technocratique : toute-puissance de General Motors, compétence technicienne d'I.B.M., les messages publicitaires cherchaient à transmettre des contenus de dynamisme, d'internationalisme, de performance. Avec la poussée du consumérisme et l'ébranlement de la crise économique des années 1970, les stratégies de communication exploitant les images d'efficience ont cédé le pas à des stratégies de confiance soulignant le sens des responsabilités sociales et écologiques des firmes. Affrontant une nouvelle crise de légitimité, les entreprises se sont employées à présenter une image d'elles-mêmes moins restrictive, plus soucieuse de leurs responsabilités envers la société et le futur. Après l'autosatisfaction technocratique s'est imposée la sollicitude écologique et sociétale afin de créer un lien d'attachement du public à la firme. Au cours de la même période, les entreprises les plus diverses ont vite compris l'intérêt du positionnement « éthique » : en France, Darty lance l'idée du « contrat de confiance », Carrefour ouvre le front des « produits libres » au nom de l'honnêteté et de la défense des consommateurs rendus magiquement libres comme des mouettes dans le ciel bleu. La bienveillance et les valeurs morales sont entrées dans le registre publicitaire au même titre que le sexe et l'humour : au Japon, Toyota lance des campagnes *corporate* recommandant aux mères de famille d'habiller leurs enfants de couleurs vives les jours de pluie afin que les conducteurs puissent les voir, Benetton affectionne les visuels « multicolores » à visée antiraciste, Adidas célèbre la morale sportive et Levi's la liberté (« la liberté finira bien un jour par aller à tout le monde »), les marques de lessive se battent à coup d'arguments écologiques autour de la qualité des phosphates. Le souci éthique n'est plus ce qui commande l'effacement de soi au bénéfice de l'autre, il permet de se différencier des concurrents, de promouvoir une personnalité de marque, Continuation de la guerre économique par d'autres moyens, la stratégie éthique est destinée à enrichir le capital marque de l'entreprise dans un temps où les différences entre produits s'atténuent. Parallèlement à la charité-spectacle, la communication éthique de l'entreprise a réussi l'exploit postmoraliste de conjuguer cœur et marketing, sérieux et *jingle,* intégrité et spectacle, idéal et séduction.

Traduite en ces termes, la *business ethics* a un bel avenir devant elle. La diversité de l'offre, les catastrophes écologiques, le raz de marée individualiste ont conduit à la promotion d'une culture centrée sur la santé, la nature, la qualité de vie en général (produits, culture, environnement). En même temps, la disqualification des grands projets politiques futuristes a généré une plus grande sensibilité aux valeurs humanitaires comme aux valeurs du patrimoine historique ou écologique. Le néo-individualisme ne connaît plus de fortes poussées de fièvre politique et reste sourd à l'idée de sacrifice ou de dévouement, en revanche il réclame de plus en plus des institutions le respect des valeurs et des personnes. Loin d'être un épiphénomène le critère éthique est en passe de devenir un élément constitutif de la culture individualiste désormais « tempérée ». C'est dans ce contexte postmoderne que les entreprises trouvent de plus en plus leur intérêt à gérer le paramètre éthique, le marketing éthique est d'abord sociologique, perception des métamorphoses de l'individualisme contemporain. Comment les entreprises pourraient-elles échapper à terme à l'inflexion éthique quand les consommateurs et les acteurs économiques en général intègrent maintenant dans leur décision d'achat ou d'investissement le rapport aux valeurs et les questions d'intérêt général ? Déjà aux États-Unis on observe le succès de l'*ethical investment*, les placements financiers tant privés qu'institutionnels dans des sociétés dont la rentabilité est normale mais qui se montrent soucieuses du bien public, de la qualité des produits, de la préservation de l'environnement, de la non-discrimination dans la politique du personnel [1]. La poussée éthique modifie ou perturbe les stratégies de communication et de marketing : aux États-Unis, devant les risques de boycott et de dégradation de leur image, des annonceurs renoncent à tout achat d'espace publicitaire dans les émissions de télévision pouvant être jugées choquantes ou nuisibles, en France, Chevignon a finalement renoncé à associer son nom à la commercialisation des cigarettes. Plus la concurrence des marques fait rage, plus s'impose le management éthique de l'image ; plus la civilisation matérialiste de l'éphémère remodèle notre monde, plus s'affirme la nécessité de promouvoir les valeurs et de respecter les règles ; plus la culture du présent est omnipotente, plus les entreprises doivent rechercher les moyens d'encadrer le futur sans pour autant le dominer ; plus les droits individualistes prennent

1. Aux États-Unis, plus de 350 milliards de dollars sont déjà gérés par des institutions financières en fonction de critères éthiques. Voir Louis Deschamps, « L'éthique et les placements financiers », Premier symposium international Éthique, Économie et Entreprise, Paris, avril 1989, pp. 26-31.

de la vigueur, plus les entreprises sont conduites à afficher leur souci des devoirs. Autant de paradoxes révélant que la morale des affaires ne sera pas une vogue sans lendemain.

MANAGEMENT ET ÉTHIQUE DE LA RESPONSABILITÉ

Le management par les valeurs

Le paysage de l'entreprise change : face aux nouveaux défis de l'innovation et de l'incertitude, la pensée managériale a opéré un aggiornamento crucial remettant en cause les concepts fondamentaux de l'entreprise taylorienne en vigueur depuis les premières décennies du siècle. Dans le cadre de ce revirement, l'éthique est devenue un paramètre constitutif des nouvelles méthodes d'organisation du travail : idéalement le management fonctionne aujourd'hui « à l'éthique » comme autrefois « à la discipline ». Selon le nouveau paradigme, la réussite économique requiert en effet la primauté de l'homme, l'élimination des pratiques humiliantes et formes déresponsabilisantes du travail. L'entreprise ultra-performante doit considérer les hommes comme son principal atout, expérimenter de nouveaux modes de gestion centrés sur le respect et la valorisation de l'individu, diffuser les responsabilités, proposer des plans d'intéressement aux résultats et des perspectives de formation. Tous les signes reflétant le mépris des hommes et le manque de confiance doivent être combattus, le dynamisme économique sera à visage humain ou ne sera pas. Révolution du management et éthique de l'entreprise sont complémentaires, ils constituent les deux faces corrélatives de la même délégitimation de l'organisation taylorienne du travail et de la même promotion du principe de responsabilité individuelle.

Les dispositifs clés de la nouvelle rationalité managériale sont maintenant largement connus : substitution de l'autorité d'animation à l'autorité disciplinaire, enrichissement des responsabilités, délégation des pouvoirs et débureaucratisation de l'entreprise, attitude d'écoute et de dialogue, mesures de redistribution des bénéfices, politique de formation permanente du personnel, autant de mesures qui définissent l'entreprise post-taylorienne avec son « organisation polycellulaire », ses réseaux maillés, son management participatif et « horizontal [1] ». Cette gestion participative se présente comme une « révolution copernicienne » : si l'entreprise taylorienne était pyramidale et autoritaire, celle du « troisième type » cherche à accroître l'initiative de chacun, à « mobiliser l'intelligence de tous », à développer les capacités de proposition, d'autonomie et de créativité des salariés au sein de groupes de progrès, d'équipes autonomes et autres cercles de qualité. Il faut en finir avec la rigidité technocratique mutilant le potentiel des hommes, l'entreprise du futur devra d'abord gagner la bataille de l'implication et de l'autonomisation du personnel s'il est vrai, selon la formule de l'Institut de l'entreprise, que « ce sont l'homme et l'organisation qui font la différen-

1. Entre autres, Tom Peters et Robert Waterman, *Le prix de l'excellence,* trad. franç., Paris, InterÉditions, 1983 ; T. Peters, *Le chaos management,* trad. franç., Paris, InterÉditions, 1988 ; Georges Archier et Hervé Serieyx, *L'entreprise du 3ᵉ type,* Paris, Seuil, 1984 ; Hubert Landier, *L'entreprise polycellulaire,* Paris, Entreprise moderne d'édition, 1987.

ce ». Dans ces conditions, la gestion postbureaucratique ne se sépare pas d'une visée éthique, l'essentiel étant de substituer le principe de responsabilité au principe d'obéissance[1], dynamiser les ressources créatives de tous les collaborateurs, développer la qualité de vie au travail. *Happy-end* moral : la clé de voûte de la réussite économique ne s'appelle plus exploitation de la force de travail, discipline et division mécanique des tâches mais système d'intéressement, programmes de formation, accroissement des responsabilités, prise en main du destin collectif.

Dans cette voie, le management participatif a inauguré de nouvelles méthodes de gestion faisant appel aux valeurs et au sens. La disqualification du système taylorien coïncide avec la mise en œuvre de nouveaux ressorts d'efficacité collective substituant la « culture » à la rationalité technocratique, le dessein qualitatif à l'efficacité immédiate, l'adhésion à la coercition, c'est par la participation de tous au projet commun de l'entreprise et par la clarification des valeurs fondamentales que se cherchent désormais la dynamisation d'ensemble et la mobilisation individuelle. Les projets d'entreprise sont au centre de cette réorientation : au moment où l'initiative individuelle devient plus souhaitable que l'obéissance stricte, la régulation dans l'entreprise se dégage du modèle disciplinaire au bénéfice de dispositifs favorisant l'adhésion à des valeurs, la participation, l'implication dans la communauté. Dans l'entreprise de l'« excellence », les idéaux partagés remplacent en principe la coer-

1. François Guiraud, « Pratiques de gestion morale et efficacité : conflits ? compromis ? convergence ? Le point de vue d'un chef d'entreprise », symposium cité, Paris, 1989. Voir également la déclaration du Centre des jeunes dirigeants pour une éthique de la responsabilité, adoptée en 1988, *Dirigeant,* n° 182-183, sept. 1988.

cition bureaucratique[1], désormais le sens fédérateur et les valeurs éthiques du projet sont devenus des variables opérationnelles du management, des vecteurs *soft* de mobilisation des ressources humaines. Là est le renversement postmoraliste : hier la morale était ce qui prescrivait régularité et discipline, aujourd'hui elle est un instrument de flexibilité de l'entreprise ; hier, elle était un système d'autorité, de contrainte et de commandement inconditionnel, aujourd'hui elle veut dire moins de hiérarchie et de discipline, plus d'initiative, d'ouverture au changement et de souplesse à fin d'une plus grande compétitivité. Levier de dérigidification des organisations, l'éthique dans le management signifie autant la renaissance de l'idéal normatif des valeurs qu'une attention accrue portée aux facteurs psychologiques et relationnels dans la motivation au travail. Ce n'est pas l'obligation catégorique qui commande l'essor de l'éthique, c'est la culture *psy*, l'importance accordée désormais aux valeurs communicationnelles dans les phénomènes de cohésion de groupe et d'implication individuelle. À l'instar du mécénat et autres promotions stratégiques des valeurs, le management participatif illustre d'abord la montée en puissance de la communication instrumentalisée dans l'entreprise.

L'irruption des valeurs dans le management ne va pas sans soulever de multiples questions d'éthique et d'effi-

1. Des sondages publiés en 1989 révèlent que 1 salarié sur 2, en France, estime que les cercles de qualité et les projets d'entreprise ont changé les relations entre direction et salariés et sont des formes de participation, non de simples vitrines. 87 % des cadres responsables de la fonction personnel considèrent que les effets sur les salariés des cercles de qualité et du management participatif sont positifs ; l'action du projet d'entreprise est jugée positive par 78 % d'entre eux. En 1988, 34 % des salariés qualifiaient leur patron d'autoritaire.

cacité. Quelle vertu accorder à la formulation d'une vision commune quand celle-ci n'évite nullement les pratiques de fusion et d'acquisition sauvage d'entreprises, de restructurations et de licenciements plus ou moins brutaux, plus ou moins massifs du personnel ? En quoi le projet d'entreprise se différencie-t-il d'un effet strictement cosmétique lorsqu'il est imposé sans débat collectif par l'équipe de direction, lorsqu'il n'est pas suivi de changements adéquats dans les pratiques quotidiennes de l'entreprise ? Faute de transformations cohérentes dans l'organisation, la démarche participative se retourne contre elle-même exacerbant la démotivation et la suspicion des salariés : condition dans certains cas nécessaire de l'adhésion à l'entreprise, le projet d'entreprise ne peut être considéré comme la condition suffisante de la satisfaction et de la responsabilisation des hommes [1]. D'autant plus que le management par les valeurs n'est pas, en lui-même, dépourvu d'ambiguïté éthique. Si, en effet, en principe, le projet d'entreprise a pour but de codifier les valeurs fédératrices de l'entreprise, en réalité la direction en attend un surcroît non dit de mobilisation et d'implication du personnel. C'est pourquoi le contenu particulier du projet compte beaucoup moins que la participation et la communication internes qui en permettent la réalisation. Mais cette finalité est inavouable, elle ne peut être revendiquée sans que s'annule le processus participatif, lequel requiert un but supérieur à lui-même. Impossible d'admettre officiellement que seul compte l'effet de participation ; le mana-

1. Maurice Hamon, « Projet et culture d'entreprise : effet de mode ou nouveau paradigme ? », et Claudine Supiot, « Quelques aspects culturels d'une démarche de projet », *Notes de conjoncture sociale,* n° 331, janv. 1990.

gement visant pragmatiquement la mobilisation des hommes est contraint de sanctifier le sens. D'où le caractère partiellement « manipulatoire » du management par les valeurs[1] : en principe les idéaux sont premiers, en réalité l'enjeu est l'efficacité de l'entreprise *via* la motivation et l'adhésion du personnel. Bien que jouant la carte de la transparence, le projet d'entreprise ne peut s'élaborer sans dissimulation et calcul stratégique. Paradoxe : il y a davantage d'ambiguïté éthique dans les projets d'entreprise que dans le mécénat ou la publicité car si ces derniers ne cachent jamais tout à fait leurs intentions, les premiers, eux, ne peuvent qu'occulter leur visée ultime.

L'hymne managérial à la responsabilité et au « zéro mépris » n'est évidemment pas à mettre au compte d'une conversion désintéressée des dirigeants aux valeurs, il résulte fondamentalement du nouvel environnement économique et culturel de l'entreprise. Dans un univers de concurrence mondiale dominée par l'instabilité, la vitesse des cycles d'innovation et les bouleversements de la demande, la compétitivité de l'entreprise requiert flexibilité et qualité, lesquelles ne sont plus compatibles avec le mode de commandement hiérarchique et autoritariste. Appliquer mécaniquement des règles et des procédures est devenu obsolète, l'entreprise de l'excellence a besoin de l'engagement de tous ses collaborateurs, de l'optimisation du potentiel d'idées et d'imagination que seule une gestion déhiérarchisée, participative et éthique peut réussir. L'éthique de la responsabilité traduit moins la consécration idéale de l'autonomie individuelle que l'inadaptation de la régulation

1. Hervé Laroche, « Éthique et culture d'entreprise », Colloque E.S.C.P., 1989.

disciplinaire aux nouvelles contraintes d'innovation permanente et de qualité totale : on ne peut demander au personnel d'innover ou d'améliorer la qualité tout en conservant une hiérarchie rigide, un climat de défiance et de manque de respect pour les hommes[1]. Ainsi va la « ruse de la raison » entrepreneuriale, c'est l'intensification de la guerre économique qui conduit au souci éthique dans le monde des affaires, c'est l'hypercompétition matérialiste qui promeut l'idéal de responsabilité individuelle.

La bataille de la qualité et de l'innovation n'est pas seule en cause dans la montée en ligne du paradigme éthique. Les nouvelles valeurs d'accomplissement intime et d'autonomie personnelle constitutives de la seconde révolution individualiste ont également travaillé dans ce sens. Si l'entreprise pyramidale correspondait à la culture disciplinaire du premier moment individualiste, l'entreprise « en réseaux » coïncide avec la culture postmoderne ouverte et *psy*, personnalisée et communicationnelle. La problématique de la mobilisation des ressources humaines accompagne le nouveau visage historique des démocraties, elle traduit le souci d'adaptation de l'entreprise à une culture hyperindividualiste valorisant l'autocontrôle, les formules à la carte, la quête identitaire de soi, le relationnel, la vie en libre-service. En phase avec les dispositifs personnalisés et pluriels en vigueur dans la consommation, les media, l'éducation, les styles de vie, la mode et les sports, le management participatif doit être pensé comme instrument de résolution des contradictions du nouvel âge individualiste dégagé des normes disciplinaires et moralistes antérieures. En

1. Tom Peters, *Le chaos management, op. cit.*, pp. 593-598. Également Hervé Serieyx, *Le zéro mépris,* Paris, InterÉditions, 1989.

promouvant les normes individualistes d'autonomie et d'épanouissement de soi dans le travail, le néo-management cherche à contrecarrer les phénomènes de désimplication individualiste générés par l'*open society* de la consommation et de la communication. Le nouveau paradigme entrepreneurial est un contre-feu, il a ceci de caractéristique qu'il reprend à son compte les idéaux de la culture de l'ego pour en contrer les effets de démotivation, d'absentéisme, de *turn-over,* de désaffection. Non plus contraindre au travail par la norme idéale ou la discipline, mais en faire une sphère potentiellement riche en réalisation intime et capable, ce faisant, de conjurer les mouvements de désappartenance individualiste.

Éthique et productivité

Le premier moment de l'âge de la consommation s'est institué au travers des oppositions binaires loisir/-travail, bien-être/discipline, vie privée/vie professionnelle, divisions distinctives culturellement hiérarchisées au privilège des premiers termes : la « vraie vie » est assimilée aux loisirs, aux vacances, au temps libre. Cette époque touche à sa fin : non que ces oppositions ne soient plus socialement pertinentes, mais un mouvement se dessine qui cherche à en liquéfier les contours arrêtés, antinomiques à terme avec une culture hyperindividualiste valorisant la liberté, l'initiative, la réalisation du moi. Le management participatif traduit ce processus de déstabilisation postmoderne des catégories parallèlement aux nouvelles orientations du temps libre : « ne pas bronzer idiot », stages de formation culturelle, séminaires de méditation spirituelle, centre d'exploration de la conscience. Il s'agit partout de dissoudre les arêtes tranchées des divisions « aliénantes » en faisant des loisirs un temps d'enrichissement actif et total, et du travail, une aventure personnelle, une passion, un espace d'autonomie et d'expression de soi. L'époque moderniste était dichotomique, l'époque postmoderne est hantée par une volonté de réconciliation, de décloisonnement multiforme et immédiat hors de toute perspective eschatologique. La réhabilitation entrepreneuriale du travail ne s'effectue pas selon l'ancienne manière rigoriste mais selon la voie postmoraliste du « plus-être » individuel. L'éthique de la responsabilité n'impose pas autoritairement une norme, elle la fait désirer comme étant conforme à l'épanouissement de chacun, elle ne valorise l'esprit d'équipe que dans la mesure où le groupe est ce qui permet de devenir davantage soi-même tout en perfectionnant l'efficacité de l'entreprise. La responsabilité s'est dégagée de la problématique disciplinaire du devoir, elle ne limite les droits de l'individu que pour autant qu'elle accroît son potentiel de vie et de création, de liberté et de performance.

Si l'éthique de la responsabilité s'emploie à court-circuiter l'opposition stricte vie professionnelle/vie privée par le truchement de l'autonomie et de l'épanouissement personnel, elle se révèle, dans les faits, un instrument inédit d'hyperabsorption de l'individu dans l'entreprise. Loin de se dissiper, la division travail/loisir se trouve reconduite d'une manière nouvelle, au bénéfice cette fois du premier terme. Dès lors que les inerties bureaucratiques sont l'ennemi à abattre, plus d'autonomie cela veut dire plus de productivité et d'impératif d'innovation, plus de compétition et de pression, plus de mobilisation en temps, en formation, en effort. « Zéro panne », « zéro défaut », « juste-à-temps », pour accroître les performances et la détermination du personnel, il faut « créer un sentiment d'urgence », optimiser les compétences, raccourcir les temps de réponse de l'entreprise, susciter une volonté générale d'apporter des améliorations, « faire du client une obsession », individualiser les salaires, instaurer des systèmes d'incitations financières, des primes de productivité liées aux bénéfices. Le positionnement éthique de la gestion des ressources humaines ne dissout pas le *forcing* productiviste, il ne fait que le formuler en termes de participation : travailler autrement c'est aussi travailler plus. Dans les « transplants » japonais (Mazda, Nissan) aux États-Unis, où les maîtres-mots sont dialogue, concertation, consensus, le rythme de travail est nettement plus élevé que dans les usines américaines comparables : l'ouvrier est en moyenne en mouvement 57 secondes par minute contre 45 chez les concurrents ; les petites équipes sont autonomes dans la répartition des postes et chacun en principe est polyvalent, mais il n'est pas prévu de remplaçant en cas de membre défaillant, c'est au groupe de trouver les moyens de réaliser le travail requis [1]. Plus de dialogue signifie dans ce cas accélération des rythmes et surcroît de travail ; plus de coopération et de coordination horizontale se traduisent par plus de pression morale sur chacun.

À l'affût d'un personnel apte au changement, motivé et battant, l'entreprise après Taylor s'attache désormais à améliorer les performances humaines, à développer les potentiels d'innovation et de créativité. Les transformations techniques ou les promotions internes ne suffisent plus, il faut changer les mentalités, modifier le rapport de l'individu à lui-même et au groupe, produire des sala-

1. Joseph J. Fucini et Suzi Fucini, *Working for the Japonese,* New York, Free Press, 1990.

riés créatifs, capables de s'adapter et de communiquer. L'entreprise célèbre l'autonomie individuelle mais, simultanément, elle en fait une norme à produire expressément. De cette nouvelle exigence managériale est née la vogue des méthodes et stages dits de « développement personnel » dont l'objectif est de susciter un engagement profond, de favoriser la remise en cause des habitudes hiérarchiques, de stimuler le dynamisme, l'esprit de défi et de solidarité. L'entreprise ne se contente plus de contrôler le temps de travail des hommes, elle recherche leur investissement émotionnel, leur adhésion, le dépassement d'eux-mêmes par le biais, entre autres, de stages chargés d'intensifier l'esprit d'équipe (*team building*), d'adapter les hommes aux nouvelles structures flexibles, de libérer les émotions (psychodrames, jeux de rôles) et les « énergies insoupçonnées » (stages Extrême ou *outdoor*), d'améliorer la santé (salles de forme, programmes cardio-fitness, conseils diététiques). Dans les stages « hors limites » (saut dans le vide, rafting, survie en forêt, spéléologie, escalade, etc.) destinés principalement aux dirigeants et cadres commerciaux, le développement personnel s'identifie à l'apprentissage de la prise de risque, au dépassement de ses propres limites, au renforcement de l'esprit de coopération, au développement de la confiance en soi. Nos sociétés renoncent tendanciellement à la formation morale autoritaire, mais elles visent à la formation « holistique » englobant, à la limite, la totalité des facultés humaines ; elles n'inculquent plus impérativement le catéchisme des devoirs, elles veulent dynamiser les sentiments de confiance et d'appartenance par des techniques sportives fondées sur la métaphore et la symbolique des comportements. Une des pentes de l'après-Taylor est d'accroître la qualité de vie et la marge de latitude de l'individu ; une autre pente s'emploie à l'absorber plus totalement en risques, en temps, engagements, et émotions. Absorption qui n'autorise pas néanmoins à évoquer le profil « néo-totalitaire » de l'entreprise contemporaine : loin de passer par la voie idéologique ou terroriste, le renforcement de la cohésion du personnel met en œuvre des situations strictement *métaphoriques* de la vie en entreprise, des opérations ludiques et ponctuelles, *psy* et sportives, optionnelles et inattendues où l'enjeu n'est pas de changer la nature humaine mais d'optimiser les potentiels en amenant chacun à se découvrir, à se sentir solidaire, à éprouver des émotions extrêmes. C'est davantage la gadgétisation qui menace le développement personnel que le « viol psychologique » : conjuguer les différences, gestion du stress, parcours d'aventure, les nouvelles méthodes de formation illustrent le moment individualiste *psy* et post-moraliste non l'hydre de Big Brother, le moment *mode* des démocraties non le totalitarisme conquérant, elles sont centrées sur l'individu et sa quête de lui-même, sur la *séduction* du nouveau, du vécu intense personnel et collectif, quel que soit leur objectif d'émulation et d'efficacité au service de l'entreprise.

Dans ce contexte d'hypermobilisation entrepreneuriale peut-on s'étonner si l'angoisse et le stress, les troubles du sommeil et accidents cardio-vasculaires se trouvent en nette augmentation chez les cadres et dirigeants ? Déjà aux États-Unis, 14 % des plaintes en dédommagement pour maladies professionnelles sont des poursuites pour stress ; dans la Silicon Valley, 60 % des personnes ont un conseiller psychologique, 35 % travaillent sous l'influence de drogues[1]. Un peu partout, les

1. Cité par Alain Ehrenberg, *Le culte de la performance,* Paris, Calmann-Lévy, 1991, pp. 271-272.

rapports des médecins du travail signalent l'accroissement des malaises psychopathologiques ; une étude de 1985 révélait que 65 % des salariés d'Apple France se réveillaient fatigués, 34 % connaissaient l'anxiété, 23 % souffraient de crampes intestinales ; l'organisation en équipes autonomes du personnel de production de l'usine de General Electric à Salisbury a eu pour effet un stress généralisé suivi d'un triplement du taux de départ annuel ; 90 % des grandes firmes américaines ont mis en place des programmes antistress. Autrefois la morale répressive était source d'hystérie, aujourd'hui la morale de l'autonomie et de l'épanouissement contribue à générer anxiété, surmenage et dépression. Tel est le paradoxe : le rejet de l'organisation taylorienne et le couronnement de l'entreprise humaniste accélèrent la déstabilisation, la fragilisation subjectives. Que ce soit dans la sphère privée ou dans la sphère professionnelle, partout l'autonomie individualiste se paie en déséquilibre existentiel. Si la dénonciation de l'entreprise technocratique et la célébration de l'individu responsable et créatif méritent l'éloge en réactivant la tradition éthique du respect de la personne, on ne doit pas perdre de vue les nouvelles contradictions qui en résultent : plus d'indépendance mais plus d'anxiété, plus d'initiative mais plus d'exigence de mobilisation, plus de valorisation des différences mais plus d'impératif concurrentiel, plus d'individualisme mais plus d'esprit d'équipe et de « communauté intégrée », plus de célébration du respect individuel mais plus d'injonction à changer et à se recycler.

Entreprise et respect de l'individu

Les contradictions du moment actuel ne s'arrêtent pas là. Si le discours dominant encense la participation et la responsabilisation, dans les faits c'est le capitalisme dur qui, à bien des égards, resurgit avec l'essor du salariat à deux vitesses, l'érosion des systèmes de protection sociale, la multiplication des emplois de faibles qualification et rémunération. Aux États-Unis, seuls 25 % des chômeurs sont à présent indemnisés, 37 millions de personnes sont exclues de tout système d'assurance-maladie, près d'un tiers de la population en âge de travailler est installé dans la précarité et la marginalité professionnelle, un emploi sur deux créé au cœur des années 1980 avait un salaire inférieur au seuil de pauvreté. L'unanimisme éthique est concomitant de la déqualification professionnelle, de la dualisation et de la marginalisation sociale. L'hymne à la transparence, au respect, au partage des responsabilités n'empêche nullement la reconduction des pratiques du secret et du mépris : au milieu des années 1980, le délai moyen d'information d'un licenciement aux États-Unis était de deux semaines pour les cadres, d'une semaine pour les ouvriers ; certes, le nombre de salariés bénéficiant d'une participation aux résultats de l'entreprise augmente, mais seule une entreprise américaine sur cinq ayant un système d'intéressement l'étend à tous les ouvriers et employés[1] ? On ne

1. Sur ces données, voir Philippe Delmas, *op. cit.* L'engouement pour les valeurs n'exclut pas le fait qu'entre 1980 et 1989 les rémunérations des dirigeants des firmes américaines ont augmenté trois fois plus que les salaires des employés.

peut s'étonner dans ces conditions du peu d'enthousiasme que suscite l'introduction des formes d'organisation post-taylorienne du travail : les deux tiers de la main-d'œuvre américaine se déclarent indifférents à la mise en place des équipes autonomes et cercles de qualité. Faute de contreparties et de mesures d'accompagnement économique effectives, l'éthique de la responsabilité n'est plus qu'un toilettage du management incapable de générer l'adhésion, incapable même de fonctionner comme nouvel « opium du peuple ». À l'âge postmoraliste, l'éthique ne peut être pure ; de même qu'elle se conjugue avec la séduction et l'efficacité, de même requiert-elle le souci social et économique.

Même si certains aspects du néo-management caricaturent davantage l'éthique de la responsabilité qu'ils ne l'incarnent, il faudrait être aveugle pour l'assimiler à un effet de mode, tant il se trouve en consonance avec l'inflexion lourde du nouveau cycle individualiste. Celui-ci ne génère pas seulement le culte du bien-être et du corps, de l'autonomie et de l'expression, il accentue le désir d'être traité comme une personne digne de respect et de considération à tous les niveaux de l'existence privée et professionnelle, il intensifie l'exigence de reconnaissance de sa personne et le rejet des signes d'humiliation autrefois à peu près tolérés. Tandis que les jeunes deviennent de plus en plus tôt réfractaires aux propos infériorisants ou blessants, nombre de conflits sociaux illustrent maintenant l'allergie de masse à tout ce qui connote la dévalorisation des individus et groupes. La culture néo-féministe, qu'elle soit radicale ou seulement diffuse, est encore l'expression de la montée de l'exigence éthique de reconnaissance de la personne « égale ». Chacun, très vite et partout veut être considéré comme un semblable, une personne pleine et entière ayant droit de parole et de réponse, droit au respect strict de l'autre. Dans une époque où l'éducation autoritaire a cédé le pas à une éducation relationnelle et compréhensive, où les repères traditionnels d'identité individuelle vacillent, où les droits subjectifs dominent la culture, il est très réducteur de penser que l'idéal de performance avec son cortège de défis, challenges et prouesses absorbe l'existence individuelle et la dimension du rapport de soi à l'autre. Quelle que soit l'importance médiatique revêtue par le sport compétitif, il reste une sphère dotée d'une logique spécifique, on ne peut y reconnaître « la manifestation d'un rapport généralisé à l'existence », la voie royale pour interpréter le rapport social dans le nouvel âge démocratique [1]. L'idéal de justice est loin de s'identifier socialement à la concurrence et à l'affrontement dans l'égalité, c'est moins le modèle ultracompétitif qui caractérise en profondeur notre sensibilité que l'intensification de la revendication démocratique des droits de la personne. Le règne postmoderne de l'individu ne s'épuise pas dans la quête du classement compétitif des uns par rapport aux autres, dans l'« héroïsme » du gagnant et de l'autoconstruction de soi-même, il est inséparable d'une demande accrue de qualité de vie et de considération individuelle, y compris maintenant dans la relation de travail. L'hyper-individualisme conduit moins à l'exacerbation de dépasser les autres qu'à l'élévation de l'intolérance vis-à-vis de toutes les formes de mépris individuel et d'humiliation sociale. Être soi-même et conquérir son individualité, ce n'est pas seulement choisir ses propres modèles de conduite, c'est aussi exiger dans la relation interhumaine l'idéal éthique de l'égalité des droits de la personne.

1. Alain Ehrenberg, *op. cit.*

Sans doute, le désir de reconnaissance sociale et morale n'est-il en rien le propre des sociétés contemporaines, l'individualisme postmoderne ne l'invente pas, il l'étend à des domaines autrefois peu ou pas concernés : manière de travailler, de parler et de commander, vêtements et lieux de travail, rapports hommes-femmes, insertion des handicapés et des minorités sociales, cadre de vie, formation. Nous n'attendons pas de l'autre sacrifice et bienveillance mais respect accru de l'existence ; nous ne sommes pas seulement à l'affût de signes de différenciations individuelles, nous n'acceptons plus les marques blessantes de l'autorité hiérarchique ; nous voulons moins la célébrité ou l'exceptionnalité qu'être écoutés. Le rapport de l'un à l'autre est autant organisé par la volonté de différenciation subjective que par le souci négatif que soient éliminées les formes d'exclusion, d'humiliation, d'infériorisation. C'est pourquoi, dans le management des hommes, le souci éthique est promis à un bel avenir : respect de la vie privée, droits d'expression, harcèlement sexuel, égalité des salaires entre sexes, tests antidrogue, licenciement, vêtements de travail, méthodes de recrutement et de formation, autant de questions que la gestion des ressources humaines sera de plus en plus amenée à prendre en compte à l'aune du paramètre éthique, si elle veut gagner l'adhésion du personnel.

L'importance sociale des droits des sujets est une des raisons majeures qui justifient l'introduction d'un enseignement éthique dans les écoles de commerce. Alors même que les formes d'humiliation suscitent de fortes réactions hostiles, il apparaît nécessaire pour les futurs managers de se préparer à prendre des décisions dans le domaine sensible des relations humaines. L'enseignement de la morale des affaires ne ressemble pas à un catéchisme des devoirs, il se donne comme une sensibilisation à la complexité des choix managériaux, un exercice de réflexion à partir d'études de cas impliquant une dimension morale. Formation indispensable à l'heure où les normes traditionnelles de la morale ne s'imposent plus avec évidence, où les rapports humains dans l'entreprise et le respect des droits individuels requièrent une attention particulière. Rares sont ceux qui se font des illusions sur les effets proprement moraux d'un tel enseignement[1], sa finalité est moins de gouverner les âmes que de former les étudiants à la prise de décision dans des domaines où le respect des droits de la personne, le juste et l'injuste sont en cause et ce, parce que aujourd'hui ces facteurs conditionnent l'adhésion des employés à l'entreprise. Ni gadget, ni sacralisation des Tables de la Loi, l'enseignement de la morale des affaires est une illustration de la nouvelle figure ouverte de l'éthique démocratique, moins soucieuse de réponses définitives que de problématisation, moins tournée vers l'inculcation dogmatique des normes que vers une efficience à visage humain, moins catégorique que propédeutique, moins idéaliste que postmoraliste.

1. Ce point est souligné par Russell E. Palmer, « Teaching the Ethics of Leadership », in *Ethics in American Business*, *op. cit.*, p. 51.

DU MÊME AUTEUR

Aux Éditions Gallimard

L'EMPIRE DE L'ÉPHÉMÈRE. La mode et son destin dans les sociétés modernes, Bibliothèque des sciences humaines, 1987 ; Folio Essais n° 170.

L'ÈRE DU VIDE. Essais sur l'individualisme contemporain, NRF Essais, 1983 ; Folio Essais n° 121.

LA TROISIÈME FEMME. Permanence et révolution du féminin, NRF Essais, 1997.

Composition Nord Compo.
Impression Bussière Camedan Imprimeries
à Saint-Amand (Cher), le 27 janvier 2000.
Dépôt légal : janvier 2000.
Numéro d'imprimeur : 000367/1.

ISBN 2-07-041187-7./Imprimé en France.

93076